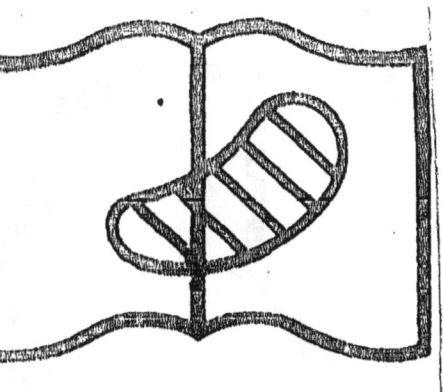

Illisibilité partielle

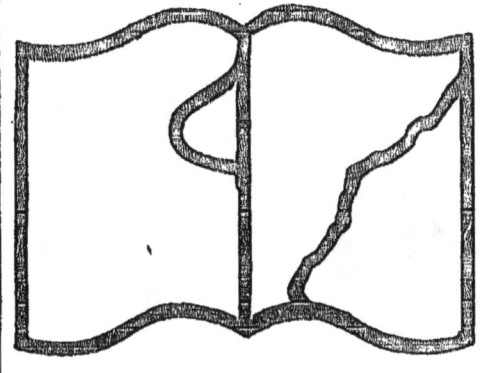

Texte détérioré — reliure défectueuse
NF Z 43-120-11

VALABLE POUR TOUT OU PARTIE
DU DOCUMENT REPRODUIT

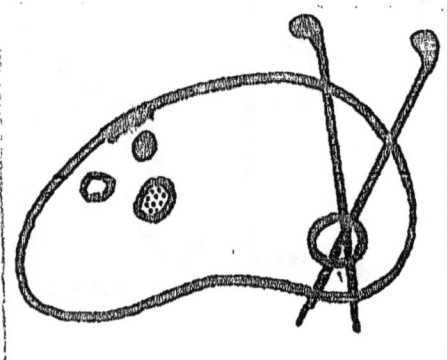

Début d'une série de documents en couleur

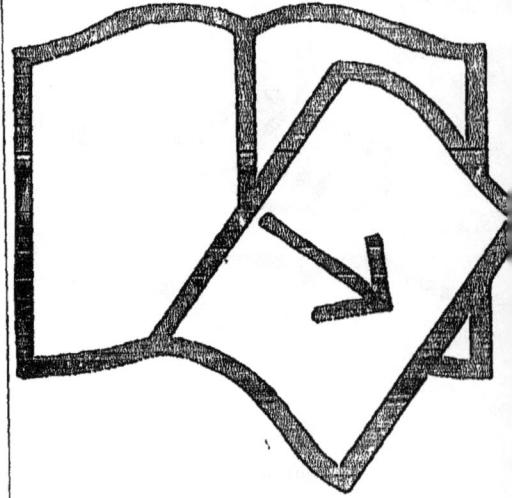

Couverture inférieure manquante

BIBLIOTHÈQUE CONTEMPORAINE

NATHANIEL HAWTHORNE

TRADUCTION E.-A. SPOLL

CONTES ÉTRANGES

PARIS
MICHEL LÉVY FRÈRES ÉDITEURS
RUE AUBER, 3, PLACE DE L'OPÉRA

LIBRAIRIE NOUVELLE
BOULEVARD DES ITALIENS, 15, AU COIN DE LA RUE DE GRAMMONT
1876

35ᵉ ANNÉE

LA PATRIE

JOURNAL QUOTIDIEN
POLITIQUE, LITTÉRAIRE, SCIENTIFIQUE, COMMERCIAL ET FINANCIER

Par l'organisation spéciale de son service d'Informations, de Télégrammes
et de Correspondances

LA PATRIE est toujours promptement et sûrement renseignée

Magnifiques PRIMES GRATUITES offertes à tous les Abonnés :

LES MÉMOIRES DE M. GUIZOT, 9 vol. in-18, comprenant les événements politiques depuis 1814, et dont la valeur en librairie est de 60 francs. — L'UNIVERS ILLUSTRÉ. — Environ 2,000 volumes de la Maison MICHEL LÉVY frères ; Ouvrages illustrés, richement reliés et dorés sur tranches. — Partitions complètes de la Maison L. ESCUDIER : DON JUAN (Mozart) ; LE BARBIER DE SÉVILLE (Rossini) ; — LOUISE MILLER (Verdi) ; — MINA (Amb. Thomas) ; — JEANNE D'ARC (Verdi), etc., etc.

ABONNEMENTS : { PARIS....... 18 fr. 50 c., 27 fr., 54 fr.
                 DÉPARTEMENTS. 10 » »   32   64

Pour s'abonner, envoyer un MANDAT-POSTE à M. l'Administrateur de
LA PATRIE
Rue du Croissant, 12, Paris

PARIS-JOURNAL
POLITIQUE ET FINANCIER

PRIMES :
MONTRE ALUMINIUM OU PENDULE RÉVEIL-MATIN
POUR RIEN

PENDULE RENAISSANCE OU MONTRE EN VERMEIL
Pour 15 francs en sus de l'Abonnement

PRIMES
livrées de suite

MONTRE EN OR
POUR 32 FRANCS
En sus de l'Abonnement

PRIMES
livrées de suite

UN SEMESTRE   Abonnement d'un an : 64 fr.   UN SEMESTRE
D'AVANCE   9, rue d'Aboukir, 9   D'AVANCE

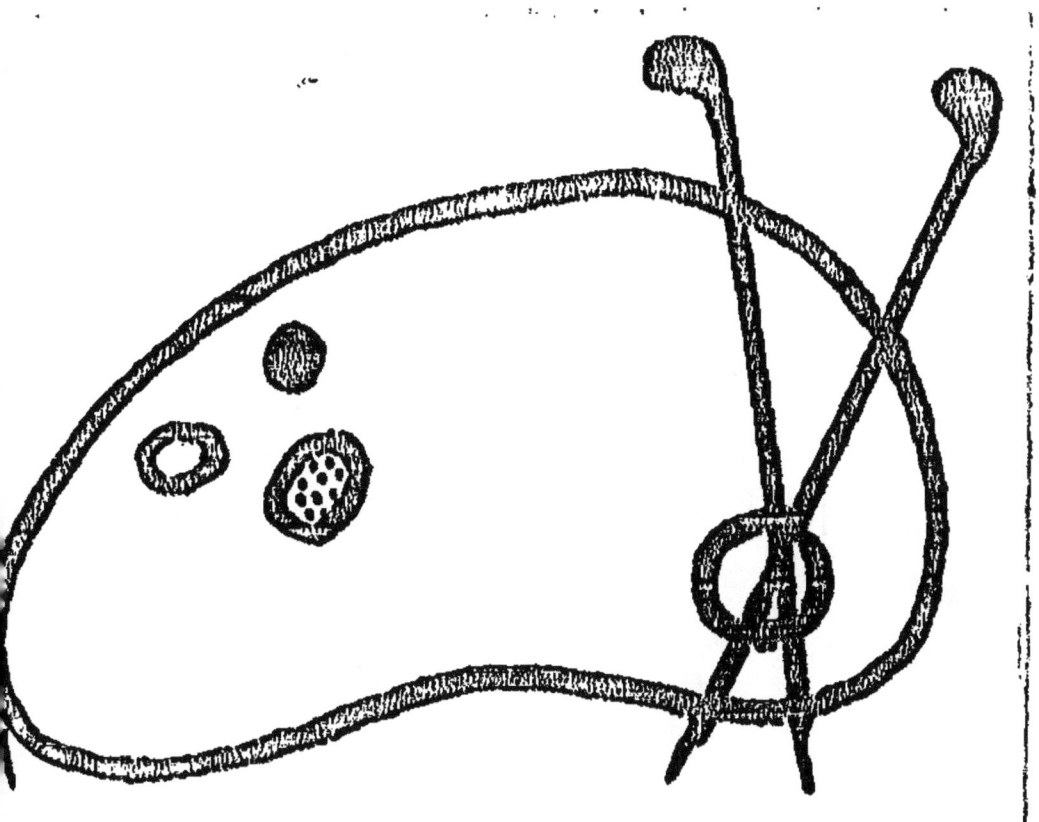

Fin d'une série de documents en couleur

CONTES ÉTRANGES

PARIS. — IMPRIMERIE DE E. MARTINET, RUE MIGNON, 2

CONTES
ÉTRANGES

PAR

NATHANIEL HAWTHORNE

TRADUCTION DE

E. A. SPOLL

PARIS
CALMANN LÉVY, ÉDITEUR
ANCIENNE MAISON MICHEL LÉVY FRÈRES
RUE AUBER, 3, ET BOULEVARD DES ITALIENS, 15.
A LA LIBRAIRIE NOUVELLE
—
1876
Droits de reproduction et de traduction réservés

NATHANIEL HAWTHORNE

NOTICE BIOGRAPHIQUE

Le grand écrivain, le penseur original dont nous présentons au public une série de contes qui passent à bon droit pour des chefs-d'œuvre en ce genre, était fils d'un capitaine au long cours, qui mourut dans un voyage qu'il faisait à la Havane. Hawthorne avait cinq ans lors de cet événement; il était né le 4 juillet 1804, à Salem, dans le Massachusetts, et son enfance s'écoula paisible dans une ferme voisine du lac Sébago, dans l'État du Maine.

Il entra d'abord au collège de sa ville natale, puis à celui de Bowdoin, où il eut pour condisciples Wadsworth Longfellow et Franklin Pierce, dont il devait être le biographe; il termina ses études en 1825.

Ses premiers essais, publiés dans des *Magazine*, furent réimprimés en deux séries, en 1837 et en 1842, sous le titre de *Twice told tales* (Contes deux fois dits), et attirèrent du premier coup l'attention du public sur le jeune et brillant écrivain.

En 1828, il obtint un emploi à la douane de Boston; mais il s'en démit en 1841 pour se marier et aller s'établir à Concord, dans une paisible et délicieuse retraite où, livré à ses chères études littéraires, il passa les années les plus heureuses de sa vie.

L'admirable recueil de contes intitulé *Mosses from an old*

Manse (Mousses d'un vieux presbytère) est daté de cette oasis du poëte.

Il la quitta cependant en 1846 pour aller occuper un modeste emploi à Salem, où, durant ses instants de loisir, il composa *la Lettre rouge*, ce beau roman qui, traduit en français par M. Forgues, obtint chez nous un si grand succès.

Peu de mois après, il se retirait à Lenox, d'où sont datées deux productions bien différentes, *la Maison aux sept pignons*, roman d'analyse intime, et le *Roman de Blithedale*, satire excessivement fine des doctrines socialistes de Fourier, qu'il avait étudiées sur le vif durant quelques mois passés dans le phalanstère de Brook Farm, près de Roxbury, en 1852.

Il retourna ensuite dans sa petite maison de Concord et y publia une *Vie de Franklin Pierce*, pour favoriser l'élection de ce dernier à la présidence. Franklin, une fois élu, témoigna sa reconnaissance à son ami en le nommant au consulat de Liverpool. C'est durant ce séjour en Angleterre qu'il réunit les matériaux du livre qu'il a consacré depuis à la vieille Europe : *Our old home* (Notre vieux foyer).

Hawthorne abandonna cependant cette importante position pour voyager sur le continent, et finalement retourner aux États-Unis, où il publia cette œuvre étrangement magnifique qui a pour titre *Transformation*, et dont Vermorel a publié dans la *Revue contemporaine* une traduction remarquable (1859). Ce fut son dernier ouvrage et son dernier succès. Il s'éteignit en 1864 à Plymouth (New-Hampshire), dans le cours d'un voyage qu'il faisait pour rétablir sa santé, en compagnie de M. Franklin Pierce.

Outre les ouvrages que nous venons de citer, et qui sont les plus importants, on a de lui *l'Image de neige et autres contes*, le *Journal d'une croisière en Afrique*, le *Livre des merveilles*, le *Fauteuil du grand-papa* et les *Contes de Tanglewood*.

On a, mais à tort, essayé d'établir un parallèle entre Hawthorne et Edgar Poe. Rivaux en gloire, tous deux grands écrivains et profonds analystes, ils diffèrent essentiellement par le but à atteindre et les procédés dont ils font usage.

Nous nous sommes efforcé de réunir dans ce volume les contes qui caractérisent le mieux les différentes *manières* de notre auteur, et nous n'en avons élagué d'une main respectueuse que ce qui semblerait trop obscur à des lecteurs français. Quant au style de notre traduction, nous avions à lutter contre un modèle trop parfait pour espérer l'égaler; notre seule ambition est d'avoir donné de l'original un reflet affaibli, mais qui en reproduisît avec fidélité la saveur et le caractère.

E. A. S.

LA
MARQUE DE NAISSANCE

Vers la fin du siècle dernier vivait un savant naturaliste qui, peu de temps avant l'époque où commence notre récit, avait fait une expérience sur une affinité morale un peu plus attrayante que l'affinité chimique. Il avait un jour laissé son laboratoire aux mains d'un praticien, lavé sur ses doigts la trace des acides et des réactifs de toute nature, et enfin persuadé à une ravissante créature de devenir sa compagne.

Dans ce temps-là, alors que la découverte récente de l'électricité et des importants phénomènes qui s'y rattachent semblait donner à l'homme le don des miracles, il n'était point rare que l'amour de la science et celui de la femme rivalisassent de profondeur et d'absorbante énergie. De puissants esprits mettaient leur intelligence, leur génie, leur cœur même à la recherche de l'inconnu, dans l'orgueilleux espoir que le philosophe, vainqueur un jour dans sa lutte avec la matière, parviendrait à saisir le secret des causes efficientes et deviendrait créateur à son tour. Nous ne savons trop si notre chimiste avait une telle confiance dans le futur pouvoir de l'homme sur la nature; cependant il s'était dévoué sans réserve à ses études scientifiques, et trop entièrement pour qu'une autre passion pût l'en détourner. Son amour pour sa jeune femme aurait donc été subordonné à la soif de la science, si, par un singulier phénomène psychologique, il n'avait fait de cet amour même un des objets de ses expériences, et par là rendu plus forte sa passion dominante.

Un jour, très-peu de temps après leur mariage, Aylimer s'assit en regardant sa femme d'un air assez embarrassé, et, après un long silence indiquant la peine qu'il avait à entamer le chapitre, il finit par lui dire :

— Georgina, est-ce qu'il ne vous est jamais venu à l'idée de faire disparaître cette marque que vous avez à la joue?

— Non, répondit-elle en souriant; mais, s'apercevant du sérieux avec lequel son mari lui adressait cette question, elle se prit à rougir : à vous dire vrai, continua-t-elle, on m'a bien souvent répété que c'était un agrément, une sorte de grain de beauté, et j'ai toujours pensé qu'il valait mieux la laisser dans cet état.

— Ce serait peut-être vrai pour une autre figure, ma chère Georgina, reprit le mari, mais jamais pour la vôtre. Vous êtes sortie si parfaite des mains de la nature, que cette petite tache, qu'on balance à appeler défaut ou beauté, me choque absolument comme une marque visible de l'imperfection humaine.

— Vous choque, monsieur? s'écria Georgina visiblement

offensée ; pourquoi m'avez-vous enlevée d'auprès de ma mère? Comment pouvez-vous aimer ce qui vous choque?

Afin d'expliquer le sens de cette conversation, il convient d'apprendre au lecteur que la jeune femme avait, au milieu de la joue gauche, une marque singulière qui paraissait imprimée entre la chair et l'épiderme. Cette marque affectait une teinte cramoisie qui disparaissait presque sous les roses de son teint, et même on ne la pouvait distinguer lorsque le sang lui montait au visage ; mais si, par une émotion quelconque, elle venait à pâlir, la marque semblait une fleur de pourpre sur un tapis de neige, comparaison que son mari ne manquait jamais de faire. Elle présentait la plus grande ressemblance avec une main humaine : mais, à vrai dire, une main de pygmée. Les amoureux de Georgina avaient accoutumé de dire qu'à l'heure de sa naissance une petite fée avait posé sa main sur son mignon visage, et que l'empreinte en était restée comme un témoignage du don qu'elle lui faisait de régner sur les cœurs. Bien des soupirants évincés eussent payé de leur vie le privilège d'appuyer leurs lèvres sur cette marque mystérieuse. D'autre part, des gens malintentionnés — il est vrai que c'étaient des personnes de son sexe — affirmaient que la main de sang, comme elles s'obstinaient à l'appeler, détruisait toute la beauté de Georgina et la rendait presque hideuse ; mais autant aurait valu dire que ces veines bleuâtres qu'on voit courir sous l'épiderme marmoréen des statues de Carrare peuvent enlaidir une Vénus. Les observateurs appartenant à la moins belle moitié du genre humain n'en admiraient pas moins la radieuse beauté de la jeune fille ; mais ils pensaient parfois en eux-mêmes que, si elle était leur femme, ils feraient tout pour faire disparaître cette marque, afin qu'il y eût au monde un exemple vivant d'une beauté parfaite et sans défaut. Peu de jours après son mariage, Aylimer s'aperçut qu'il était dans ce cas.

Si sa femme eût été moins belle, il eût pu sentir son affection s'accroître par la gentillesse de cette petite menotte, tantôt vaguement dessinée, tantôt disparaissant tout à fait, ou devenant d'un rouge intense, lorsque la moindre émotion précipitait les battements de son cœur. Mais au lieu d'y voir une perfection, Aylimer y voyait, au contraire, un défaut de jour en jour plus intolérable. C'était, selon lui, le signe fatal que la nature imprime sous la forme qu'il lui plaît, et d'une manière indélébile, à toutes ses créatures; comme pour indiquer que, soumises à la loi commune, elles sont périssables, ou que leur perfection ne peut être atteinte qu'à force de labeur et de peine. La main de pourpre semblait l'empreinte fatale de la mort, qui, lente mais inévitable, saisit un jour ou l'autre dans ses griffes l'être le plus parfait comme le plus vil pour les réduire en une même poussière. Peu à peu, à force de creuser ce sujet plein d'amertume, Aylimer finit par considérer la marque de naissance comme le symbole visible du lien secret qui rattachait sa céleste compagne à la douleur et à la mort, et cet imperceptible signe lui causa bientôt plus de trouble et d'horreur que jamais la beauté de Georgina n'avait apporté de plaisir à ses sens ou à son imagination.

Dans les moments, hélas! trop rares où il croyait goûter un bonheur sans mélange, — assurément en dépit de lui-même, — il revenait sans en avoir conscience sur ce triste sujet, qui, dans le principe à peu près insignifiant, devint à la fin le centre de toutes ses pensées.

Lorsque l'aurore venait se jouer dans les plis de ses rideaux et l'arracher au sommeil, son premier regard était pour la gracieuse figure de Georgina, où s'étalait la maudite marque; et lorsque, le soir, assis côte à côte, ils devisaient auprès du foyer, ses yeux se portaient encore à la dérobée sur la joue de sa femme, où il croyait voir, à la clarté vacillante de la flamme, le spectre de la main sanglante, stigmate éternel de l'objet de son adoration.

Georgina tressaillit involontairement sous le regard de son mari, dont un seul coup d'œil suffisait pour changer les roses de son teint en une pâleur mortelle, sur laquelle ressortait la main de pourpre, comme un bas-relief de rubis sur le marbre de Paros.

Un jour que l'ombre du crépuscule dissimulait en s'épaississant la tache de sa joue, la pauvre femme osa la première aborder résolûment ce triste propos.

— Vous souvenez-vous, mon cher Aylimer, dit-elle avec un faible sourire, avez-vous souvenir d'un songe que vous eûtes la nuit dernière, à propos de cette odieuse main?

— Non, pas le moins du monde, répondit Aylimer avec précipitation. Je puis bien, ajouta-t-il en cachant son émotion sous une froideur apparente, je puis bien en avoir rêvé, car avant de m'endormir j'y avais fortement songé.

— C'est ce qui est arrivé, se hâta de dire Georgina, craignant que ses sanglots mal comprimés ne l'interrompissent.

— En effet, j'ai le vague souvenir d'un rêve affreux.

— Comment avez-vous pu l'oublier?

— Il vaut mieux, je crois, ma chère, ne point nous appesantir sur ce sujet.

— Pardon, mon ami, réunissez bien vos souvenirs, il faut vous rappeler ce rêve.

Triste état que celui de notre âme, lorsqu'elle est obsédée par les sombres fantômes du sommeil, effrayants précurseurs des mystères de la mort. Aylimer se rappelait son rêve. Il lui avait semblé qu'en compagnie de son aide Aminadal, il essayait d'enlever la marque de naissance, mais, à mesure qu'il enfonçait l'instrument, la main semblait fuir le tranchant de l'acier, se réfugiant toujours plus avant, jusqu'à ce qu'elle eût atteint le cœur de Georgina, où elle s'était cramponnée avec une telle violence qu'il avait dû employer la force pour l'en arracher.

Lorsque ce rêve se fut représenté à son esprit dans ses moindres détails, Aylimer se sentit instinctivement coupable envers sa femme. Souvent un rêve nous dévoile plus nettement l'état de notre esprit que la réflexion ne le pourrait faire durant l'état de veille.

Il ne s'était pas encore rendu un compte exact de l'influence exercée sur lui par cette idée dont la persistance menaçait de le poursuivre jusqu'à ce qu'il eût satisfait son irrésistible envie.

— Aylimer, reprit solennellement la pauvre Georgina, je ne sais ce qu'il nous en coûtera pour faire disparaître cette marque fatale, peut-être me laissera-t-elle quelque difformité incurable, peut-être aussi a-t-elle une secrète relation avec le principe de mon existence. Enfin il n'est même pas certain que vous puissiez effacer ce signe dont l'empreinte s'est gravée sur mon visage dans le sein maternel.

— J'ai beaucoup réfléchi sur ce sujet, interrompit le chimiste, et la réussite de cette expérience ne me semble pas douteuse.

— S'il y en a la moindre probabilité, répondit la jeune femme, essayez : quel que soit le risque à courir, le danger ne me saurait effrayer; tant que cette marque me rendra pour vous un objet de répulsion, la vie ne pourra m'être qu'à charge, et je ne saurai la regretter. Enlevez-moi cette odieuse main, ou prenez ma vie. La nature n'a plus de secrets pour votre génie, et le monde est témoin des merveilles que vous avez accomplies. Comment ne pourriez-vous enlever une tache que mon ongle suffit à couvrir? Est-ce donc une entreprise au-dessus de vos forces, et votre science est-elle impuissante à vous donner le calme et à rendre la raison à votre malheureuse femme?

— Noble et chère créature, s'écria Aylimer à la fois ému et ravi, ne doutez plus de mon pouvoir. Sachez donc que j'ai fait dans ce but d'immenses recherches et pénétré les arcanes de la science. Je suis certain de rendre cette pauvre joue immaculée comme sa sœur, et plus adorable mille fois, puisque c'est par elle que j'aurai triomphé de la nature dans son œuvre la plus parfaite. Pygmalion, au premier soupir de Galatée, n'a pu ressentir un bonheur égal à celui qui m'est réservé.

— Ainsi, voilà qui est résolu, dit Georgina, souriant doucement; ne m'épargnez pas, Aylimer, dût cette marque se réfugier jusqu'à mon cœur.

Son mari la remercia par un baiser.

Le lendemain, Aylimer instruisit sa femme de la marche qu'il voulait suivre, sans rien lui cacher des expériences délicates et de la surveillance assidue que réclamait l'opération projetée.

Pendant la durée du traitement et pour en assurer le succès, Georgina devait s'abandonner au repos le plus absolu. Ils s'enfermèrent dans un vaste appartement où se trouvait le laboratoire témoin des belles découvertes qui, durant sa studieuse jeunesse, avaient mérité au chimiste l'admiration du monde savant. C'est là que, penché sur ses livres, le front pâli par l'étude, il avait trouvé les lois qui régissent les courants atmosphériques, sondé les profondeurs de la terre et entrevu les richesses qu'elle cache dans son sein. Là il avait deviné l'origine des volcans, ces cheminées naturelles du globe, et suivi d'un regard assuré le cours souterrain des sources qui jaillissent, tantôt pures et limpides, tantôt chargées des corps les plus divers et douées des plus merveilleuses propriétés.

C'est dans ce discret asile qu'il avait étudié la structure du corps humain, et tenté de découvrir les mystérieux procédés au moyen desquels la nature combine tant d'éléments différents pour en former l'homme, son chef-d'œuvre. Mais il avait depuis longtemps abandonné cette recherche suprême, après avoir reconnu, comme tant d'autres, que notre mère commune, bien qu'elle paraisse travailler au grand jour, se contente de nous montrer des résultats et tient secrets ses procédés de fabrication. Elle nous permet d'entretenir et de réparer, mais non de créer nous-mêmes.

Aylimer se mit donc à l'œuvre, non plus mû par des espérances chimériques, mais pour se livrer à des expériences purement physiologiques de nature à le guider dans es soins qu'il allait donner à sa femme.

Georgina était tremblante et glacée lorsqu'elle franchit le seuil du laboratoire. Son mari s'efforça de sourire en la regardant; mais il fut tellement frappé de la rougeur de la marque, dont sa pâleur doublait l'intensité, qu'il ne put retenir un mouvement de répulsion. La jeune femme s'évanouit.

— Aminadab! Aminadab! cria-t-il en frappant du pied avec violence.

A cette voix impérative, on vit sortir de l'appartement un homme de petite taille, aux formes athlétiques, dont les cheveux incultes encadraient un visage brûlé par le feu des fourneaux. Ce gnôme était depuis de longues années le seul aide d'Aylimer dans ses travaux scientifiques : ponctuel, exécutant avec une précision mécanique les expériences minutieuses, bien qu'absolument incapable d'en comprendre la marche ni l'objet. Avec sa force herculéenne, sa chevelure en désordre, son visage noir et son air stupide, il était le symbole de la nature physique, dont Aylimer, avec sa figure pâle et intelligente, représentait l'élément immatériel.

— Ouvre la porte du boudoir, Aminadab, et brûle une pastille.

— Oui, maître, répondit l'aide en regardant alternativement la jeune femme toujours privée de sentiment. Ma foi! ajouta-t-il mentalement, si elle était ma femme, je ferais bien passer cette marque-là.

Lorsque Georgina reprit ses sens, elle respirait une atmosphère embaumée, dont les suaves émanations l'avaient ranimée. Elle se croyait le jouet d'un rêve. Aylimer s'était fait de cette salle enfumée, où ses plus belles années s'étaient consumées dans d'abstraites recherches, un séjour délicieux digne d'abriter une femme adorée. De magnifiques tentures, d'un goût exquis, cachaient sous leurs plis majestueux la nudité des murailles, et Georgina se croyait transportée dans une mystérieuse retraite, inaccessible aux mortels. Comme pour donner quelque poids à cette supposition, Aylimer avait supprimé le jour extérieur nuisible à son expérience, et l'avait remplacé par la douce clarté de plusieurs lampes d'albâtre remplies d'une huile parfumée. Il s'était agenouillé auprès de sa femme, qu'il considérait avec attention, mais sans inquiétude, confiant dans l'infaillibilité de son savoir.

— Où suis-je? Ah! je me souviens, dit-elle en portant instinctivement la main à sa joue.

— Rassurez-vous, Georgina, et ne vous éloignez point de votre époux, car il se réjouit à présent de cette imperfection qui lui permet de remporter une nouvelle victoire.

— De grâce, reprit la jeune femme, obligez-moi de ne la plus regarder; je vois toujours ce mouvement d'horreur que vous n'avez pu réprimer à mon aspect.

Afin de rendre à Georgina le calme nécessaire dans cette conjoncture, Aylimer se mit à exécuter quelques expériences curieuses. Il évoqua de gracieuses apparitions, fantômes aériens, pensées revêtues d'un corps diaphane, qui voltigeaient en se jouant autour du jeune couple et disparaissaient dans les zones de lumières projetées par les lampes d'albâtre. Bien qu'assez familière avec les phénomènes d'optique, l'illusion était parfois si complète que Georgina se prit à penser que son mari jouissait d'un pouvoir surnaturel sur le monde des esprits. A peine avait-elle eu le temps de former un désir qu'il était accompli, et les apparitions qu'elle avait mentalement évoquées flottaient vaguement indécises devant ses yeux ravis et confondus. C'étaient des scènes de la vie réelle, tableaux vivants et fantastiques, qui naissaient et s'évanouissaient avec la pensée qui les avait créés.

Lorsque Georgina eut épuisé sa curiosité sur cette innocente fantasmagorie, Aylimer plaça devant elle un vase du Japon rempli de terre végétale, du moins à ce qu'il lui parut. Bientôt elle ne put retenir un geste de surprise en voyant apparaître le germe d'une plante, qui s'ouvrit pour laisser croître un faible pédoncule dont les feuilles se déployèrent graduellement, comme mues par un ressort caché, pour découvrir une fleur ravissante.

— C'est magnifique, murmura la jeune femme, mais je n'ose toucher à cette fleur miraculeuse.

— Cueillez-la sans crainte et respirez-en le parfum passager pendant qu'il en est temps encore, car, dans peu d'instants, elle va périr et ne laissera dans le vase qu'un peu de poussière et de graines d'où naîtront des fleurs éphémères comme elle.

En effet, à peine Georgina eut-elle touché la fleur qu'elle se flétrit. Ses feuilles se replièrent et noircirent comme si elles avaient été exposées à l'action d'une violente chaleur.

— Le stimulant était trop fort, dit Aylimer.

Pour effacer l'impression causée par l'avortement de cette expérience, il proposa à la jeune femme de faire son portrait au moyen d'un procédé chimique de sa propre invention, qui consistait à soumettre une plaque de métal parfaitement polie, à l'action des rayons solaires. Georgina se prêta volontiers à ce nouvel essai ; mais lorsqu'elle en vit le résultat, elle fut effrayée de ne trouver sur la plaque qu'une vague image de sa figure, tandis que l'infernale main se dessinait avec netteté sur son visage. Aylimer lui reprit brusquement le portrait des mains et le jeta, de dépit, dans une cuve remplie d'un acide corrosif.

Cependant des pensées plus sérieuses vinrent bientôt effacer de son esprit cet échec mortifiant pour son amour-propre de savant, et le plonger de nouveau dans ses mystérieux calculs. De temps à autre il les quittait, le visage enflammé, brisé par la tension d'esprit, pour venir rassurer Georgina, en lui parlant des ressources infinies de la science.

Aylimer racontait à Georgina l'histoire de ces patients chimistes qui, durant plusieurs siècles, cherchèrent avec une ardeur infatigable le dissolvant universel au moyen duquel ils pourraient isoler l'or des matières les plus communément répandues sur la surface du globe. Loin de traiter de fous ces précurseurs de la chimie moderne, Aylimer ne voyait aucune impossibilité à ce qu'on découvrît un jour cet admirable secret ; mais il avait soin d'ajouter que l'auteur d'une pareille découverte n'abaisserait jamais son génie à en tirer parti. Au reste, il prétendait avoir composé un élixir de longue vie, qui, supprimant la mort, causerait, s'il en divulguait le secret, un tel bouleversement dans l'univers, que l'humanité n'y trouverait, au lieu d'une éternelle félicité, qu'une nouvelle source de malheurs et de troubles.

— Parlez-vous sérieusement, Aylimer ? demanda Georgina, fixant sur lui des regards effrayés. Il est terrible de posséder un pareil secret, ou même de penser qu'il appartient à un mortel.

— Ne tremblez pas, mon amour, répondit son mari; je n'en voudrais faire l'essai ni sur vous ni sur moi; je voulais seulement vous prouver combien, en comparaison de pareilles découvertes, c'est peu de chose que d'effacer une petite marque sur votre visage.

En entendant cette allusion à la fatale main, la jeune femme tressaillit comme si sa joue avait été effleurée par un fer rouge.

Aylimer, cependant, retourna près de ses fourneaux, et, de la chambre où elle se tenait, Georgina l'entendait donner des ordres à Aminadab, dont la voix rude et rauque ressemblait plutôt au grognement d'un animal qu'à des accents humains. Après une absence de quelques heures, le chimiste revint auprès de sa femme, et, pour la distraire, lui fit passer en revue les curiosités de son laboratoire. Il lui fit voir entre autres une petite fiole remplie d'un parfum délicieux, dont quelques gouttes répandues dans la chambre l'imprégnèrent des plus suaves émanations.

— Et cela, qu'est-ce? demanda Georgina en désignant un petit globe de cristal contenant une liqueur transparente, jaune comme de l'or, c'est sans doute le fameux élixir de longue vie?

— Oui et non, répondit en souriant Aylimer, ce peut être si l'on veut l'élixir de l'immortalité, car ce liquide est de tous les poisons le plus subtil; une goutte peut ranimer un mourant, cinq ou six gouttes le foudroieraient. Le respirer peut même, dans de certaines conditions, devenir mortel, et le plus grand roi du monde, entouré de ses gardes, périrait à l'instant, si je croyais sa mort utile au bien public.

— Comment conservez-vous ici de pareils poisons? demanda la femme avec horreur.

— Vous ne craignez point que j'en fasse un usage coupable? dit Aylimer; mais sa bienfaisante influence l'emporte encore sur ses propriétés toxiques. Tenez, pour ne vous citer qu'un fait, quelques gouttes versées dans un verre d'eau en font une merveilleuse lotion qui peut effacer les rides les plus invétérées, et réparer des ans l'irréparable outrage.

—Est-ce avec cette liqueur que vous allez me frictionner la joue? demanda Georgina avec anxiété.

— Non, répondit son mari; cette eau n'agit que superficiellement, et votre cas demande une composition dont l'action soit plus intime.

Chaque fois qu'il revenait auprès de Georgina, Aylimer s'enquérait minutieusement de ses moindres sensations : si la température à laquelle elle était soumise, si l'air qu'elle respirait ne lui étaient point désagréables, etc. Ces questions avaient évidemment un but, et la jeune femme s'aperçut qu'à son insu la cure avait déjà commencé, et qu'elle respirait au milieu d'une atmosphère particulière. Il lui semblait qu'à certains moments elle ressentait dans tout son être une sensation étrange, indéfinissable, voluptueusement douloureuse, et dont son cœur était le siége principal. Lorsque parfois elle jetait un regard craintif sur son miroir, et qu'elle voyait l'atroce petite main cramponnée sur son pâle visage, elle éprouvait pour ce stigmate un sentiment de répulsion dont l'horreur surpassait encore celle qu'il inspirait à son mari.

Pour tromper un peu l'ennui de la solitude, Georgina s'amusait à feuilleter les livres qui composaient la bibliothèque scientifique d'Aylmer, empreints, pour la plupart, d'une sombre et terrible poésie. C'étaient de poudreux in-folios, œuvres aujourd'hui perdues des philosophes du moyen âge : Albert le Grand, Cornélius Agrippa, Paracelse et ce moine mystérieux, créateur de la tête prophétique. Tous ces hommes, à force d'arracher à la nature ses secrets avaient, il est vrai, devancé les lumières de leur siècle, mais ils étaient, par malheur, imbus d'une certaine dose de crédulité qu'ils n'eurent point de peine à faire partager à leurs ignorants contemporains. Peut-être s'imaginaient-ils avoir acquis, dans leurs vastes études, un pouvoir surnaturel. Le livre qui piqua le plus vivement la curiosité de Georgina fut un énorme registre, écrit tout entier de la main de son époux, et sur lequel il avait consigné les moindres expériences de sa carrière scientifique, détaillant soigneusement à chacune d'elles le but qu'il s'était proposé d'atteindre, la méthode qu'il avait employée et le succès ou l'avortement qui en avait été le résultat ; avec l'exposé des motifs auxquels on devait attribuer l'une ou l'autre issue. Ce livre était, en quelque sorte, l'histoire morale de cette imagination ardente et ambitieuse, plutôt qu'un relevé scrupuleux des travaux de toute sa vie.

Aylmer rapportait tout aux causes physiques, mais il possédait au suprême degré l'art de les spiritualiser, et dégageait son esprit d'un matérialisme grossier par la profondeur de ses conceptions et la ferme croyance que le vil limon dont nous sommes formés est animé par ce principe intangible que l'on est convenu d'appeler l'âme.

A mesure que la jeune femme avançait dans sa lecture, elle sentait son amour pour Aylimer se transformer en une sorte de respect mêlé de crainte, et, pour la première fois, la défiance était entrée dans son cœur. Elle ne pouvait s'empêcher de remarquer qu'au milieu des plus grands succès de son mari, il s'était toujours trouvé quelque déception, et que jamais il n'avait complétement atteint le but qu'il se proposait. Il y avait toujours une tache dans ses plus beaux diamants. C'était, en résumé, le livre le plus décourageant qu'homme eût jamais écrit; on y sentait à chaque pas la faiblesse et les défaillances de l'humanité; c'étaient de tristes confessions pour la plupart, et dans lesquelles bien des hommes de génie, et je dis des plus grands, auraient pu reconnaître leur portrait.

Ces réflexions affectèrent Georgina si profondément qu'elle laissa tomber son visage sur le livre ouvert et fondit en larmes. Son mari la surprit dans cet état.

— Voilà ce qu'il en coûte de lire des livres de sorciers, dit-il en souriant pour cacher son trouble. Il y a dans ce livre, ma chère Georgina, des pages que je ne puis lire moi-même sans une grande tension d'esprit, et je crains que leur contenu, loin d'être pour vous une lecture instructive, ne soit une œuvre d'inquiétudes.

— Il ne peut, mon ami, que me faire vous aimer davantage.

— Attendez, pour cela, le succès, car je me sens encore indigne de tant d'affection. Mais si vous voulez me plaire, ma bien-aimée, vous savez combien j'aime le son de votre voix; chantez : il me semble que cela reposera mon cerveau fatigué.

Ce désir était à peine exprimé que la voix pure et vibrante de la jeune femme vint, comme par enchantement, apaiser les pensées tumultueuses qui bouillonnaient dans le cerveau d'Aylimer. Après quelques instants de recueillement, il la quitta parfaitement calme, en l'assurant que le terme de sa réclusion approchait et que le succès de l'expérience n'était plus douteux.

Il venait de s'éloigner lorsque Georgina se souvint qu'elle avait oublié de lui faire part d'un symptôme qui, depuis deux ou trois heures, avait éveillé son attention : c'était un trouble général dans le système nerveux, accompagné d'une sensation étrange à l'endroit où se trouvait la marque. Elle suivit donc son mari et, pour la première fois, osa pénétrer dans son laboratoire.

Le premier objet qui frappa ses yeux fut un énorme fourneau, ardent et fiévreux ouvrier qui, d'après la suie dont il était encombré, semblait brûler depuis des siècles. Un appareil de distillation était en pleine activité, et tout autour de la chambre gisaient en désordre des tubes, des cornues, des creusets et les mille instruments en usage dans la chimie.

Une machine électrique semblait prête à fournir le feu du ciel. L'atmosphère, d'une lourdeur excessive, imprégnée des miasmes qui s'exhalaient des appareils, la nudité de cette pièce aux murailles noircies et pavée de larges dalles, semblaient étranges à Georgina, habituée qu'elle était à la somptuosité de son élégant boudoir. Mais ce qui attira surtout son attention fut l'aspect de son mari.

Aylimer était fort pâle, anxieusement penché sur son fourneau où il surveillait la distillation d'un liquide avec une inquiète curiosité, comme s'il en attendait le gage de son bonheur ou de son malheur éternel. Ce n'était plus ce maintien joyeux et dégagé qu'il affectait un moment auparavant; l'homme avait cessé de se contraindre.

— Attention, maintenant, Aminadab! attention, machine humaine! murmura-t-il; un atome de plus ou de moins, et tout est perdu!

— Maître, dit tout bas Aminadab, voici madame.

Aylimer, surpris, leva brusquement la tête; il rougit et pâlit successivement en voyant sa femme, et, s'élançant à sa rencontre, lui prit le bras avec violence.

— Pourquoi venez-vous ici? N'avez-vous plus confiance en moi? Pourquoi venir jeter au travers de mon œuvre la fatale influence de votre marque maudite? Sortez.

— Non, mon ami, dit Georgina avec une fermeté dont on ne l'aurait jamais crue susceptible; vous n'avez pas le droit de vous plaindre, vous m'avez méconnue en me faisant un mystère de votre inquiétude et de l'anxiété avec laquelle vous surveillez le cours de cette expérience. Vous m'avez mal jugée, mon cher mari; dites-moi quels risques j'ai à courir, et ne doutez point de ma fermeté, car mon salut m'est moins précieux que votre bonheur.

— C'est impossible, dit Aylimer avec impétuosité; vous ne savez pas ce que vous demandez là.

— Je suis soumise à tout, reprit-elle avec calme, et prête à prendre le breuvage que vous me donnerez, de même que je prendrais, sans hésiter, une coupe empoisonnée si c'était votre main qui me la présentât.

— Adorable créature, fit Aylimer profondément ému. Je ne connaissais pas encore toute la noblesse de votre âme.

Puis donc que vous le voulez savoir, apprenez que cette marque n'est point superficielle comme je l'avais cru dans le principe. Je vous ai déjà soumise à un traitement externe assez énergique pour l'effacer, si elle n'était aussi profondément incrustée. Une chance de salut nous reste encore ; si elle vient à manquer, nous sommes perdus.

— Pourquoi donc hésitiez-vous à me le dire? demanda Georgina.

— Pourquoi?... fit Aylimer avec hésitation, c'est qu'il y a du danger.

— Du danger, mon ami? mais il n'y en a qu'un pour moi, c'est que cette horrible main ne puisse s'effacer. Ainsi, quoi qu'il puisse advenir, achevez l'expérience.

— Alors, dit tristement Aylimer, regagnez votre boudoir, chère âme ; dans un moment tout sera terminé.

En disant ces mots, il la conduisit jusqu'au seuil du laboratoire, en lui prodiguant les marques d'une respectueuse tendresse ; puis il revint aussitôt à ses fourneaux. Lorsqu'il se fut éloigné, Georgina tomba dans une profonde rêverie. Elle éprouvait, quoi qu'elle en eût, une sorte d'admiration pour cet amour si délicat et si pur de son mari, qui la voulait sans défaut, telle qu'il l'avait rêvée, et ne pouvait souffrir dans l'objet d'un culte enthousiaste l'ombre d'une imperfection. Un sentiment si noble dans son apparente folie lui semblait mille fois préférable à cet amour vulgaire qui l'eût acceptée telle qu'elle était, en conservant une arrière-pensée qui lui semblait, à elle, une profanation, un crime de lèse-idéal. Elle désirait avec ardeur qu'un seul instant, au moins, il lui fût permis de satisfaire cette soif de perfection, la plus haute conception de son époux, dût-elle après payer de sa vie cette ineffable satisfaction. Son esprit dégagé des terreurs de l'humanité, avait pris un majestueux essor et planait dans les régions éthérées.

Le bruit des pas d'Aylimer la tira de sa rêverie; il arrivait, tenant à la main une coupe de cristal à moitié remplie d'un liquide incolore et transparent comme de l'eau de source. Il semblait plus pâle encore que d'habitude.

— La préparation de ce breuvage, dit-il en répondant à un regard de sa femme, a parfaitement réussi. Il doit être infaillible, ou la science n'est qu'un mot.

— Je suis entièrement décidée, répondit Georgina, à tenter ce dernier moyen; peut-être, si j'étais plus clairvoyante, aurais-je lieu de trembler, comme peut-être aussi ma confiance serait absolue si j'avais votre science; mais la mort n'a plus rien qui m'effraye : je suis préparée.

— Pourquoi ces affreux pressentiments? reprit Aylimer : voulez-vous voir un des merveilleux effets de cette liqueur? Regardez.

Dans une élégante jardinière végétait un géranium pourpre, dont les feuilles jaunies attestaient l'état maladif; le chimiste versa quelques gouttes de liquide sur la terre qui l'entourait, l'eau resta un moment à la surface, puis, s'infiltrant lentement, eut bientôt disparu, ne laissant sur le terreau qu'une faible trace de son passage. Un instant après, lorsque l'humidité eut pénétré jusqu'aux racines, on vit les feuilles reprendre leur fraîcheur première, et la plante se redressa brillante et pleine en apparence d'une sève vigoureuse.

— Je n'avais pas besoin de cette expérience, dit la jeune femme; donnez-moi ce verre, votre parole me suffit.

— Bois donc, chère femme, s'écria l'heureux savant dans un fervent enthousiasme.

Elle vida rapidement le verre et le rendit en souriant à son mari.

— La délicieuse liqueur! dit-elle, on dirait l'eau de quelque céleste source; en un instant elle vient d'apaiser la soif qui me dévorait. Maintenant, ami, j'ai besoin, je le sens, d'un peu de calme. Laissez-moi reposer, j'éprouve une sorte d'engourdissement, mes sens ébranlés appellent le recueillement, de même qu'aux derniers baisers du soleil les fleurs referment discrètement leur corolle.

Elle prononça ces derniers mots avec lenteur et comme si l'énergie qui avait jusque-là soutenu son courage faisait place à un affaissement général. Elle inclina son beau front et s'endormit.

Aylimer s'assit auprès d'elle, surveillant son sommeil avec une poignante émotion, mitigée pourtant de cette indomptable curiosité de savant, qui dans chaque fait voit un phénomène et dans chaque créature un sujet.

Aucun symptôme ne lui échappait; une légère rougeur, un soupir, un tressaillement imperceptible, tout était minutieusement observé et successivement décrit sur ce fameux registre qui contenait sa vie de savant.

Bientôt, frissonnant de crainte et d'espoir, il osa fixer la main fatale, et, mû par un irrésistible désir, la couvrit pour la première fois de ses lèvres ardentes, comme pour ui faire un solennel adieu. Georgina, bien que profondément endormie, fit un mouvement, et ses lèvres murmurèrent une douce remontrance.

Aylimer, confus, reprit sa surveillance. Au bout de quelques instants, il constata que la marque de naissance, très-visible un moment auparavant sur la mate pâleur de Georgina, s'effaçait insensiblement et perdait peu à peu sa netteté primitive. Ainsi l'arc-en-ciel, après une pluie d'orage, déploie le prisme éclatant de ses sept couleurs qui pâlissent bientôt, se confondent et disparaissent.

— Par le ciel! je ne la vois plus, dit Aylimer avec ravissement.

Il écarta les rideaux qui masquaient la fenêtre; une franche clarté envahit la chambre, il regarda sa femme : la petite main avait disparu.

En même temps un strident éclat de rire lui révéla la présence d'Aminadab.

— Ah! vile créature de fange, dit-il avec une joie frénétique, que tu m'as bien secondé cette fois! La matière et l'esprit ont fait leur devoir. Ris, bête brute, ris, tu le peux maintenant.

Ces exclamations réveillèrent Georgina, qui se regarda dans un miroir que son mari lui présentait. Un sourire céleste erra sur ses lèvres, lorsqu'elle reconnut l'absence de cette marque si fatale à son bonheur; cependant elle tourna vers son mari un regard plein d'une poignante anxiété.

— Mon pauvre Aylimer! murmura-t-elle.

— Pauvre, non pas, mais riche de bonheur et d'orgueilleux amour, trésor sans pareil, telle que je t'avais rêvée.

— Mon pauvre Aylimer, répéta la jeune femme avec une inflexion plus tendre, vous m'avez noblement aimée; ne vous reprochez donc point d'avoir, dans une conception sublime, involontairement rendu à la terre ce corps qui lui appartenait. Aylimer, mon bien-aimé, je me meurs!

Il n'était que trop vrai; la main mystérieuse avait attaqué le principe de la vie; elle était le lien caché qui l'unit à sa dépouille mortelle : à peine ce signe de l'imperfection humaine eût-il disparu que Georgina laissa échapper son dernier soupir.

Le rire grossier d'Aminadab ébranlait encore les voûtes, comme si l'esprit de la terre se fût réjoui de sa victoire.

LA
FILLE AUX POISONS

Un jour, il y a déjà longtemps de cela, un jeune homme nommé Giovanni Guasconti arrivait des provinces méridionales de l'Italie pour terminer ses études à la célèbre Université de Padoue. Le jeune étudiant, qui n'avait pour toute fortune que quelques ducats d'or, choisit un logement dans un vieil édifice, ancien palais d'une noble famille padouane depuis longtemps éteinte, mais dont l'écusson décorait encore la porte principale. Giovanni, qui connaissait à fond la grande épopée italienne, se souvint, en considérant ces armoiries, qu'un des ancêtres de cette famille, peut-être même un des habitants de ce palais, avait été placé par Dante dans un des cercles infernaux; et cette réminiscence, jointe au sentiment de tristesse naturel à celui qui pour la première fois quitte sa famille, serra le cœur du jeune étranger lorsqu'il entra dans la chambre vaste, unie et délabrée, qui allait être son appartement. Un soupir s'échappa de ses lèvres.

— Sainte Vierge! s'écria la vieille Lisabetta, qui, séduite par la bonne mine du jeune homme, s'efforçait de mettre tout en ordre dans sa chambre, quel soupir vous poussez là, seigneur! trouvez-vous cette vieille demeure si triste? Regardez, je vous prie, par cette fenêtre qu'illumine un rayon de votre beau soleil napolitain.

Machinalement Guasconti se rendit au désir de la vieille femme, et le soleil lombard ne lui sembla pas, à beaucoup près, aussi gai que celui de son pays. Cependant il éclairait, à ce qu'il put voir, un assez beau jardin rempli d'une grande variété de fleurs qui paraissaient cultivées avec un soin extrême.

— Est-ce que ce jardin appartient à la maison? demanda Giovanni.

— Le ciel nous en préserve, tant qu'il ne sera pas mieux fourni de légumes, répondit Lisabetta. Non, ce jardin appartient au docteur Giacomo Rappaccini, dont la réputation a dû s'étendre au delà de Naples, à ce que je présume. Il cultive ses plantes lui-même, et l'on prétend qu'il en distille des philtres puissants. Vous pourrez, seigneur, le voir souvent à l'ouvrage, ainsi que la demoiselle sa fille, émondant à l'envi les fleurs étranges de leur parterre.

La vieille femme ayant terminé les apprêts de la chambre du jeune homme, sortit en le recommandant à la garde de tous les saints.

Resté seul, Giovanni, pour tuer le temps, se mit à la fenêtre qui donnait sur le parterre du docteur. Au premier abord, il lui sembla pareil à ces jardins botaniques comme il en avait déjà vu dans le reste de l'Italie, mais il crut s'apercevoir que c'avait dû être autrefois le jardin de quelque famille opulente. En effet, on voyait au centre une fontaine de marbre sculptée avec une rare perfection, autant qu'on en pouvait juger du moins, car le temps en avait considérablement altéré le dessin primitif. Cependant l'eau jaillissait toujours de l'étroit orifice d'un tuyau de marbre pour retomber dans la vasque inférieure. Son léger murmure montait à l'oreille de Giovanni, comme la voix plaintive d'un esprit aérien enchaîné par le sort à ce marbre en ruines. Le tour de la fontaine, humide grâce à l'eau que laissaient échapper les fissures du bassin, était occupé par des plantes vigoureuses, aux larges feuilles, aux fleurs gigantesques, entre lesquelles on distinguait un arbuste couvert d'une profusion de fleurs pourprées, dont l'éclat rappelait celui des rubis de Golconde, et dont la fulgurante intensité illuminait comme un autre soleil le jardin tout entier. Le sol était en outre parsemé de plantes moins éblouissantes, il est vrai, mais cultivées avec un soin qui témoignait chez leur propriétaire d'une constante préoccupation de leurs vertus secrètes. Les unes étaient placées dans des vases élégants, d'autres dans de grossiers pots de terre, quelques-unes rampaient à terre comme des couleuvres; d'autres, s'élançant en gerbes, semblaient s'offrir d'elles-mêmes à l'admiration du spectateur. L'une d'elles avait poussé au pied d'une statue de Vertumne et l'entourait d'une guirlande de feuillage que la main d'un sculpteur n'eût assurément pas disposée avec un goût plus pur.

Pendant que Giovanni considérait ces objets nouveaux pour lui, un bruit léger, un frémissement dans le feuillage l'avertirent que quelqu'un travaillait dans le jardin. Bientôt un personnage apparut : c'était un homme de haute taille, au teint blême et maladif, revêtu de la robe noire des professeurs. Ses cheveux et sa barbe, déjà presque blancs, annonçaient qu'il avait dépassé le terme de la vie, et sa figure austère, plissée par l'habitude de la réflexion, semblait n'avoir jamais reflété les émotions d'un jeune cœur ardent.

Le savant jardinier considérait chaque plante avec une attention soutenue, comme s'il eût cherché à en pénétrer la nature intime et à découvrir les procédés employés par la nature dans la création de leurs différentes espèces. Il cherchait avec un soin méthodique les lois qui régissent la structure des feuilles, la coloration et le parfum des fleurs. Cependant, bien qu'il parût les connaître à fond, son commerce avec les plantes n'allait pas jusqu'à l'intimité. Bien plus, il semblait éviter le moindre contact avec elles, et son attitude était celle d'un homme se promenant au milieu d'objets dangereux ou soumis à quelque influence malfaisante. Cette défiance causa au jeune homme une désagréable impression.

Il lui semblait étrange qu'une occupation aussi innocente que l'inspection d'un parterre de fleurs, occupation qui passe à la campagne pour un des plaisirs les plus vifs qu'elle puisse procurer, pût être un sujet de plainte. Quel était cet homme qui tremblait devant les fleurs que sa main avait plantées ?

Pour arracher quelques feuilles flétries ou émonder des branches parasites d'une touffe de fleurs, le prudent vieillard avait eu le soin de revêtir ses mains de gants épais, et dès qu'il se fut approché de la belle plante dont les rameaux de pourpre ombrageaient la fontaine, il couvrit, par surcroît de précautions, la partie inférieure de son visage d'une espèce de masque, comme si ce miracle de la nature était doué de propriétés encore plus malfaisantes en raison de sa splendeur. Néanmoins cette dernière précaution ne lui parut pas même suffisante, et, se reculant de quelques pas, il ôta son masque et appela d'une voix cassée :

— Béatrix ! Béatrix !

— Me voici, mon père, que voulez-vous, répondit une voix jeune et vibrante qui semblait sortir de l'édifice opposé, êtes-vous dans le jardin ?

— Oui, Béatrix, j'ai besoin de votre aide.

En même temps une ravissante jeune fille apparut sous le noir portail de la vieille maison, aussi richement parée que la plus brillante de ses fleurs, un miracle de beauté dans tout l'épanouissement de la jeunesse, pétillante de sève et dont le corsage virginal accusait des trésors capables de lutter avec la statuaire antique.

L'imagination de Giovanni, violemment surexcitée par cette apparition, lui suggéra les idées les plus bizarres. Il lui sembla que la belle inconnue était une fleur, sœur humaine des autres fleurs, aussi belle, que dis-je, plus belle cent fois que la plus splendide d'entre elles. Il observa, non sans étonnement, que, bien loin de mettre des gants et de s'affubler d'un masque pour approcher des plantes, elle s'avançait lentement dans l'allée principale, aspirant leur parfum sans éprouver la plus légère crainte.

— De ce côté, Béatrix, lui dit le savant, et voyez combien vos soins sont nécessaires au plus précieux de nos trésors. Je donnerais volontiers ma vie pour m'approcher, mais je crains bien, même en m'entourant de précautions, d'être obligé de vous en confier exclusivement le soin.

— Bien volontiers, répondit la jeune personne en entourant l'arbuste de ses deux bras comme pour l'embrasser. Oui, ma sœur, ma beauté, ce sera Béatrix qui sera ta gardienne assidue, pour le seul bonheur d'aspirer ton vivifiant parfum.

Puis, joignant l'acte aux paroles, elle s'occupa de la plante avec toute l'attention qu'elle paraissait réclamer; Giovanni, vu la distance où il était de cette scène, se frotta machinalement les yeux, car il ne pouvait plus distinguer si c'était une jeune fille occupée de sa fleur favorite, ou bien une sœur rendant à sa sœur les soins les plus tendres. Mais cette illusion dura peu : soit qu'il eût fini ses travaux de jardinage, soit qu'en levant les yeux il eût vu le jeune étranger, le docteur Rappaccini prit le bras de sa fille et se retira lentement. Bientôt la nuit survint et sous l'influence des suaves émanations qui pénétraient dans sa chambre par la fenêtre encore ouverte, Giovanni s'endormit et rêva d'une fleur et d'une jeune fille, dont la suavité malfaisante finissait par former une créature hybride tenant à la fois de la vierge et de la plante.

La lumière du matin, franche et joyeuse, rectifie d'ordinaire les erreurs que forme notre imagination durant l'incertitude du crépuscule ou dans l'obscurité de la nuit, fût-elle atténuée par la pâle clarté de la lune. La première idée du jeune homme à son réveil fut d'aller jeter un coup d'œil sur ce jardin, théâtre des mystérieux événements de son rêve. Il fut surpris et même un peu confus de n'y rien trouver que de réel et d'ordinaire, grâce à l'engageante clarté du soleil levant, qui donnait à chaque fleur une nouvelle beauté, à toutes leur véritable aspect.

— Par ma foi, se dit-il, je suis heureux de pouvoir, au cœur même de cette vieille cité, regarder à loisir cette luxuriante végétation. Ces fleurs auront pour moi l'inappréciable avantage de me tenir dans une intime et constante contemplation de la nature.

Ni le docteur, ni sa fille, ne se montrèrent ce jour-là, et Giovanni en vint à se demander quelle singularité il avait pu trouver dans ces deux personnes pour qu'elles eussent ainsi troublé son esprit, et avec le plus grand calme, il promena sur le jardin des regards investigateurs.

Dans la journée, il alla rendre ses devoirs au signor Baglioni, professeur de médecine à l'Université de Padoue, physiologiste éminent, et pour lequel on l'avait muni d'une lettre de recommandation. Le professeur était encore dans la force de l'âge, d'un naturel gai et d'un caractère presque jovial ; il pria le jeune homme à dîner et se montra, tout savant qu'il fût, convive aimable et spirituel, surtout lorsque sa verve eût reçu l'agréable excitant d'une ou deux fioles de vin de Toscane.

Dans le cours du repas, Giovanni, supposant que deux savants de la même ville ne pouvaient être étrangers l'un à l'autre, se hasarda de prononcer le nom de Rappaccini.

— Il faudrait être un maître dans notre divine science, répondit modestement notre professeur, pour apprécier convenablement un savant aussi illustre que Rappaccini ; et je me ferais scrupule, signor Giovanni, de donner au fils de mon vieil ami des idées erronées sur un homme qui peut un jour ou l'autre tenir dans ses mains votre existence. La vérité est que l'honorable docteur Rappaccini est, à une exception près, aussi savant qu'aucun membre de la Faculté à Padoue et dans toute l'Italie, mais son caractère est l'objet des accusations les plus graves.

— Que lui reproche-t-on? demanda le jeune homme.

— Est-ce que mon ami Giovanni a des craintes pour sa santé, qu'il s'inquiète ainsi de nos médecins? demanda le professeur avec un sourire. Eh bien, on prétend que Rappaccini est plus savant qu'humain et que les malades ne sont pour lui que d'intéressants sujets d'étude. Il sacrifierait l'humanité tout entière, sa propre vie, ce qu'il a au monde de plus cher, pour ajouter un grain de sable à l'immense amas de ses connaissances.

— Alors, dit Guasconti, se rappelant la figure froide et méditative de Rappaccini, ce doit être un homme effrayant. Cependant, de votre aveu, c'est un esprit élevé. Pensez-vous qu'il y ait beaucoup d'hommes capables de pousser aussi loin l'amour de la science!

— A Dieu ne plaise, répondit brusquement le professeur, s'ils n'ont pas sur l'art de guérir des idées plus saines que lui. Il borne ses moyens curatifs aux seuls poisons végétaux et cultive lui-même les plantes dont il les distille. On prétend qu'il a ainsi obtenu des poisons nouveaux et terribles. Qu'il ait fait moins de ravages qu'on eût pu s'y attendre du possesseur de tels secrets, c'est ce qu'on ne peut nier. De temps en temps même il a opéré, ou semble opérer, de merveilleuses guérisons, mais, à mon sentiment, signor Giovanni, il ne faut pas lui attribuer entièrement l'honneur de ses succès, dus en partie au hasard, tandis que ses insuccèdoivent être rigoureusement mis à sa charge, si l'on veut porter sur lui un jugement exact.

Le jeune homme n'aurait peut-être pas ajouté foi entière aux insinuations de Baglioni, s'il eût été instruit de la sourde et ancienne rivalité des deux savants professeurs et des avantages remportés par Rappaccini dans cette lutte savante. Nous renverrons le lecteur qui désirerait en juger par lui-même, à certains mémoires en lettres gothiques que publièrent les parties adverses, et que l'on conserve encore dans la bibliothèque de l'Université de Padoue.

— Je ne sais trop, savant professeur, reprit Giovanni après un silence, je ne sais trop quel degré de tendresse le vieux médecin porte à son art, mais il possède à ma connaissance un objet bien plus digne d'amour : c'est sa charmante fille.

— Ah ! ah ! fit en riant le professeur, notre ami Giovanni s'est vendu lui-même. Vous avez donc entendu parler de cette jeune fille dont raffolent tous mes élèves, bien que trois ou quatre d'entre eux l'aient à peine aperçue ? Je vous avoue que je sais peu de choses sur le compte de la signora Béatrix, sinon que son père l'a si bien instruite dans les sciences naturelles qu'elle serait, dit-on, capable d'occuper une chaire de professeur.

Peut-être lui destine-t-il la mienne ! Mais c'est assez nous occuper d'absurdes rumeurs qui n'ont sans doute aucun fondement; ainsi, videz, mon cher Giovanni, ce verre de lacryma-christi, c'est du meilleur.

Guasconti, légèrement échauffé par les fréquentes rasades que lui avait versées le professeur, regagna sa demeure, sentant tournoyer dans son cerveau troublé les images de

Rappaccini et de sa charmante fille. Il rencontra sur son chemin une fleuriste à laquelle il acheta un frais bouquet.

Une fois dans sa chambre il alla s'asseoir auprès de sa fenêtre, en ayant soin de rester dans la zone d'ombre que projetait le mur, de manière à pouvoir regarder sans être aperçu. Tout y semblait désert. Les plantes étranges dont il était rempli paraissaient boire avec délices la chaleur du soleil, s'inclinant mollement les unes vers les autres en signe de sympathie ou de parenté. Au milieu, près de la fontaine s'élançait la plante magnifique, dont les grappes purpurines, arrivées par la splendeur du jour, se reflétaient dans les eaux de la vasque. Le jardin, comme nous l'avons dit, semblait abandonné. Bientôt, cependant, une gracieuse figure, que Giovanni attendait avec un mélange d'espoir et de crainte, apparut sous les trèfles du vieux portail et s'avança lentement au milieu des fleurs qui lançaient vers le ciel, comme un mystérieux encens, leurs parfums enivrants. On eût dit un sylphe à la légèreté de sa démarche. C'était Béatrix. En contemplant ses traits si purs, le jeune homme put se convaincre que sa beauté dépassait encore les pâles souvenirs de son imagination. Brillante de vie et de jeunesse, elle resplendissait au milieu des fleurs du jardin, et il sembla même à Giovanni qu'elle laissait après elle une trace lumineuse.

La figure de la jeune fille, qu'il apercevait plus distinctement que la veille, était surtout adorable par un air de douceur et de naïveté, qu'il n'avait jusqu'alors remarqué dans aucune femme. Il crut même reconnaître un certain air de famille entre cette charmante enfant et la belle plante qui ombrageait la vasque; mais il attribua cette étrange idée au caprice de son imagination surexcitée, ainsi qu'à l'ajustement de Béatrix, dont la couleur et la coupe semblaient en quelque sorte empruntées à sa fleur favorite.

Lorsqu'elle s'approcha du buisson empourpré, il la vit ouvrir les bras avec une ardeur passionnée pour attirer à elle plusieurs rameaux, dont elle parut aspirer le parfum avec une joie naïve qui se refléta sur son visage.

— Enivre-moi de ton haleine, ma sœur, murmurait Béatrix, et laisse-moi cueillir quelques-unes de tes fleurs pour les placer sur mon cœur.

Et elle prit une branche qui sortait du massif. Au même instant se produisit un phénomène étrange qui fit croire un moment à Giovanni que les fumées du vin obscurcissaient encore son cerveau. Un petit reptile, couleur orange, lézard ou caméléon, traversait le sentier juste aux pieds de Béatrix ; et il sembla à Giovanni, malgré la distance à laquelle il était de cette scène, qu'une goutte de rosée tombait de la fleur sur la tête du petit animal, celui-ci s'arrêta, tomba dans de violentes convulsions et se tordit sur le sable, où il resta bientôt sans mouvement.

Béatrix avait observé ce phénomène avec une sorte de tristesse, mais sans faire paraître aucune surprise, et sans renoncer pour cela au projet de mettre la fatale branche à son corsage. A peine attachée, la fleur, un moment alanguie, parut reprendre une vie nouvelle et se redressa plus fraîche et plus éclatante, jetant des feux semblables à ceux du rubis.

Giovanni s'était retiré de la fenêtre le front baigné de sueur, se disant à lui-même :

— Ma tête se perdrait-elle ? Suis-je le jouet d'une illusion ? Quelle est cette splendide créature si belle et si terrible ?

Tout en marchant au hasard dans le jardin, Béatrix s'était approchée de la fenêtre du jeune homme, qui fut obligé de pencher la tête pour ne pas la perdre de vue. A ce moment, un bel insecte, attiré sans doute par les pénétrantes émanations du jardin de Rappaccini, franchit le mur et s'en vint d'un air craintif voltiger sur les plus belles fleurs, comme s'il n'osait se poser sur ces plantes dont l'odeur aussi bien que la forme lui étaient inconnues; puis, s'approchant de Béatrix, il se mit à décrire autour d'elle des cercles de plus en plus étroits, secrètement attiré par cette fleur humaine sur la tête de laquelle il semblait prêt à se fixer. Giovanni le vit-il réellement ou son imagination se plut-elle à l'égarer de nouveau? Je l'ignore. Mais il crut voir, tandis que Béatrix regardait le petit être ailé avec une joie enfantine, le pauvre insecte tomber à ses pieds. Ses petites ailes s'agitèrent convulsivement, ses pattes se raidirent; il était mort, mort sans autre cause apparente que l'haleine embaumée de la jeune fille. Pour la seconde fois, son visage s'assombrit et elle s'éloigna tristement du cadavre de l'insecte.

Un mouvement involontaire de Giovanni attira les regards de Béatrix, et elle aperçut à sa fenêtre la belle figure du jeune homme, plutôt grecque qu'italienne, et qui semblait un marbre de Phidias animé par un nouveau Prométhée.

En se voyant découvert, Giovanni, sans avoir conscience de son action, lui jeta le bouquet qu'il tenait à la main.

— Signora, dit-il, ces fleurs sont pures et inoffensives, gardez-les pour l'amour de Giovanni Guasconti.

— Merci, signor, répondit Beatrix, d'une voix harmonieuse et enfantine plus douce qu'une flûte d'Arcadie; j'accepte de bon cœur votre présent, et voudrais en échange vous offrir cette fleur, mais elle est trop légère pour que je la puisse lancer jusqu'à vous. Il faudra donc, seigneur Guasconti, que vous vous contentiez de mon remercîment.

Elle ramassa le bouquet qui était tombé sur le gazon, fit à l'étranger un gracieux salut, et continua sa promenade. Quelques instants après, comme elle s'approchait du portail, il sembla à Giovanni que les fleurs qu'il venait de lui donner si fraîches, se flétrissaient déjà sur leurs tiges. Mais c'était là sans doute une pensée chimérique; qui pouvait à cette distance distinguer une fleur fraîche d'une fleur fanée? . . . .
. . . .

Pendant quelques jours qui suivirent cet incident, le jeune homme évita d'ouvrir la fenêtre qui donnait sur le jardin du docteur Rappaccini, comme s'il eût craint d'y rencontrer quelque étrange ou monstrueuse apparition. Il se sentait jusqu'à un certain point sous l'influence d'un pouvoir occulte qui semblait avoir préparé son entrevue avec Béatrix. Le parti le plus sage eût été, non-seulement de quitter son logement, mais encore la ville de Padoue; à moins qu'il ne se sentît la force d'affronter chaque jour la vue de cette jeune fille et d'en faire l'objet d'une expérience purement scientifique. Mais, puisqu'il éprouvait une telle crainte en la regardant, Giovanni n'eût pas dû rester si près de cette créature étrange, exposé à de fréquentes rencontres auxquelles son imagination surexcitée prêtait un danger de plus. Guasconti n'était point frappé d'un amour incurable, ou du moins il n'avait point sondé la profondeur du sentiment qu'il éprouvait; mais il avait une imagination ardente et toute la vivacité d'un tempérament méridional, qui dégénérait parfois en une véritable fièvre. Que Béatrix possédât ou non une affinité quelconque avec ces fleurs si belles et si terribles, elle ne lui en avait pas moins inoculé de tous les poisons le plus subtil et le plus perfide. Ce n'était pas précisément de l'amour qu'il éprouvait pour elle, bien que sa merveilleuse beauté la rendît bien capable d'en inspirer; ce n'était pas non plus de l'horreur, bien qu'il soupçonnât qu'un fluide vénéneux parcourait ce beau corps; non, c'était un produit de ces deux sentiments qui se mêlaient dans son esprit d'une façon si intime qu'il lui eût été impossible de dire lequel des deux l'emportait sur l'autre. Il ne savait ce qu'il devait craindre ni ce qu'il devait espérer, et la crainte et l'espérance se livraient dans son cœur de cruels assauts, sans que l'une emportât sur l'autre aucun avantage. Un sentiment de joie ou de douleur peut quelquefois être salutaire, mais le terrible mélange de deux émotions si différentes doit se rapprocher de l'affreuse joie des damnés.

Giovanni essayait souvent d'éteindre la fièvre qui le minait sourdement, par des promenades dans les rues de Padoue ou des excursions dans la campagne, mais son pas se précipitant à mesure que ses tempes battaient avec plus de violence, dégénérait bientôt en une course désordonnée, comme s'il eût essayé d'échapper par la rapidité de sa marche aux pensées qui l'obsédaient.

Un jour qu'il fuyait ainsi par la ville, il se sentit arrêté par un personnage de haute stature qui s'était placé devant lui.

— Eh! signor Giovanni, suspendez votre course, mon jeune ami, ne me reconnaissez-vous point? Je le comprendrais si ma figure était aussi changée que la vôtre.

C'était Baglioni, que Giovanni avait évité depuis leur dernière entrevue, dans la crainte que le professeur n'arrivât à pénétrer ses secrètes pensées. Le jeune homme essaya de rassembler ses idées, et répondit du ton d'un homme qui sort d'un songe :

— Oui, je suis Giovanni Guasconti, et vous êtes le professeur Baglioni. Maintenant permettez-moi de m'éloigner.

— Un moment, signor Giovanni Guasconti, fit le professeur en souriant et jetant sur le jeune homme un regard inquisiteur; je fus trop longtemps l'ami de votre père pour que son fils passe auprès de moi comme un étranger dans les vieilles rues de Padoue. Arrêtez-vous, de grâce, nous avons quelques mots à échanger avant de nous séparer.

— Faites vite alors, honorable professeur, répondit Giovanni avec une fébrile impatience, car Votre Honneur doit s'apercevoir que je suis pressé.

Comme il disait ces mots, un homme âgé, vêtu de noir, passa près d'eux, se traînant avec peine comme un malade. Sa figure pâle et maigre portait l'empreinte du travail et de la méditation. Mais, sous cette débile apparence, on voyait que le frêle vieillard cachait une âme fortement trempée. Ce personnage échangea en passant un salut froid et compassé avec le professeur, mais son œil s'attacha sur Giovanni avec une persistance presque désagréable. Cependant ce regard n'avait rien d'hostile, c'était plutôt le coup d'œil scrutateur du savant que celui d'un curieux ordinaire.

— C'est le docteur Rappaccini, dit tout bas le professeur, lorsque celui-ci se fut éloigné. Vous a-t-il déjà vu?

— Non, pas que je sache, répondit Giovanni tressaillant à ce nom.

— Il vous a vu; *il faut* qu'il vous ait vu, reprit précipitamment Baglioni; pour un dessein que j'ignore, il a fait de vous l'objet d'une étude quelconque. Je connais ce regard! c'est bien ce coup d'œil froid et implacable qu'il jette sur un oiseau, une souris ou bien un papillon lorsque, pour accomplir quelque diabolique expérience, il empoisonne au parfum de ses fleurs un de ces petits êtres. C'est un regard profond comme la nature, mais privé de l'ardent amour que cette dernière porte à ses créatures. Signor Giovanni, je répondrais sur ma propre existence que vous êtes, à votre insu, le sujet d'une des expériences de Rappaccini!

— C'est vous qui voulez me rendre fou! s'écria Giovanni hors de lui, et c'est là, signor professeur, une expérience de fort mauvais goût!

— Je vous répète, mon pauvre ami, que Rappaccini a jeté les yeux sur vous dans un but scientifique quelconque. Vous êtes tombé dans des mains impitoyables, et je me tromperais fort si la signora Béatrix ne jouait pas un rôle dans ce mystère.

Mais Giovanni, trouvant intolérable l'insistance de Baglioni, s'arracha de son étreinte avant que le professeur eût songé à le retenir, et s'enfuit rapidement. Le vieux savant le regarda s'éloigner en secouant la tête avec tristesse.

— Cela ne sera pas, murmura-t-il, ce jeune homme est le fils de mon vieil ami, et je ne veux pas qu'il lui arrive un malheur dont les secrets de mon art le peuvent préserver. Il ne sera pas dit que ce misérable Rappaccini viendra pour ainsi dire arracher ce garçon d'entre mes mains pour le faire servir à ses monstrueuses expériences. Quant à sa fille, j'aurai l'œil sur elle. Peut-être, savant Rappaccini, vous ferai-je échouer au moment où vous y penserez le moins !

Cependant Giovanni, après avoir pris des rues détournées pour dépister Baglioni, était arrivé à la porte de sa demeure. Il frappa et la vieille Lisabetta vint lui ouvrir en souriant d'un air mystérieux, comme pour attirer son attention ; mais ce fut en vain, car l'exaltation du jeune homme avait fait place à une sorte de prostration morale, et il ne semblait pas voir les regards d'intelligence que lui jetait la vieille.

— Signor, dit-elle enfin à voix basse en le tirant par son manteau, signor, répéta-t-elle avec un sourire qu'elle voulut rendre aimable et qui la fit ressembler à une grotesque figure du moyen âge, écoutez donc, signor : cette vieille porte vermoulue est une entrée secrète qui donne accès dans le jardin.

— Que dites-vous? s'écria Giovanni sortant de sa rêverie ; il y a une porte secrète qui donne dans le jardin du docteur Rappaccini !

— Chut ! chut ! pas si haut, murmura Lisabetta en mettant un doigt sur sa bouche. Oui, dans le jardin du docteur, où vous pourrez voir tant de belles fleurs. Bien des jeunes gens de Padoue m'ont offert de l'or pour pouvoir y pénétrer.

Giovanni mit un ducat dans les mains de la vieille. — Montrez-moi le chemin, dit-il d'un ton bref.

En même temps un soupçon traversa son esprit, soupçon dû sans doute à l'entretien qu'il venait d'avoir avec Baglioni. L'entremise de la vieille Lisabetta avait peut-être quelque rapport avec l'intrigue dans laquelle le professeur supposait que Rappaccini voulait l'entraîner. Mais ce soupçon, tout en troublant Giovanni, n'eut pas assez de force pour le retenir. L'occasion était précieuse, unique même pour s'approcher de Béatrix, et il lui semblait que cette entrevue était devenue pour lui d'une nécessité absolue. Était-ce un ange ou un démon ? Ce doute l'étreignait et le torturait au point que la plus affreuse certitude était encore cent fois préférable. Et cependant un nouveau doute vint encore l'assaillir. Peut-être était-il la dupe de sa propre imagination, peut-être le sentiment qu'il croyait éprouver n'était-il ni assez réel ni assez profond pour justifier la témérité avec laquelle il allait se jeter dans une entreprise dont l'issue lui était encore inconnue. Il ignorait véritablement s'il n'était point poussé par une simple fantaisie de jeune homme n'ayant rien de commun avec son cœur.

Il s'arrêta, balança s'il retournerait sur ses pas, puis, honteux de son hésitation, suivit résolûment son guide au visage ridé dans un passage obscur et tortueux, au bout duquel était une porte qui s'ouvrait derrière un épais rideau de feuillage. Giovanni se fraya un passage à travers les branches qui s'entrecroisaient devant lui, et se trouva juste en face de sa fenêtre, dans le jardin du docteur Rappaccini.

Il arrive fréquemment que lorsque nos rêves les plus extravagants se convertissent en une réalité tangible, nous nous retrouvons calmes et maîtres de nous-mêmes au milieu de circonstances dont la seule prévision nous faisait frémir de joie ou de crainte. La destinée prend ainsi plaisir à se jouer de nous. Tel était Giovanni ; chaque jour il méditait fiévreusement la possibilité d'une entrevue avec Béatrix, d'une rencontre dans son jardin, et cette seule pensée le jetait dans un trouble inexprimable. Cette mystérieuse beauté, d'un éclat tout oriental, cette rose de Sâron, ce lys des vallées, lui semblait tenir sa vie entre ses mains. Mai en ce moment il éprouvait un calme tout à fait insolite et inattendu, il embrassa le jardin d'un regard circulaire, cherchant à découvrir Béatrix ou son père, et, n'ayant aperçu ni l'un ni l'autre, se mit tranquillement à étudier les plantes qui l'entouraient et dont la plupart lui étaient inconnues.

Soit qu'il les considérât une à une ou dans leur ensemble, leur aspect le contraria; leur splendeur lui semblait fiévreuse, passionnée et contre nature. Il n'y en avait peut-être pas une seule dont le voyageur n'eût été effrayé en la rencontrant dans une forêt, car il eût pu croire qu'une figure étrange lui jetait du milieu du buisson un regard diabolique. La plupart semblaient le produit artificiel des espèces les plus différentes, et attestaient suffisamment, par leurs formes bizarres, qu'elles n'étaient point sorties des mains de la nature, mais qu'elles étaient plutôt dues aux caprices monstrueux de l'imagination humaine. Elles étaient sans doute le résultat d'expériences qui avaient réussi à former, par l'union adultère de deux plantes, un monstre végétal possédant le caractère sinistre et mystérieux de tout ce qui croissait dans ce jardin. C'est à peine si, au milieu de cette vaste collection, Giovanni put découvrir deux ou trois espèces qu'il connût déjà, encore appartenaient-elles aux familles les plus malfaisantes. Tandis qu'il s'oubliait dans cette contemplation, le frôlement d'une étoffe de soie lui fit tourner la tête, et il aperçut Béatrix qui sortait du portail sculpté.

Giovanni n'avait pas encore réfléchi à ce qu'il convenait

de faire en cette occurrence. S'excuserait-il simplement de son intrusion dans le jardin, ou sa présence était-elle justifiée par le désir, ou tout au moins la permission tacite du docteur Rappaccini ou de Béatrix. Mais l'accueil qu'il reçut de Béatrix l'eut bientôt mis à son aise, tout en laissant subsister ses doutes sur le motif qui lui avait valu son entrée. Elle s'avança vers lui jusqu'à la fontaine, son visage exprimant une joyeuse surprise.

— Vous êtes un amateur de fleurs, signor, dit-elle avec un sourire, en faisant sans doute allusion au bouquet qu'il lui avait jeté de sa fenêtre. Aussi je ne m'étonne point qu'à force de regarder la rare collection de mon père, vous ayez cédé à la tentation de la contempler de plus près. S'il était avec nous, il pourrait vous raconter nombre de faits intéressants sur la nature et les mœurs de ses plantes, car il a consacré sa vie à leur étude et ce jardin est son univers.

— Et vous-même, mademoiselle, répondit Giovanni, il paraît, s'il faut en croire la renommée, que vous connaissez aussi profondément les secrètes propriétés de toutes ces fleurs au pénétrant parfum; si vous daigniez être mon institutrice, je ferais, sous votre direction, des progrès au moins aussi rapides qu'avec le docteur Rappaccini lui-même.

— Comment, on répand de tels bruits? fit Béatrix avec un rire harmonieux. On me prétend donc aussi savante que mon père? Voilà, en vérité, une excellente plaisanterie! Non, signor, quoique j'aie grandi au milieu de ces fleurs, je ne connais guère que leurs couleurs et leurs parfums. Aussi, je vous prie bien de ne pas ajouter foi à ces sottes inventions sur ma prétendue science et de ne croire de moi que ce que vous aurez vu de vos propres yeux.

— Dois-je même croire tout ce que j'ai vu de mes yeux, dit le jeune homme, en faisant allusion aux scènes dont il avait été témoin. Non, signora, vous m'en demandez trop peu, ordonnez-moi plutôt de ne croire que ce qui sortira de vos lèvres.

Sans doute Béatrix avait compris, car une rougeur subite vint empourprer ses joues; mais elle regarda Giovanni bien en face et répondit avec une souveraine hauteur :

— Eh bien, oui, je vous l'ordonne, signor. Oubliez ce que vous avez pu voir. Ce qui vous semble vrai peut n'être qu'un mensonge; mais les paroles de Béatrix Rappaccini sont l'expression d'un cœur qui ne sait pas feindre. Voilà ce que vous devez croire.

Le feu avec lequel elle prononça ces paroles parut à Giovanni la lumière même de la vérité; cependant, tandis qu'elle parlait, un parfum délicieux chargeait l'atmosphère de suaves émanations que, par une répugnance inexplicable, le jeune homme n'osait respirer, car il craignait qu'elles ne provinssent des fleurs mystérieuses qui l'entouraient. Était-ce l'haleine de Béatrix qui répandait cet enivrant parfum, ou les fleurs qu'elle portait à son corsage ? C'est ce qu'il ne pouvait déterminer. Un instant, il se sentit défaillir, mais cette faiblesse se dissipa comme une ombre, et Giovanni, après avoir plongé ses regards dans les yeux de cette charmante fille, miroir de son âme candide, n'hésita plus à croire en elle.

Cependant la vive rougeur qui avait envahi les joues de Béatrix disparut peu à peu. Elle redevint gaie et parut prendre le plus vif plaisir en s'entretenant avec Giovanni. On eût dit l'unique habitante d'une île déserte causant avec un voyageur du monde civilisé. Évidemment tout ce qu'elle savait de la vie était circonscrit par les limites de son jardin. Elle adressait au jeune homme mille questions naïves sur la ville de Padoue, sur son pays, ses amis, sa mère, ses sœurs, questions dénotant une telle ignorance des choses de ce monde, et faites avec une si naïve familiarité, que Giovanni lui répondait comme à une enfant. Son âme s'épanchait tout entière devant lui, semblable au frais ruisseau qui, jaillissant pour la première fois des profondeurs de la terre, à l'éblouissante lumière du soleil, s'étonne de réfléchir à la fois dans ses ondes la terre et les cieux. Follement bondissant, il se couvre à sa surface de bulles irisées qui, par leur éclat, rappellent les diamants et les rubis qu'il roulait dans son cours souterrain ; ainsi des pensées souvent profondes et des images étincelantes succédaient sans transition aux questions les plus enfantines de Béatrix. De temps en temps Giovanni s'étonnait de se retrouver marchant côte à côte avec cette belle créature à laquelle son imagination avait pu, dans les accès d'une vaine terreur, attribuer de si terribles facultés. Il était tout surpris de causer avec elle comme un frère avec sa sœur, et de la trouver à la fois si candide et si simple ; mais ces retours sur lui-même ne duraient qu'un instant, et l'effet que produisait sur lui le caractère de la jeune fille était trop réel pour qu'il ne se familiarisât pas avec elle dès la première entrevue.

Tout en causant, ils avaient traversé le jardin dans toute sa largeur et fait maints détours dans ses allées sinueuses. Ils étaient arrivés à la fontaine en ruines auprès de laquelle resplendissait l'admirable plante qui l'ombrageait de ses rameaux de pourpre. Une odeur particulière s'échappait du buisson, parfum que Giovanni crut reconnaître pour celui qui s'échappait des lèvres de la jeune fille, bien qu'il fût incomparablement plus pénétrant. Lorsque les regards de Béatrix tombèrent sur la plante, le jeune homme la vit porter la main sur son cœur comme pour en comprimer les battements précipités.

— Pour la première fois de ma vie, dit-elle à la fleur, je t'avais oubliée.

— Je me rappelle, signora, lui dit Giovanni, que vous m'avez promis un de ces rameaux de pourpre en échange du bouquet que je m'étais permis de laisser tomber à vos pieds, permettez-moi de le cueillir et de le conserver en souvenir de cette entrevue.

En achevant ces mots, il fit un pas en avant pour saisir une des tiges de l'arbrisseau ; mais, prompte comme l'éclair, Béatrix, pâle de frayeur, poussa un cri et lui saisit le bras, qu'elle ramena en arrière de toute la force dont elle était susceptible.

— N'y touche pas, s'écria-t-elle d'une voix mourante, sur ta vie n'y touche pas, cette plante est fatale.

Puis, cachant son visage dans ses mains, elle s'enfuit et disparut sous le portail gothique près duquel Giovanni, qui la suivait des yeux, aperçut le visage émacié de Rappaccini, qui avait été le témoin muet d'une partie de cette scène.

Giovanni ne se trouva pas plus tôt seul dans sa chambre que l'image de sa bien-aimée Béatrix vint se présenter à lui, dans toute la splendeur de sa virginale beauté et dans toute la candeur de son esprit. Elle était douée des plus charmants attributs de la femme, digne de respect, et capable à son tour de tous les héroïsmes de l'amour. Les particularités effrayantes qu'il avait, dans le principe, considérées comme les preuves de la singularité de sa nature, se transformaient, par un subtil sophisme de l'amour, en autant de rares qualités, qui rendaient Béatrix encore plus adorable, et en faisaient une créature unique, tenant à la fois de l'ange et de la femme. Tout ce qui lui avait paru hideux en elle, lui semblait charmant ; et quant aux souvenirs désagréables que lui avaient laissés certaines circonstances, par une simple abstraction de son esprit, il les avait chassés pour s'abandonner tout entier à ceux qui lui rappelaient cette heure charmante passée dans le mystérieux jardin. Ainsi s'écoula la nuit pour Giovanni, qui ne s'endormit qu'à l'aube, vers l'heure où le soleil réveillait de leur engourdissement nocturne les fleurs de Rappaccini. L'astre du jour, en dardant ses rayons sur les paupières du jeune homme, mit fin à son assoupissement. Il sentit en se réveillant une cuisson assez vive à la main droite. C'était celle que Béatrix avait prise dans les siennes lorsqu'il avait voulu cueillir une branche au bel arbrisseau. Sur le dos de sa main, il aperçut distinctement une tache rouge qui répondait exactement à l'empreinte de quatre doigts effilés, et sur son poignet le stigmate parfaitement reconnaissable d'un pouce féminin.

Telle est la force de l'amour, même de ce semblant d'amour qui règne dans notre imagination sans jeter dans le cœur de profondes racines ! La foi dans l'objet aimé est absolue jusqu'au moment où lui-même s'évanouit comme une vapeur légère. Giovanni se demanda quel insecte l'avait piqué, enveloppa machinalement sa main dans un mouchoir et eut bientôt oublié sa douleur en pensant à Béatrix.

Un second entretien fut l'inévitable conséquence de cette première entrevue, puis un troisième, un quatrième ; bientôt enfin ce ne fut plus un incident pour Giovanni, mais un événement quotidien, et, pour ainsi dire, une condition désormais nécessaire de son existence.

De son côté, la fille du docteur attendait chaque jour avec non moins d'impatience l'arrivée du jeune homme, et, sitôt qu'elle l'apercevait, elle courait à lui avec autant de pétulance et de familiarité que s'ils eussent été deux compagnons d'enfance. Si, pour une raison fortuite, il manquait d'exactitude, elle allait se placer sous sa fenêtre, et, d'une voix mélodieuse, qui trouvait toujours un écho dans le cœur du jeune homme, elle lui criait :

— Giovanni ! Giovanni ! Pourquoi tardes-tu ? Viens donc !

Et aussitôt, il se hâtait de descendre dans cet Éden empoisonné.

Malgré cette douce familiarité, il y avait dans l'attitude de Béatrix une telle réserve que l'idée de l'enfreindre ne se présentait seulement pas à l'imagination de l'étudiant. Ils s'aimaient, tout le prouvait, et leurs yeux, truchement de leurs âmes, avaient depuis longtemps trahi ce doux secret, trop saint pour s'échapper de leurs lèvres. Ils avaient, il est vrai, souvent parlé d'amour, mais jamais dans l'effervescence de la passion, lorsque leurs haleines embrasées se confondaient presque, jamais ils n'avaient échangé un seul baiser, un serrement de main, ni aucune de ces délicieuses privautés qui sont la menue monnaie de l'amour. Jamais Giovanni n'avait osé toucher seulement du bout du doigt une des boucles soyeuses de la chevelure de Béatrix. Tellement était grande, en un mot, la barrière physique qui s'élevait entre eux deux, que la jeune fille prenait même soin que sa robe agitée par la brise ne pût frôler son amant.

Béatrix s'apercevait-elle que le jeune homme semblait disposé à franchir cette barrière, sa figure prenait aussitôt une telle expression de tristesse et de frayeur, qu'il n'était pas besoin d'un mot de reproche pour le rappeler à lui. C'est alors que les plus affreux soupçons se réveillaient dans son cœur comme autant de monstres dressant devant lui leurs têtes hideuses. Son amour semblait s'évanouir à mesure que ses doutes prenaient plus de consistance. Chaque jour, il prenait la résolution de questionner Béatrix sur les motifs de sa mystérieuse conduite, mais sitôt qu'apparaissait le beau et pur visage de Béatrix, il lui semblait la plus victorieuse réponse aux chimères de son esprit.

Cependant un temps considérable s'était écoulé depuis la dernière rencontre de Giovanni avec Baglioni. Un matin, il fut désagréablement surpris par la visite du professeur, auquel il n'avait guère pensé depuis plusieurs semaines et qu'il eût volontiers oublié depuis longtemps. Dans l'état d'excitation où il se trouvait, il ne pouvait souffrir la société d'un homme auquel il n'aurait osé conter ses souffrances, et le docteur Baglioni était certes le dernier qu'il eût voulu honorer d'une pareille marque de sympathie.

Le visiteur l'entretint quelques instants des bruits de la ville et de l'Université, et puis changeant brusquement de sujet :

— J'ai lu dernièrement, dit-il, dans un vieil auteur classique, une histoire qui m'a fortement intéressé. Peut-être vous la rappelez-vous? C'est celle d'un prince indien qui avait envoyé une femme parfaitement belle à Alexandre le Grand, séduisante comme l'aurore, éclatante comme le soleil. Mais ce qui la distinguait surtout, c'était l'odeur délicieuse de son haleine, plus exquise que celle des roses du jardin de Saadi. Alexandre, on devait s'y attendre de la part d'un jeune conquérant, tomba subitement amoureux de la belle étrangère. Mais un savant médecin, en considérant cette merveille, découvrit en elle un affreux secret.

— Et quel était ce secret? demanda Giovanni, en baissant les yeux pour éviter les regards du professeur.

— Cette adorable créature, continua Baglioni, avait été nourrie depuis le jour de sa naissance avec des poisons, et l'élément toxique s'était si intimement mélangé avec sa propre nature, qu'elle-même était devenue le plus violent des poisons. Le poison était l'élément essentiel de son existence. Cette haleine parfumée corrompait l'air. Son amour eût été un poison, et un seul de ses baisers la mort... N'est-ce pas là une merveilleuse histoire!

— Une fable tout au plus bonne pour des enfants, répondit Giovanni en repoussant sa chaise avec impatience. Je m'étonne que Votre Honneur sacrifie ses importants travaux à de semblables billevesées.

— Mais, à propos, dit le professeur en regardant autour de lui, il règne une singulière odeur dans votre appartement. Est-ce le parfum de vos gants? C'est une odeur très-fine, très-exquise... et pourtant désagréable à la longue. Je sens que je ne pourrais la respirer longtemps sans en être incommodé. On dirait le parfum pénétrant d'une fleur, et pourtant je n'en vois pas dans votre chambre.

— C'est qu'en effet il n'y en a pas, répliqua Giovanni, qui pâlit aux dernières paroles du professeur, et je crois que cette odeur n'existe que dans l'imagination de Votre

Honneur. L'odorat étant un sens auquel le moral prend autant de part que le physique, il n'y aurait rien d'étonnant à ce que vous soyez dupe d'une erreur de vos sens. Le souvenir, la seule pensée d'un parfum, tient quelquefois lieu de la réalité au point de faire illusion.

— Vous pouvez avoir raison, dit Baglioni; cependant ma froide imagination me trompe rarement. Je pourrais tout au plus m'imaginer sentir quelques-unes des drogues que j'ai préparées moi-même aujourd'hui; mais je reconnais plutôt un de ces parfums plus riches que ceux de l'Arabie, et dont mon honorable ami le docteur Rappaccini a coutume d'imprégner ses médicaments. Il est probable que sa belle et savante fille doit administrer à ses malades des breuvages aussi doux que son haleine virginale. Mais malheur à qui les boirait!

Pendant que le professeur parlait ainsi, la figure de Giovanni exprimait les sentiments les plus divers. Le ton avec lequel il parlait de sa bien-aimée Béatrix était pour son âme une véritable torture; d'un autre côté, mille circonstances venaient corroborer les paroles de Baglioni et faisaient naître dans l'esprit du jeune homme des soupçons qui lui rongeaient le cœur. Cependant il répondit avec la confiance du véritable amour :

— Signor professeur, vous avez été l'ami de mon père, et je veux croire que votre intention est de reporter sur son fils une partie de cette affection. Je ne voudrais manquer en rien au respect que je vous dois; aussi je vous supplie de choisir un autre sujet d'entretien. Vous ne connaissez pas la signora Béatrix, vous ne pouvez par conséquent comprendre de quel blasphème vous vous rendez coupable en faisant planer sur elle l'ombre même d'un soupçon.

— Giovanni, mon pauvre enfant, dit alors le professeur dont la voix exprimait la plus douce pitié, je connais mieux que vous cette malheureuse fille. Vous allez savoir toute la vérité sur l'empoisonneur Rappaccini et sa vénéneuse fille, car elle est aussi vénéneuse qu'elle est belle. Dussiez-vous oublier le respect que vous devez à mes cheveux gris, vous ne pourriez m'imposer silence. Cette vieille fable de la femme indienne est devenue une vérité dans la personne de la charmante Béatrix, grâce à la profonde et mortelle science de son père.

Giovanni poussa un gémissement et cacha sa tête dans ses mains.

Rappaccini n'a pas été arrêté dans cette horrible expérience par l'affection naturelle d'un père pour son enfant. Son zèle insensé pour la science l'a emporté. Car, il faut lui rendre cette justice, c'est un savant dans toute la force du terme, et il y a déjà longtemps qu'il a laissé son cœur au fond de ses cornues. Savez-vous quel sort vous attend? Sans aucun doute il vous a choisi pour le sujet de quelque nouvelle expérience, dont le résultat sera votre mort, si ce n'est pis. Lorsqu'il a pour but l'intérêt de ce qu'il appelle la science, Rappaccini ne recule devant rien.

— Mais c'est un songe affreux, murmura Giovanni, sûrement c'est un songe.

— Allons, du courage, fils de mon vieil ami, rien n'est désespéré. Peut-être réussirons-nous même à délivrer cette malheureuse enfant de l'affreux destin que lui réserve la folie de son père. Voyez ce flacon d'argent, c'est l'œuvre du fameux Benvenuto Cellini, et il est digne d'être offert à la plus fière beauté de l'Italie. Mais ce qu'il contient est sans prix. Une seule goutte de ce puissant antidote suffirait à neutraliser les plus terribles poisons des Borgia. Ne doutez pas qu'il ne soit efficace contre ceux de Rappaccini. Vous donnerez ce flacon à votre Béatrix avec la liqueur qu'il renferme, et vous attendrez le résultat avec confiance.

Baglioni plaça sur une table un délicieux flacon, chef-d'œuvre du ciseleur florentin, et s'éloigna aussitôt pour laisser à ses paroles le temps de produire leur effet sur l'esprit du jeune homme.

— Je vais encore déjouer ce Rappaccini, se dit-il à lui-même en descendant l'escalier; il faut pourtant avouer que c'est un homme prodigieux, oui, vraiment prodigieux, mais ce n'est, après tout, qu'un vil empirique, un charlatan, auquel, par respect pour notre profession, nous ne devrions pas permettre d'exercer la médecine.

Cependant Giovanni était plongé dans la perplexité la plus cruelle. Lui fallait-il douter de sa Béatrix, ou suivre l'instinct secret de son cœur? Devait-il accueillir les assertions de Baglioni et les soupçons qu'avait éveillés dans son esprit l'incident du lézard, celui du bouquet flétri, etc.? Le jeune homme sentait, au milieu de ces inquiétudes, redoubler sa curiosité à l'égard de Béatrix au point qu'il se résolut de la satisfaire en la pressant de questions et en renouvelant de plus près des expériences décisives. Poursuivi par cette idée, il retourna chez la fleuriste et lui prit un second bouquet de ses fleurs les plus fraîches que la rosée parsemait encore d'une poussière étincelante.

C'était précisément l'heure à laquelle il avait coutume de descendre auprès de Béatrix. Avant de sortir, Giovanni jeta un coup d'œil sur son miroir, craignant de trouver sa figure alanguie ou fatiguée par quelque maladie étrange, dont les symptômes lui auraient échappé, mais il fut agréablement surpris en voyant que jamais son teint n'avait été plus frais, ses yeux plus vifs et plus brillants.

— Au moins, pensa-t-il, son poison n'a point encore atteint mon système, je ne suis point une fleur, pour périr à un simple contact.

Et en même temps il regarda celles qu'il tenait à la main; mais quelle ne fut pas sa terreur lorsqu'il vit ces fleurs, si fraîches naguère et couvertes de rosée peu d'instants auparavant, pencher déjà la tête et se flétrir en les touchant! Giovanni pâlit affreusement et regarda sa figure bouleversée dans le miroir. Il se rappela la remarque de Baglioni sur l'odeur qui régnait dans la chambre; son haleine à lui était donc empoisonnée? Il frémit alors comme s'il avait horreur de lui-même. Cependant il sortit peu à peu de sa stupeur et regardant autour de lui, il aperçut une araignée qui semblait fort occupée à confectionner une toile, dont elle était en train de couvrir l'angle d'une corniche.

Le patient insecte venait en se jouant de résoudre le curieux problème qui consiste à fixer les deux extrémités d'un fil à des distances relativement énormes; puis cette amarre convenablement fixée, il avait fait converger plusieurs fils au milieu du premier et s'occupait à les enlacer les uns aux autres par des mailles destinées à barrer le passage au gibier ailé. Giovanni s'approcha de l'araignée et lui lança une longue bouffée de son haleine. Immédiatement l'animal cessa d'ourdir sa toile, qui s'agita par suite du tremblement convulsif de son petit artisan. Une seconde fois Giovanni souffla plus largement et avec plus de force sur l'araignée, lançant sur elle tout le poison que renfermait déjà son cœur. L'araignée tenta par un effort désespéré de se raccrocher à la toile, mais tout ce qu'elle put faire fut de se laisser glisser le long d'un fil, échelle improvisée, jusque sur l'appui de la fenêtre sur lequel elle tomba mourante.

— Maudit ! maudit ! murmura Giovanni, en s'adressant à lui-même, es-tu si empoisonné que ton souffle soit mortel, même pour ce venimeux insecte ?

En ce moment, une voix harmonieuse et pleine de séduction monta du jardin à la fenêtre.

— Giovanni ! Giovanni ! l'heure est passée, pourquoi tardes-tu ?

— Oui, murmura le jeune homme, elle est la seule créature à qui mon haleine ne puisse nuire !

Il s'empressa de descendre et un instant après il se trouva devant Béatrix, qui l'attendait les yeux brillants d'amour, auprès du buisson aux fleurs de pourpre.

— Béatrix, demanda-t-il brusquement, d'où vient cette plante ?

— C'est mon père qui l'a créée, répondit-elle simplement.

— Comment, créée, répéta Giovanni, qu'entendez-vous par là, Béatrix !

— La nature n'a guère de secrets pour mon père, répliqua-t-elle, cette plante est sortie de terre le jour où je vins au monde, nous sommes ses deux filles, l'une fruit de la science, l'autre de sa tendresse... N'en approchez pas, Giovanni, s'écria-t-elle avec terreur, voyant que le jeune homme l'examinait de plus près, n'en approchez pas, car elle a des propriétés dont vous ne vous doutez guère... Mon bien aimé

Giovanni, j'ai grandi à l'ombre de cette plante en me nourrissant pour ainsi dire de ses émanations. Elle est ma sœur et je l'aime d'une affection toute humaine, car, hélas ? tu l'en es aperçu, il y a un secret...

Ici Giovanni jeta sur la jeune fille un regard si sombre qu'elle s'arrêta toute tremblante, mais rougissant de ses craintes elle poursuivit :

— Oui, sur moi régnait un sort terrible, la fatale science de mon père m'avait séparée du reste du monde ; jusqu'au moment où le ciel t'a envoyé, mon Giovanni, ta Béatrix était bien isolée.

— Trouvez-vous ce sort bien affreux ? demanda le jeune homme, en attachant ses regards sur elle.

— Ce n'est que depuis peu que j'en ai compris toute l'horreur, répondit-elle tendrement, car mon cœur était plongé dans une sorte d'engourdissement qui, pour moi, était le calme.

La fureur de Giovanni, longtemps contenue, jaillit comme un éclair du sein de la nue.

— Fille maudite, s'écria-t-il avec colère, fallait-il, parce que la solitude te pesait, me séparer à mon tour de la société de mes semblables pour m'entraîner dans l'horrible milieu où tu vivais !

— Oh ! Giovanni ! fit Béatrix en tournant vers lui ses grands yeux étonnés, car elle ne comprenait point ces paroles dont la violence l'avait terrifiée.

— Oui, créature empestée ! répéta Giovanni hors de lui-même, voilà ce que tu as fait. Tu m'as flétri, tu as infiltré dans mes veines le poison dont tu t'es nourrie pour faire de moi un être aussi hideux que toi, horrible monstruosité !

Eh bien ! si par bonheur notre souffle est aussi mortel pour nous qu'il l'est pour les autres, unissons nos lèvres dans un baiser suprême et mourons ainsi.

— Que m'arrive-t-il ? murmura Béatrix anéantie, Sainte Vierge, ayez pitié de mon pauvre cœur brisé.

— Tu pries ! s'écria Giovanni avec un mépris écrasant, tu ne sais donc pas que la prière qui sort de tes lèvres est empoisonnée et qu'elle corrompt la pureté de l'air !... Eh bien soit, prions ; allons à l'église tremper nos doigts dans le bénitier du portail, ceux qui viendront après nous tomberont foudroyés. Faisons des signes de croix dans l'air, et nous répandrons la mort à l'aide de ce symbole sacré.

— Giovanni, reprit Béatrix avec calme, car sa douleur étouffait tout sentiment de colère, pourquoi t'unir à moi dans les terribles paroles que tu viens de prononcer ? Je suis, il est vrai, l'horrible créature que tu dis, mais toi !... que ne m'abandonnes-tu à ma triste destinée, en t'éloignant pour jamais de ce jardin et en arrachant de ton cœur jusqu'au souvenir de la pauvre Béatrix ?

— Tu feins l'ignorance, répondit le jeune homme ; tiens, veux-tu connaître les dons affreux que m'a faits la pure fille de Rappaccini ?

Un essaim d'éphémères voltigeait dans l'air, en quête de la pâture que leur promettaient les fleurs de ce jardin fatal. Ils tourbillonnaient autour de sa tête, évidemment attirés par une odeur analogue à celle des plantes qui foisonnaient dans le parterre. Giovanni exhala son souffle sur eux, et montra avec amertume à Béatrix une pluie de ces petits insectes qui tombaient inanimés sur le sol.

— Je le vois trop, hélas ! s'écria Béatrix, c'est la fatale

science de mon père qui a fait tout cela. Mais ne crois pas que ce soit moi, Giovanni. Mon seul rêve a été de t'aimer, de rester quelque temps près de toi, puis de te laisser partir, ne gardant dans mon cœur que le souvenir de ta chère présence. Car, mon Giovanni, si mon corps est nourri de poison, mon âme est d'essence divine et l'amour est son seul aliment. C'est mon père qui nous a réunis à mon insu dans cette terrible sympathie. Oui, repousse-moi!... foule-moi aux pieds... tue-moi... Qu'est-ce que la mort auprès de ton mépris? Mais ne me crois pas coupable, car pour une éternité de bonheur, je ne voudrais pas avoir fait ce que tu me reproches!

Cependant, la colère du jeune homme s'était dissipée en s'échappant de ses lèvres. Il ne lui restait plus que le sentiment douloureux, mais non sans un mélange de tendresse, des relations intimes qui existaient entre Béatrix et lui.

Ils étaient là tous deux, jeunes, beaux, s'aimant d'un profond amour, isolés, mais dans une solitude enchanteresse, séparés du monde extérieur par quelques buissons de fleurs. Ils pouvaient vivre ainsi s'ils l'avaient voulu, étant l'un pour l'autre un univers, loin des bassesses et des lâchetés de ce monde, dont il leur semblait si cruel d'être exclu. Il y avait là, sans qu'ils s'en doutassent, un paradis d'éternelle félicité.

Mais Giovanni l'ignorait.

— Chère Béatrix, dit-il en s'approchant de la jeune fille qui tressaillit à son contact, bien chère Béatrix, notre sort n'est point encore désespéré. Voici un précieux antidote, dont un savant médecin m'a affirmé l'efficacité quasi mira-

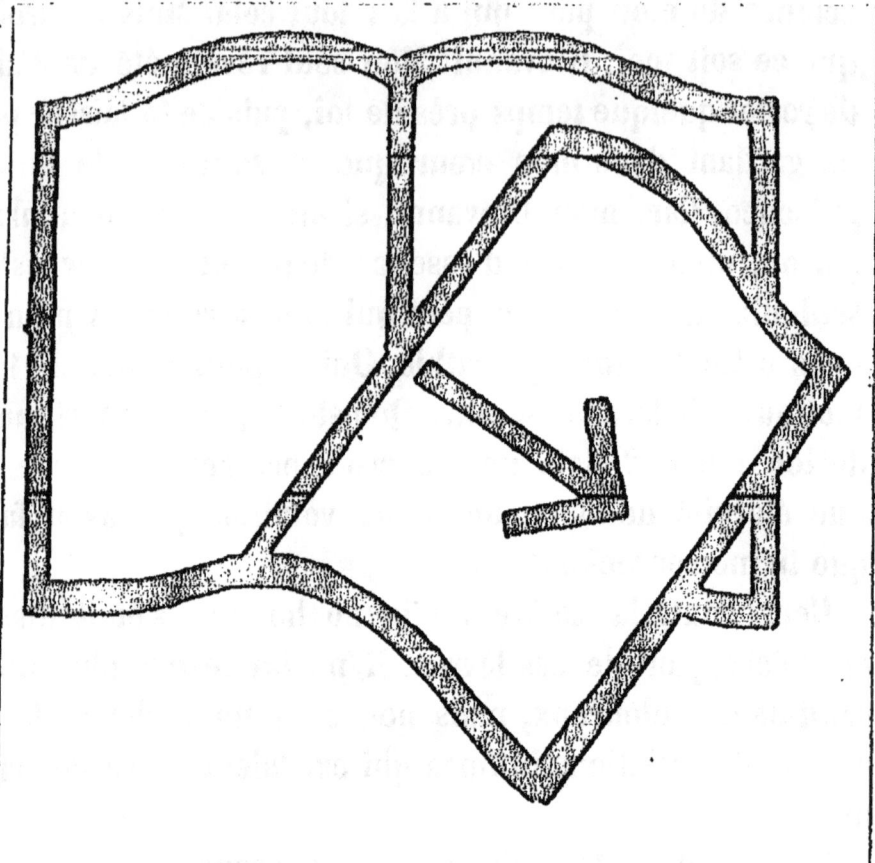

Documents manquants (pages, cahiers...)
NF Z 43-120-13

DE LA PAGE 61
A LA PAGE 62

culeuse. Cette liqueur est composée d'ingrédients opposés aux terribles matières dont ton père s'est plu à nous pénétrer. C'est une distillation d'herbes alpestres. Buvons ensemble, si tu le veux, et purifions nos corps du venin qui les parcourt.

— Donne, donne vite ! s'écria Béatrix, étendant la main pour recevoir le flacon qu'il tirait de son sein. Je vais boire... Mais, toi, attends l'effet de cette liqueur pour suivre mon exemple.

Elle porta la fiole à ses lèvres. En même temps apparut émergeant du portail sombre la pâle figure de Rappaccini, qui se dirigea lentement vers les deux amants.

En contemplant ce beau couple, un sourire de triomphe vint éclairer le visage impassible du vieillard, le sourire de l'artiste qui vient de terminer son chef-d'œuvre et se recule pour en admirer l'ensemble. Il s'arrêta... son corps, qui semblait voûté par les années, se redressa... il étendit les mains sur eux, levant les yeux au ciel, comme s'il implorait sur eux la faveur de ses bénédictions. Mais ses mains étaient les mêmes qui leur avaient versé le poison ! Giovanni frissonna, Béatrix tressaillit et porta la main sur son cœur pour en comprimer les battements.

— Ma fille, dit Rappaccini, tu ne seras plus seule au monde : cueille une des belles fleurs de cette plante, ta sœur, et donne-la à l'élu de ton cœur. Elle ne peut plus lui nuire. Ma science et votre amour ont accompli ce miracle. Passez maintenant, mes enfants, au milieu de ce monde pervers, vous adorant tous deux et fatals à qui vous approchera.

— Mon père, dit Béatrix d'une voix faible, tenant tou-

LA
GRANDE FIGURE DE PIERRE

Un jour que le soleil à son déclin dardait obliquement ses derniers rayons, une mère et son jeune fils, assis à la porte de leur chaumière, parlaient de la Grande Figure de pierre. Bien qu'éloignée de plusieurs milles, on la voyait, chaudement éclairée, se détacher, resplendissante, sur la teinte plus sombre des rochers environnants.

Qu'était-ce que la Grande Figure de pierre ?

Il y avait autrefois, entre deux hautes chaînes de montagnes, une spacieuse vallée peuplée de quelques milliers d'habitants. Les uns vivaient dans de pauvres huttes situées au milieu des forêts silencieuses et sombres qui couvraient les versants abrupts de la montagne ; d'autres en habitaient les premières croupes et le fond de la vallée, dont ils cultivaient le sol plantureux ; il y en avait, enfin, qui s'étaient groupés en populeux villages, sur le cours impétueux d'une petite rivière qui, sortie des cimes neigeuses de la montagne et domptée par l'intelligente volonté de l'homme, rongeant son frein, blanc d'écume, faisait humblement tourner les machines de plusieurs filatures. Tous ces braves gens, bûcherons, cultivateurs, ouvriers, vivaient dans une respectueuse familiarité avec la Grande Figure de pierre.

Le palladium de la vallée était une de ces œuvres qu'en un jour de majestueux enjouement la nature se plaît à créer. Quelques rochers, en apparence jetés au hasard sur un versant presque perpendiculaire de la montagne, prenaient, à une certaine distance, l'aspect d'un profil humain. On eût dit la figure d'un Titan suspendue sur l'abîme. On voyait distinctement son front colossal élevé de cent pieds, l'immense courbure de son nez et ses lèvres formidables, qui, douées de la parole, eussent couvert les roulements du tonnerre. Si l'on approchait, la figure s'évanouissait et l'on n'apercevait plus qu'un entassement de rochers monstrueux digne de l'antique chaos; mais, en s'éloignant de nouveau, l'on voyait reparaître la merveilleuse figure, qui semblait sortir vivante de son cadre vaporeux.

Selon la croyance populaire, c'était pour les enfants un heureux présage de grandir en contemplant la Grande Figure. La noblesse de ses traits et leur expression de majestueuse douceur semblaient le reflet d'un cœur chaud et généreux, embrassant dans un vaste amour l'humanité tout entière. La regarder était tout un enseignement. On croyait généralement que la vallée lui était redevable de sa fertilité; son regard bienveillant dissipant les nuées et versant sur elle, avec les rayons du soleil, de bienfaisants effluves.

Au moment donc où commence ce récit, une mère et son jeune garçon, assis à la porte de leur chaumière, s'entrenaient, en la regardant, de la Grande Figure de pierre.

L'enfant s'appelait Ernest.

— Mère, disait-il, pendant que le gigantesque visage du Titan semblait lui sourire, je voudrais l'entendre parler;

avec un regard si doux, sa voix doit être harmonieuse. Il me semble que si je voyais un homme qui lui ressemblât, je ne pourrais m'empêcher de l'aimer.

— Si la vieille prophétie doit un jour se réaliser, c'est un bonheur dont vous jouirez, mon fils.

— Quelle prophétie, chère maman? demanda curieusement Ernest; dites-la-moi, je vous prie.

Alors la mère lui raconta cette légende qu'elle tenait de sa mère à elle, récit, non d'un fait accompli, mais d'un fait à venir, et néanmoins si vieille que les Indiens, premiers habitants de la contrée, avaient entendu dire à leurs grands parents que jadis leurs ancêtres l'avaient apprise par le murmure des ruisseaux et les soupirs du vent à travers le feuillage. Un enfant devait naître dans ces parages, dont la physionomie reproduirait les traits de la Grande Figure, et qui serait le plus grand, le plus noble et le plus vertueux de son époque. Les vieillards, comme les jeunes gens, avaient toujours une foi aussi vive dans cette vieille prophétie. D'autres, cependant, connaissant mieux le monde, s'étaient lassés d'attendre inutilement un homme qui, possesseur d'une telle physionomie, fût plus grand et meilleur que ses concitoyens, et en avaient conclu que la légende n'était en réalité qu'un conte à dormir debout. Toujours est-il que le grand homme n'avait point encore fait son apparition.

— O mère! fit Ernest en joignant les mains, je puis donc espérer de le voir un jour?

La mère, en femme tendre et avisée, comprit qu'il était plus sage de ne pas décourager le généreux espoir de l'enfant; aussi se contenta-t-elle d'ajouter :

— Peut-être le verrez-vous, qui sait?

Ernest n'oublia jamais l'histoire que sa mère lui avait racontée, et elle lui revenait à l'esprit toutes les fois qu'il regardait la Grande Figure de pierre.

Son enfance s'écoula paisible dans la petite cabane où il était né. Il était soumis à sa mère, l'assistait de ses petites mains et plus encore de son cœur aimant et tendre. D'enfant heureux, quoique souvent pensif, il devint un sage garçon, doux, tranquille et discret. Son visage était bruni par les travaux des champs, mais son œil brillait d'un feu plus intelligent que celui des enfants de son âge, élevés dans les plus fameuses universités. Cependant Ernest n'avait d'autre maître que la Grande Figure de pierre. Quand il avait fini son pénible labeur, il se plaisait à la considérer des heures entières, et, dans son extase, il s'imaginait qu'elle répondait par un sourire d'encouragement aux regards respectueux qu'il jetait sur elle. Se trompait-il, ou la Grande Figure le regardait-elle avec une prédilection réellement marquée? Nous croirions volontiers que le jeune garçon savait y trouver ce que d'autres cherchaient en vain, et qu'ainsi cette bienveillance destinée à tous, était réservée pour lui seul.

Vers ce temps, le bruit courut dans la vallée que le grand homme annoncé depuis tant d'années, et qui devait ressembler à la Grande Figure, allait faire enfin son apparition. On racontait qu'un jeune homme, ayant depuis longtemps émigré de la vallée, s'était fixé dans un port lointain où, après avoir ramassé quelque argent, il s'était fait marchand. Son nom, je n'ai jamais pu savoir si c'était son véritable nom ou bien un sobriquet, son nom était *Amas-*

d'or. Adroit, actif comme il l'était, heureux en affaires, il devint excessivement riche et propriétaire d'une flotte de navires. Toutes les contrées du globe semblaient travailler à l'envi dans le but d'accroître ses richesses, déjà considérables. Les régions arctiques, ténébreux domaines des glaces éternelles, lui envoyaient leurs fourrures en tribut; la brûlante Éthiopie tamisait pour lui le sable d'or de ses rivières et ramassait dans ses forêts équatoriales les défenses des éléphants pour lui fournir de l'ivoire; l'extrême Orient recueillait à son intention le thé, les épices, les châles du Thibet, les diamants de Golconde et les perles de l'Inde à la teinte nacrée; enfin, pour n'être point en reste avec la terre ferme, l'Océan lui livrait ses puissantes baleines, dont l'huile n'était pas le moindre de ses profits. D'où que vinssent ses marchandises, M. Amas-d'Or les avait bientôt converties en ce métal dont il portait le nom. On pouvait dire de lui, comme du Midas de la fable, que tout ce qu'il touchait devenait or, mais or monnayé. Et quand M. Amas-d'Or fut devenu si riche, qu'un siècle lui aurait à peine suffi pour compter sa fortune, il se souvint de sa vallée natale et résolut d'aller finir sa vie où il l'avait commencée. Dans cette intention, il envoya un habile architecte pour y élever un palais digne d'abriter le possesseur d'une si grande fortune.

Ainsi que je l'ai dit plus haut, le bruit avait couru dans la vallée que ce M. Amas-d'Or, qui allait revenir, était le personnage prophétique si longtemps et si impatiemment attendu, et dont la ressemblance avec la Grande Figure de pierre devait être si parfaite.

Cette opinion s'accrut encore lorsque l'on vit s'élever

comme par enchantement un splendide édifice sur l'ancien emplacement depuis longtemps dévasté de la ferme de son père. Ce palais, du marbre le plus blanc, surpassait en éclat les constructions de neige auxquelles, dans son enfance, M. Amas-d'Or ne dédaignait pas de travailler de ses propres mains, et qu'un rayon de soleil suffisait à fondre.

Le portique, richement orné de magnifiques sculptures, était soutenu par de majestueuses colonnes et encadrait une large porte garnie de clous d'argent et faite d'un bois précieux, venu de par delà les mers. Les fenêtres étaient closes par des glaces sans tain d'une dimension extraordinaire et d'une si grande pureté qu'elle égalait, si elle ne la surpassait, la transparence de l'atmosphère. Personne, à la vérité, n'avait été admis à voir l'intérieur de l'édifice; cependant on prétendait qu'il était encore plus somptueux que l'extérieur, d'autant plus que le fer et le cuivre ordinairement employés dans les demeures les plus luxueuses, étaient ici remplacés par des métaux précieux. La chambre à coucher de M. Amas-d'Or était surtout si éblouissante, si étincelante qu'un homme ordinaire n'eût pu s'y endormir; mais son propriétaire était tellement habitué à la vue de l'or, que peut-être ne pouvait-il plus fermer les yeux sans s'être rassasié de ses lueurs rutilantes.

Au terme fixé, la nouvelle demeure fut achevée; ce fut alors le tour des tapissiers qui apportèrent les plus riches tentures, puis une armée de serviteurs noirs et blancs venus en éclaireurs et qui annoncèrent la glorieuse arrivée de M. Amas-d'Or pour le coucher du soleil.

Cependant notre jeune ami se sentait profondément ému en pensant que le grand homme, l'homme vertueux, l'homme de la prophétie, allait se manifester à sa vallée natale. Tout jeune qu'il était, Ernest savait que, possesseur d'une si grande fortune, M. Amas-d'Or pouvait devenir, pour ses compatriotes, une providence aussi bienfaisante que le doux sourire de la Grande Figure de pierre. Rempli d'espérance et de foi, il ne douta pas un instant que ce que l'on disait ne fût vrai et qu'il ne dût bientôt comtempler la vivante image des traits augustes de la montagne.

Bientôt on entendit le roulement sourd d'un équipage qui s'approchait avec rapidité.

— Le voici! crièrent quelques personnes qui s'étaient rassemblées pour surveiller son arrivée, voici le grand Amas-d'Or.

Une voiture traînée par quatre chevaux parut alors au tournant de la route. A la portière apparaissait la tête d'un petit vieillard dont le teint rappelait vaguement la couleur du métal dont il était si abondamment pourvu.

On apercevait distinctement son front bas, étroit, ses yeux perçants et bridés, et ses lèvres fort minces, amincies encore par l'habitude qu'il avait de les serrer fortement l'une contre l'autre.

— C'est l'exacte ressemblance de la Grande Figure, cria-t-on de toutes parts; cela ne peut faire de doute, la prophétie est accomplie et nous possédons enfin le grand homme!

Ernest ne disait mot, mais il cherchait en vain cette frappante ressemblance.

Le hasard fit qu'une pauvresse, accompagnée de deux petits enfants, venue sans doute de quelque lointain pays, errait à quelques pas de là. Ils approchèrent au bruit de la voiture et tendirent instinctivement leurs mains amaigries, balbutiant quelque humble prière. Une griffe jaunâtre, celle-là même qui avait agrippé tant de richesses, sortit de la fenêtre du carrosse et laissa négligemment tomber à terre quelques pièces de cuivre.

— C'est Éparpilleur de cuivre qu'il fallait vous appeler, fastueux Amas-d'Or !

Et cependant la foule transportée criait d'aussi bonne foi qu'auparavant :

— Voici l'image de notre Grande Figure de pierre.

Mais Ernest détourna tristement ses regards de ce visage sordide, et ses yeux se portèrent lentement vers la vallée, où parmi les brumes dorées par le soleil il pouvait encore distinguer l'admirable profil, dont l'aspect seul le consola.

Que lui disait cette bouche au bienveillant sourire?

— Espère, enfant, garde ta foi; l'homme viendra.

Les années s'écoulèrent, Ernest entra dans l'adolescence. Le jeune homme n'attirait guère l'attention des habitants de la vallée, car sa vie régulière et simple n'avait rien de remarquable, si ce n'est peut-être que, son travail terminé, il avait conservé l'habitude d'aller chaque jour contempler la Grande Figure. C'était, pour la plupart, une innocente manie qu'on lui pardonnait d'autant plus volontiers qu'il était industrieux, serviable, d'un caractère toujours égal, et qu'en somme il ne se livrait à cette paresseuse contemplation qu'après s'être acquitté de tous ses devoirs. Ils ne savaient pas, ceux qui pensaient ainsi, que la Grande Figure était devenue pour lui le meilleur des maîtres, et que les sentiments qu'elle exprimait, après avoir élargi son cœur, l'avaient rempli d'une bienveillante sympathie pour les autres cœurs. Ils ne savaient pas que de ces muettes leçons sortirait une plus haute sagesse que celle que renferment les livres, et une vie qui, pour n'être point modelée sur les convenances humaines, n'en serait pas moins de toutes la meilleure. Ils ne savaient pas enfin, et le jeune homme l'ignorait lui-même, que ces pensées qui germaient seules dans son cerveau, soit durant son travail, soit le soir, lorsqu'il prenait place au foyer, étaient plus nobles et plus élevées que toutes celles qu'ils pouvaient échanger entre eux. Son âme était simple, naïve comme au jour où sa mère lui raconta la vieille prophétie. Il regardait toujours la merveilleuse figure et s'étonnait ingénument que son pendant humain se fît longtemps attendre.

Durant ce temps, le pauvre M. Amas-d'Or était passé de ce monde dans l'autre, et sa dépouille mortelle avait été rendue à la terre, mais le plus bizarre, c'est qu'avant de mourir, il avait perdu sa fortune, et qu'une fois son or disparu, on s'était généralement accordé pour reconnaître qu'en réalité la ressemblance qu'il pouvait y avoir entre les ignobles traits d'un trafiquant ruiné et ceux de la Grande Figure n'était pas des plus frappantes. On oublia jusqu'au nom de M. Amas-d'Or, et son palais devint un hôtel pour les étrangers.

L'homme de la prophétie était encore à venir.

Or il arriva qu'un fils de la vallée, parti comme simple soldat depuis un certain nombre d'années, parvint, après force combats meurtriers, au grade le plus élevé. Quel que soit le nom que lui donne l'histoire, il était plus connu dans les camps sous celui de Sang-et-Tonnerre. Ce vétéran, usé par les rudes travaux de la guerre, vieux, couvert de blessures, rassasié de la vie militaire, fatigué des roulements du tambour et des sons aigus du clairon qui pendant si longtemps avaient retenti à ses oreilles, résolut un beau jour de retourner dans sa vallée natale, espérant y retrouver le calme et le repos qu'il y avait laissés. Les habitants, ses anciens voisins, ses parents, ses amis, résolurent de célébrer le retour du vieux héros par des salves d'artillerie et un banquet public. Tous affirmaient se rappeler qu'il était le vivant portrait de la Grande Figure. Un des aides de camp de Sang-et-Tonnerre avait même été frappé de cette ressemblance, et ses amis d'enfance étaient prêts à affirmer par serment qu'elle avait toujours existé, seulement qu'ils ne l'avaient jamais remarquée jusque-là. Aussi, grande ut l'exaltation des bons habitants de la vallée qui perdaient es trois quarts de leur journée à considérer la Grande Figure de pierre, rien que pour se faire une idée de l'air que devait avoir le brave Sang-et-Tonnerre.

Le jour du grand festival, Ernest, ainsi que les autres habitants, laissa son ouvrage et se dirigea vers l'endroit où le banquet champêtre était préparé. Il entendit, en s'approchant, la voix retentissante du révérend docteur Battle appelant les bénédictions du ciel sur les excellentes choses placées devant lui, et sur l'homme illustre en l'honneur de qui elles avaient été préparées. La table avait été mise dans une clairière entourée d'arbres de tous côtés, sauf à l'est, où, par une éclaircie, l'on apercevait au loin la Grande Figure. Le fauteuil du général, relique de la maison de Washington, était ombragé par un dôme de verdure entremêlée de branches de lauriers, au-dessus duucl flottait le drapeau national par lui tant de fois conduit à la victoire. Ernest se leva sur la pointe de ses pieds dans l'espoir de contempler un instant l'hôte illustre; mais une foule tellement compacte entourait les tables, dans l'espoir d'entendre les toasts, et les miliciens repoussaient si impitoyablement les importuns avec la crosse de leurs fusils, que le jeune homme, assez timide de sa nature, ne put apercevoir les traits de Sang-et-Tonnerre. Pour se consoler, il se retourna vers sa chère figure qui lui souriait comme à l'ordinaire.

Cependant, au milieu du choc des verres et du cliquetis de la vaisselle, il entendait des voix comparant la figure du héros à celle de la montagne.

— C'est la même tête, à un cheveu près, disait l'un.
— Absolument exact, disait un autre.
— Il est de fait, ajoutait un troisième, qu'il me semble voir Sang-et-Tonnerre à travers un verre grossissant. Pourquoi non? n'est-ce pas, au bout du compte, le plus grand homme de notre siècle?

Et les trois interlocuteurs poussèrent un hourra qui, répété par les mille voix de la foule et répercuté par les montagnes environnantes, semblait un cri proféré par la voix puissante de la Grande Figure elle-même.

Cet enthousiasme bruyant intéressait au plus haut point notre ami qui n'osait plus mettre en doute que son majestueux instituteur n'eût enfin trouvé sa contre-partie humaine. Ernest s'était imaginé, il est vrai, que ce personnage, depuis si longtemps attendu, paraîtrait sous un aspect plus pacifique, sous celui d'un sage et d'un paisible bienfaiteur de l'humanité; mais, dans sa naïve simplicité, il se persuadait que la Providence avait pu choisir, pour accomplir son œuvre bienveillante, un instrument à sa guise, et s'éloignant du type qu'il avait rêvé.

— Silence! cria-t-on, silence! le général va parler.

En effet, après divers toasts portés à sa santé au milieu des cris et des applaudissements, Sang-et-Tonnerre s'était levé pour exprimer à ses concitoyens toute sa gratitude. Ernest put voir alors le vieux héros, avec ses brillantes épaulettes et son hausse-col brodé d'or, dominant la foule de sa tête altière qu'ombrageaient les lauriers et sur laquelle se balançait la bannière compagne de ses exploits. Mais il pouvait du même coup d'œil apercevoir la Grande Figure de pierre. Était-ce bien là cette ressemblance tant vantée? Hélas! il ne la pouvait découvrir. Il voyait, il est vrai, un visage usé par les fatigues de la guerre, battu par les orages de la vie, empreint d'une vaillante énergie et des traits caractéristiques d'une inébranlable volonté; mais il n'y voyait point briller cette auguste sagesse, cette tendre et profonde sympathie, dont il connaissait l'admirable expression.

— Non, dit-il en se frayant un passage à travers la foule, non, ce n'est pas encore l'homme de la prophétie; il faut attendre.

Des nuées vaporeuses avaient, pendant ce temps, environné la montagne d'où l'on voyait surgir l'imposante figure, semblable à un ange puissant, revêtu de pourpre et d'or. En la considérant, Ernest crut voir rayonner un sourire bienveillant et silencieux sur sa face lumineuse. Peut-être n'était-ce qu'une illusion produite par les rayons du soleil couchant qui se jouaient dans les zones de vapeurs interposées entre ses yeux et la montagne, néanmoins l'aspect de son merveilleux ami rendit au jeune homme toute sa confiance et tout son espoir.

— Confiance! lui disait une voix secrète interprétant le sourire de l'oracle, confiance, il viendra.

Des années s'écoulèrent encore avec plus de rapidité, mais au milieu du même calme. Ernest, paisible habitant de sa vallée natale, était un homme dans la force de l'âge, et peu à peu le peuple avait appris à le connaître. Il travaillait toujours pour gagner son pain quotidien, et son cœur était aussi simple qu'autrefois, mais il pensait beaucoup, et les meilleurs instants de sa vie avaient été consacrés à des rêveries idéales dont l'unique sujet était le bonheur de l'espèce humaine. Sa vie s'écoulait sereine et calme comme un fleuve tranquille roulant ses flots limpides au milieu d'une éternelle verdure. Il semblait que le monde devînt meilleur rien qu'à voir vivre cet homme simple et bon. Sans se détourner de sa route, il était aux autres un perpétuel enseignement, et, sans en avoir conscience, il prêchait à tous la sagesse et la vertu. Ses pensées, à la fois simples et pures, se manifestaient par de bonnes actions, faites modestement, mais dont le bruit se répandait insensiblement dans la vallée. Lorsque, par hasard, il prenait la parole, c'était pour laisser tomber quelque vérité qui, germant un jour ou l'autre dans l'esprit de ses auditeurs, avait souvent sur leur manière de vivre une influence dont ils ne se rendaient pas compte eux-mêmes, ne voyant dans Ernest qu'un de leurs voisins, un homme comme tant d'autres. Lui-même ne se doutait pas de la portée de ses discours, et, naturellement, comme le ruisseau murmure, sa bouche laissait échapper de sublimes pensées que jamais lèvres humaines n'avaient prononcées avant lui.

Cependant, la première effervescence passée, le peuple s'aperçut qu'il avait été un peu prompt à trouver une ressemblance entre le visage farouche du vieux Sang-et-Tonnerre et la Grande Figure. Cela n'empêcha pas qu'au bout de quelque temps les journaux ne commençassent à répéter les uns après les autres que la tête tant désirée se trouvait sur les épaules d'un certain homme d'État, non moins illustre que M. Amas-d'Or et le général Sang-et-Tonnerre. C'était également un fils de la vallée, mais il l'avait quittée très-jeune pour s'adonner à la jurisprudence et à la politique. Il n'avait ni la fortune d'un archimillionnaire, ni l'épée d'un vaillant guerrier, mais il possédait une éloquence plus puissante à elle seule que toutes deux ensemble. Quand il parlait, il n'y avait pas à balancer, il fallait le croire : les droits semblaient des torts et les torts semblaient des droits, selon ce qu'il lui plaisait de persuader; et il possédait à un si haut point l'art d'éblouir, qu'il eût pu à son gré faire voir des étoiles en plein midi. Sa voix était vraiment son instrument magique, tantôt résonnant comme un tambour, tantôt mélodieuse comme une harpe éolienne. Il chantait à volonté les fastes de Bellone ou l'hymne de la paix.

En vérité, c'était un homme merveilleux; et, lorsque cette rare éloquence lui eut acquis tout le succès imaginable, lorsqu'il se fut fait entendre dans toutes les cours de l'Europe, après que son nom eut été prononcé d'un bout à l'autre du monde avec une égale admiration, il finit par persuader à ses compatriotes de le nommer président de la république.

Avant même ce moment, quelques-uns de ses admirateurs avaient subitement découvert sa ressemblance avec la Grande Figure de pierre, circonstance d'autant plus frappante qu'il était connu sous le nom de Tête-de-Rocher.

Or, pendant que ses amis politiques travaillaient à l'envi à son élection, Tête-de-Rocher, comme on l'appelait, résolut d'aller visiter sa vallée natale. Il n'avait, disait-il, d'autre but que celui de serrer la main à ses compatriotes, et personne ne supposa un instant que ce fût de sa part une manœuvre électorale. On fit donc de splendides préparatifs pour recevoir le grand homme d'État. Une escorte de cavalerie alla le recevoir aux limites de la province, et les habitants abandonnèrent leurs travaux ou leurs affaires pour s'échelonner sur son passage. Ernest fit comme les autres, bien qu'il eût déjà éprouvé deux déceptions; mais il était d'un naturel si naïvement confiant qu'on le trouvait toujours prêt à croire à la bonté comme à la beauté. Il était donc venu dans le ferme espoir de considérer cette ressemblance attendue depuis si longtemps.

L'imposante cavalcade parut enfin sur la route au milieu d'un nuage de poussière soulevé par les pieds des chevaux. Toutes les notabilités du pays avaient tenu à honneur d'en faire partie : les officiers de la milice, en uniforme, les membres du congrès, le shérif, les éditeurs de journaux, et même quelque gros fermiers avec leurs habits du dimanche, montant leurs fringants poneys. C'était en vérité un brillant spectacle. Les cavaliers portaient des bannières déployées, et sur quelques-unes d'entre elles on voyait le portrait de l'illustre personnage et la Grande Figure se souriant comme deux frères, et, si la peinture ne mentait point, on ne pouvait voir deux visages plus exactement pareils. Les fanfares d'une musique triomphale envoyaient en l'air des torrents d'harmonie que répercutaient les échos de la vallée, comme si le coin le plus humble de son pays natal eût trouvé tout à coup une voix pour accueillir cet hôte illustre. Mais l'effet produit par ce phénomène acoustique devenait réellement magique lorsque le son était renvoyé par les abîmes que dominait la Grande Figure. On eût dit alors que le colosse de pierre mêlait sa puissante voix au chœur triomphal pour saluer l'homme de la prophétie.

Cependant les chapeaux volaient en l'air et l'enthousiasme devint si contagieux qu'Ernest jeta également son chapeau, et sans trop savoir pourquoi, sans même l'avoir vu, se mit à crier aussi fort que les autres : « Hourra pour le grand homme! hourra pour Tête-de Rocher! »

Au milieu du cortége s'avançait, au pas de quatre magnifiques chevaux blancs, une voiture dans laquelle siégeait, tête nue, le fameux homme d'État.

— Avouez, dit à Ernest un de ses voisins, que la Grande Figure et Tête-de-Rocher se ressemblent comme deux jumeaux.

En effet, au premier aspect de cette physionomie souriante, saluant chacun du haut de la voiture, Ernest ne put s'empêcher de lui trouver quelque ressemblance avec la figure dont les traits lui étaient si familiers. C'était bien ce front élevé, proéminent, ces lignes sculpturales dont un Titan semblait avoir fourni le modèle; mais il eût vainement cherché la majesté sublime, la divine sympathie qui transformaient ces traits de granit en un être intelligent. Le feu sacré du génie manquait; ou s'était éteint dans l'œil profond du grand homme d'État, il avait été remplacé par une expression de satiété suprême, telle qu'on la peut lire sur le visage d'un enfant trop grand pour ses jouets, ou sur celui d'un homme riche des dons les plus rares de l'intelligence, mais dont la vie s'écoule vide et inutile parce qu'il n'a pas appliqué ses puissantes facultés à un but noble et élevé.

Cependant le voisin d'Ernest, le poussant du coude comme pour l'interroger :

— N'est-ce pas, lui dit-il, que c'est bien tout le portrait de l'homme de la montagne ?

— Non, répondit brusquement Ernest, je ne vois aucune ressemblance.

— Alors tant pis pour la Grande Figure, reprit le voisin, qui se mit à vociférer de plus belle.

Ernest se détourna tristement, et presque avec désespoir, car de toutes ses déceptions celle-ci était la plus cruelle.

Il avait devant les yeux un homme qui aurait pu accomplir la prophétie et qui ne l'avait pas voulu !

En même temps la cavalcade, le cortége, la musique et les bannières disparurent dans un tourbillon de poussière ; et le nuage, se dissipant lentement, laissa voir la Grande Figure de pierre qui, souriant à Ernest, semblait lui dire :

— Allons, courage, j'attends depuis plus longtemps que toi, et cependant ma confiance est la même ; espère donc, l'homme viendra !

Le temps, cependant, précipitait sa course, et les années, s'accumulant sur sa tête, blanchirent sa noire chevelure et tracèrent des rides vénérables sur son front. C'était maintenant un vieillard dont les sages pensées surpassaient en nombre les fils d'argent qui croissaient sur sa tête. Les rides mêmes qui se croisaient sur sa respectable figure semblaient des inscriptions gravées par le temps et dans lesquelles on eût pu déchiffrer les maximes de cette sagesse que lui avaient apportée les années.

En même temps, Ernest était sorti de son obscurité. La renommée, qu'il avait si peu désirée, était venue le trouver, et son nom était célébré bien au delà des limites de cette vallée dans laquelle il était resté confiné. Des professeurs, des gens de tout état venaient souvent de fort loin pour causer avec lui, sur le bruit qui courait que ce pauvre laboureur avait sur toutes choses des idées différentes de celles des autres hommes et qu'il n'avait pas puisées dans des livres.

Quels qu'ils fussent, savants, hommes d'État, philanthropes, Ernest recevait ses visiteurs avec cette sereine bienveillance, cette sincérité qui le caractérisaient. Il parlait avec eux sur les sujets les plus divers; il recevait en confidence leurs plus secrètes pensées et leur communiquait sans nulle difficulté celles qui faisaient l'objet de ses méditations. Son cœur était un vase du cristal le plus pur, rempli d'une précieuse liqueur où chacun pouvait puiser à son gré. En parlant, sa figure s'illuminait à son insu et ses yeux lançaient une flamme douce comme le crépuscule d'un beau soir d'automne. Ses hôtes le quittaient en silence, pensifs, l'esprit rempli de ses discours, et cheminant par la vallée; ils s'arrêtaient à considérer la Grande Figure, il leur semblait avoir vu quelque part un visage à sa ressemblance, sans qu'ils pussent pourtant préciser en quel endroit.

Or, pendant qu'Ernest croissait en âge et en célébrité, on apprit qu'un des fils du pays était devenu un grand poëte, répandant ses chants harmonieux au milieu du trouble et de l'agitation des villes. Bien qu'éloigné de sa pittoresque vallée, il célébrait dans ses vers les pics neigeux qu'il avait si souvent parcourus dans son enfance, et surtout la Grande Figure de pierre qu'il avait immortalisée dans une ode sublime.

C'était en vérité un homme de génie; la nature semblait plus belle quand il lui consacrait un regard, et la création n'eût pas paru complète s'il n'avait été là pour en interpréter les magnificences.

Lorsque l'homme était à son tour le sujet de ses vers, il les revêtait d'un caractère plus majestueux, d'une forme plus noble encore, pour montrer les anneaux de cette chaîne invisible, mais continue, qui reliait, suivant lui, la grande famille humaine au monde des êtres immatériels. Quelques esprits positifs raillaient à la vérité cette croyance du poëte, mais peut-être n'étaient-ils point pétris du même limon et avaient-ils été créés par la nature, dans un accès de méprisante amertume, avec la fange dont elle forme les animaux immondes.

Ces vers parvinrent un jour à Ernest. Il les lut après son travail, assis sur un banc, devant sa chaumière, à cet endroit même où depuis si longtemps il faisait provision de sagesse à contempler la Grande Figure. En lisant ces stances sublimes qui semblaient un écho de son âme, il tourna vers elle ses yeux rayonnants d'espoir.

— Oh majestueuse amie! dit-il, n'est-ce pas cet homme qui te ressemble?

5.

La figure sourit silencieusement.

Il arriva cependant que le poëte, tout éloigné qu'il fût de la vallée, non-seulement avait beaucoup entendu parler d'Ernest, mais encore avait longuement médité sur son caractère, et ne jugeait rien d'aussi désirable que de rencontrer cet homme dont la sagesse merveilleuse n'avait d'égale que sa simplicité.

Un matin, il partit pour ce pèlerinage, et au déclin du jour il arriva près de l'humble demeure d'Ernest. Il eût pu descendre à l'hôtel qui avait été le palais de M. Amas-d'Or ; mais, sa légère valise à la main, il résolut d'aller demander au sage l'hospitalité, et s'informa de la route à suivre.

En approchant du terme de sa course, il trouva l'excellent vieillard assis et lisant attentivement un livre.

Parfois, posant le doigt sur la page commencée, il interrompait sa lecture et regardait avec tendresse la Grande Figure de pierre.

— Bonsoir, fit le poëte, pouvez-vous donner un abri pour la nuit à un voyageur ?

— Bien volontiers, répondit Ernest, et il ajouta en souriant : Je n'ai jamais vu la Grande Figure regarder un étranger d'un air si hospitalier.

Alors le poëte s'assit auprès de lui, et tous deux se mirent à causer.

Souvent le poëte s'était entretenu avec des hommes plus spirituels ou plus instruits, mais dans aucun cas il n'avait rencontré cette éloquence naturelle qui rendait pour ainsi dire familières les vérités de l'ordre le plus élevé, à force de franchise et de simplicité.

De son côté, Ernest était à la fois ému et doucement

agité des vivantes images que créait l'imagination du poëte, et qui, mélancoliques ou consolantes, mais toujours empreintes d'une radieuse beauté, voltigeaient autour de sa cabane.

La mutuelle sympathie de ces deux hommes semblait agrandir le cercle de leurs conceptions et les poussait à creuser les idées qui jaillissaient de leur cerveau plus profondément que chacun n'eût pu le faire dans une méditation solitaire. Leurs pensées, unies dans un commun effort, présentaient une harmonie quasi céleste, dont un seul n'eût pu se dire l'auteur, et dans laquelle cependant aucun des deux n'eût su retrouver ce qui lui appartenait en propre. Animés l'un par l'autre, ils abordèrent enfin des sujets tellement élevés et abstraits qu'il ne leur était jamais venu la pensée de les effleurer, et cependant si nobles, si passionnants qu'ils ne pouvaient se résoudre à les quitter.

Tout en écoutant le poëte, Ernest crut voir la Grande Figure se pencher curieusement vers lui, à son tour il fixa sur lui ses yeux ardents.

— Qui donc êtes-vous, mon hôte? demanda-t-il.

Le poëte posa la main sur le livre que tenait Ernest.

— Vous avez lu ces vers, dit-il, alors vous me connaissez, car ils sont de moi.

A ces mots, un sentiment plus vif de curiosité anima la figure du vieillard; il regarda de nouveau le poëte, puis la Grande Figure, mais il baissa presque aussitôt la tête en soupirant.

— Pourquoi semblez-vous triste? demanda le poëte.

— Parce que, répondit Ernest, durant toute ma vie, j'ai attendu l'accomplissement de la prophétie, et qu'en lisant ces vers j'avais espéré que vous pourriez la remplir.

— Vous espériez, dit le poëte avec un faible sourire, vous espériez que je ressemblerais à la Grande Figure de pierre, et vous êtes désabusé comme vous l'avez été autrefois avec M. Amas-d'Or, le vieux Sang-et-Tonnerre et Tête-de-Rocher. Il devait en être ainsi, Ernest, vous devez ajouter mon nom à ceux de ces illustres personnages et vous résigner à cette nouvelle déception, car, croyez-en ma tristesse, je ne suis pas digne, ami, d'avoir pour type cette image si grandiose et si douce.

— Et pourquoi? demanda le vieillard en montrant le livre, ne sont-ce point là de divines pensées?

— Il est possible, dit le poëte, qu'elles aient ce caractère, et qu'on puisse entendre en elles comme un lointain écho des chœurs célestes; mais ma vie n'a pas répondu à l'excellence de mes pensées. J'ai fait de beaux rêves, mais je n'ai pas su les réaliser, parce que je n'ai pas conformé mes actes à mes idées. Quelquefois même, oserai-je vous l'avouer, j'ai manqué de foi dans ces principes éternels dont je me suis fait dans mes œuvres le plus fervent apôtre. C'est donc à tort, chercheur infatigable du bon et du vrai, que tu voulais trouver en moi l'image de la figure.

Et les yeux du poëte se remplirent de larmes, et ceux d'Ernest étaient également obscurcis par des pleurs.

Le soleil touchait au terme de sa course; c'était l'heure où, depuis de longues années, Ernest avait coutume de parler à ses voisins assemblés chaque jour pour l'écouter. Il prit le bras du poëte et tous deux se dirigèrent vers l'endroit habituel de ces conférences. C'était un petit vallon formé par la rencontre de plusieurs collines et terminé par un rocher dont les parois abruptes étaient cachées au moyen de plantes grimpantes qui en déguisaient les anfractuosités sous un épais tapis de verdure. Au pied de cette roche s'élevait un tertre de gazon qu'ombrageait un bouquet d'arbres touffus. Ernest monta sur cette chaire improvisée et jeta sur son auditoire un regard de familière bonté. Tous attendaient, assis ou étendus à leur guise sur l'herbe drue et fraîche du vallon. Le soleil, près de disparaître, lançait ses derniers rayons à travers les arbres du bocage, et sa lumière ne pénétrait dans cet endroit champêtre que tamisée par leur feuillage épais. Par l'ouverture du vallon la Grande Figure souriait à cette scène à la fois joyeuse et solennelle.

Ernest parla, et dit simplement à ses auditeurs ce que lui dicta son cœur. Puissantes étaient ses paroles, car elles n'étaient que l'expression de ses pensées; profondément utiles étaient ses pensées, car elles avaient pour garant l'exemple de sa vie entière. Ce n'étaient point de vains mots qui s'échappaient des lèvres de l'orateur, mais des paroles de vie et d'amour, breuvage plus riche que si toutes les perles d'Orient y eussent été dissoutes. Le poëte, en l'écoutant, sentit que le caractère d'Ernest dépassait en poésie ses œuvres les plus sublimes. Les yeux brillants de larmes, il contempla respectueusement cet homme de bien, et se dit en lui-même que jamais figure de prophète n'avait égalé cette physionomie bienveillante et doucement méditative avec sa couronne de cheveux blancs.

Au loin, chaudement éclairée par le soleil et le front surmonté d'un nuage de neige, comme celui du vieillard, apparaissait la Grande Figure dont le regard sympathique et majestueux semblait embrasser le monde.

En ce moment même, comme transfiguré par la grandeur de ses pensées, le visage d'Ernest offrait une expression de bonté tellement divine, que le poëte, poussé par une force irrésistible, tendit les mains vers lui en s'écriant :

— Voyez, voyez tous, Ernest est l'image frappante de la Grande Figure de pierre !

Alors tout le peuple regarda et vit que le poëte disait vrai.

La prophétie était accomplie.

Mais Ernest, ayant achevé ce qu'il avait à dire, reprit le bras du poëte, et s'achemina lentement vers son humble maison.

Il espérait encore qu'un homme viendrait un jour, plus sage et meilleur que lui, et qui ressemblerait à la Grande Figure de pierre.

LE TRÉSOR

I

— Ainsi, Pierre, vous ne voulez rien conclure? dit M. John Brown en boutonnant sa redingote et mettant lentement ses gants. Vous ne voulez pas me vendre cette vieille masure et l'enclos qui la touche, au prix que j'ai dit?

— Pas même pour le triple de la somme, répondit le vieillard, dont la maigre et grisonnante personne répondait au nom de Pierre Goldthwaite. Il faudra donc, mon cher monsieur Brown, que vous cherchiez un autre emplacement pour votre maison de briques et que vous laissiez ce terrain à son possesseur actuel. Au reste, j'ai l'intention de construire l'été prochain une splendide habitation sur les fondations de cette baraque.

— M'est avis, Pierre, fit M. Brown en ouvrant la porte de la cuisine, que vous devriez vous contenter de bâtir des châteaux dans les nuages; l'emplacement y est à meilleur marché qu'ici-bas, sans parler du prix des matériaux. De telles fondations sont fort convenables pour des constructions comme les vôtres, tandis que le sol que nous foulons aux pieds fait justement mon affaire. Nous pourrons ainsi être satisfaits tous deux; est-ce dit?

— Non pas, je persiste dans mon idée, monsieur Brown, répondit Pierre Goldthwaite, et quant à ces châteaux en l'air dont vous parlez, le mien n'aura peut-être pas la somptuosité de ces sortes d'édifices, mais, à coup sûr, il sera aussi réel que votre respectable maison, avec ses hangars, ses magasins au rez-de-chaussée, la banque au premier étage et l'étude d'avoué au second.

— Et la dépense, Pierre, dit M. Brown se retirant dépité, la dépense, y avez-vous songé? Tirerez-vous à vue sur une banque fantastique?

II

John Brown et Pierre Goldthwaite avaient conjointement possédé, quelque vingt ou trente ans auparavant, une maison de commerce, sous la raison sociale GOLDTHWAITE ET BROWN; mais les deux associés s'étaient bientôt séparés pour incompatibilité d'humeur. Depuis cette scission, John Brown, sans plus de qualités ni d'intelligence qu'un millier d'autres John Brown, avait, par la seule puissance d'un labeur incessant grandement prospéré, et était devenu l'un des plus opulents John Brown qui fussent sur la terre.

Pierre Goldthwaite, au contraire, avait fait d'innombrables essais qui, à l'entendre, eussent dû faire entrer dans sa caisse toutes les espèces monnayées et tout le papier du pays; et cependant il n'était toujours qu'un besoigneux gentleman, dont l'habit avait des pièces aux coudes.

En un mot, ces deux personnages étaient un vivant contraste : Brown ne comptait jamais sur la chance et en avait toujours; Pierre en faisait sa principale condition de succès et n'en avait jamais. Tant que ses moyens le lui permirent, les spéculations qu'il entreprit furent faites sur une large échelle; mais dans les derniers temps, elles étaient réduites aux misérables chances de la loterie.

Une fois il était parti vers le sud pour chercher de l'or, et pendant que ses compagnons en emplissaient leurs poches, il n'avait réussi qu'à vider les siennes plus complétement que jamais. Tout récemment, il avait employé un petit héritage, qui pouvait se monter à un millier ou deux de dollars, à l'acquisition d'un titre mexicain, qui devait le rendre propriétaire d'une province; mais cette province était située, comme il apprit plus tard, dans un pays où, pour la même somme, il eût pu acquérir un empire. Bref, le pauvre Pierre était devenu si maigre, si efflanqué à la suite de cette dernière tentative, que les épouvantails juchés sur les arbres fruitiers lui faisaient des signes d'intelligence, le prenant pour un confrère.

III

A l'époque où commence notre récit, son revenu n'eût pas seulement suffi à payer les impositions de la masure où nous l'avons trouvé. C'était une vieille construction en bois, à plusieurs pignons, avec un étage en saillie sur le rez-de-chaussée. Ce domaine patrimonial, tout misérable qu'il fût, placé qu'il était au centre de la ville et dans le quartier des affaires, aurait pu devenir la source de revenus importants; mais le rusé Pierre avait des raisons secrètes pour ne point vouloir s'en dessaisir. Il semblait faire corps avec la demeure de ses pères, et, bien qu'il se fût souvent trouvé réduit à de terribles extrémités, et qu'à l'époque dont nous parlons il fût complétement ruiné, jamais il n'avait voulu prendre d'engagement qui pussent, un jour ou l'autre, la livrer aux mains de créanciers. Il l'habitait donc avec sa mauvaise fortune en attendant la bonne.

C'était dans sa cuisine, a seule pièce où le froid fût combattu par un maigre brasier, que le pauvre Pierre Goldthwaite venait de recevoir le riche John Brown, son ancien associé. Après cette entrevue, Pierre jeta un regard désolé sur son accoutrement, dont quelques parties semblaient remonter au jour de leur association. Son par-dessus était d'une étoffe chinée toute passée, et percé aux coudes; sous ce vêtement, il portait un habit noir, également usé et dont les boutons absents avaient été remplacés par d'autres d'un modèle différent, enfin son pantalon, jadis noir, était en loques.

La personne de Pierre était en harmonie avec ce bel accoutrement. La tête grisonnante, les yeux caves, le visage blême, le corps amaigri, tel était le véritable portrait d'un homme qui s'était surtout nourri de rêves creux et de folles espérances jusqu'à ce qu'il en fût venu au point de ne pouvoir ni vivre de semblables drogues, ni digérer une nourriture plus substantielle.

Et pourtant ce Pierre Golthwaite, tout niais et tout cerveau fêlé qu'il parût, aurait pu faire dans le monde une certaine figure, s'il eût employé sa féconde imagination aux brillantes fictions de la poésie, au lieu de la jeter toujours à travers ses entreprises commerciales. Au demeurant, c'était un excellent homme, sans plus de défense qu'un enfant, probe, honorable, et ayant gardé de sa distinction native tout ce qu'une vie accidentée et de déplorables circonstances lui avaient permis de conserver.

IV

Pierre, debout sur les carreaux à moitié brisés de la vieille cuisine, jetait un triste regard autour de lui, lorsque ses yeux s'animèrent du feu de l'enthousiasme. Il leva le poing et en frappa énergiquement le manteau noirci de a cheminée.

— Allons, il est temps, dit-il, avec un pareil trésor sous la main, ce serait une folie de rester plus longtemps dans l'indigence. Demain matin je commencerai par le grenier, et ne m'arrêterai qu'après avoir jeté bas la maison.

Accroupie dans un coin de l'âtre comme une sorcière dans son taudis, se tenait une petite vieille très-occupée à ravauder une des deux paires de bas avec lesquels Pierre Goldthwaite préservait ses pieds de la gelée. Comme l'usure des semelles défiait toute reprise, elle avait coupé des morceaux d'un vieux gilet de laine pour en faire de nouvelles.

Thabita Porter était une ancienne servante de la famille, âgée de plus de soixante ans sur lesquels elle en avait passé plus de cinquante dans le même coin de la cheminée, depuis le jour où le grand-père de Pierre l'avait recueillie chez lui. Elle n'avait d'autre ami que Pierre, ni Pierre d'autre société que Thabita; aussi longtemps que Pierre aurait pour lui-même un abri, Thabita saurait où reposer sa tête, et si jamais on les mettait dehors, elle prendrait par la main son vieux maître et le conduirait dans l'hospice où la charité publique l'avait élevée. Elle l'aimait assez pour partager avec lui sa dernière bouchée de pain et pour le couvrir de son dernier vêtement. Thabita était une singulière vieille, et bien qu'elle ne partageât pas toutes les illusions de Pierre, elle était tellement habituée à ses caprices et à ses fantaisies, qu'elle avait fini par les prendre au sérieux. En l'entendant parler de jeter bas la maison, elle leva tranquillement les yeux de dessus son ouvrage :

— Vous laisserez au moins la cuisine, monsieur Pierre? dit-elle.

Le plus tôt que tout cela sera par terre sera le mieux, dit Pierre; je suis las de vivre dans cette baraque froide, obscure, enfumée, désagréable, ouverte à tous les vents. Il me semble que je rajeunirai en posant le pied dans ma belle maison de brique, où, s'il plaît au ciel, nous logerons l'hiver prochain. Vous aurez une chambre au midi, ma vieille Tabby, arrangée et meublée à votre goût.

Je l'aimerais mieux comme cette cuisine, répondit Thabita; je ne me croirais pas chez moi dans le coin d'une cheminée qui ne serait pas noire et âgée d'un siècle comme celle-ci. Quelle somme comptez-vous consacrer à cette acquisition, monsieur Pierre? reprit-elle.

— Qu'ai-je besoin de m'inquiéter de cela? répondit Pierre négligemment; mon arrière-grand-oncle, qui trépassa il y a soixante-dix ans, et dont je porte le nom, n'a-t-il pas laissé un trésor assez considérable pour bâtir vingt maisons comme celle que j'ai dans l'idée?

— Je ne dis pas le contraire, monsieur Pierre, dit Thabita, en enfilant son aiguille à contre-jour.

V

Thabita se rappela que Pierre faisait allusion à l'immense amas de métaux précieux qu'on disait exister quelque part dans la maison, soit dans un coin de la cave, dans l'épaisseur des murs, ou sous les parquets, soit dans quelque cachette, ou dans un recoin abandonné de la masure. Ce trésor, suivant la tradition, avait été amassé par un des ancêtres de Pierre Goldthwaite, dont le caractère avait, paraît-il, une grande similitude avec celui de notre héros. Comme lui, c'était un enragé dissipateur, parlant toujours d'amasser l'or par boisseaux et par charretées, mais incapable d'amasser écu par écu. De même que ceux de notre Pierre, tous ses projets avaient successivement échoué, et sans la mystérieuse spéculation qui l'avait si fort enrichi, il n'eût pas conservé seulement un habit et un pantalon pour couvrir sa maigre personne. Il courait les bruits les plus divers sur la nature de cette fameuse entreprise : l'un prétendait qu'il avait trouvé le grand œuvre ; un autre qu'il avait par magie fait sortir l'or de la poche des autres pour le faire entrer dans ses coffres ; un troisième, enfin, donnait une version plus merveilleuse encore. Il prétendait que le diable lui avait permis de puiser à même ses trésors. Cependant, il paraît qu'un secret obstacle l'avait empêché de jouir de ses richesses, qu'un motif quelconque l'avait porté à les cacher à son héritier, et qu'en tout cas il était mort sans faire connaître l'endroit où il les avait déposées.

Le père de Pierre avait ajouté foi à cette histoire au point de faire exécuter des fouilles dans ses caves; Pierre lui-même se plaisait à croire à cette légende, et, au milieu de toutes ses tribulations, il se consolait en pensant que, lorsqu'il serait à bout de ressources, il pourrait reconstruire sa fortune en détruisant sa maison. Il faut croire cependant qu'il n'avait pas une bien grande confiance dans cette merveilleuse histoire, autrement il serait difficile d'admettre qu'il eût si longtemps laissé debout l'héritage paternel, puisque depuis bien des années déjà son coffre-fort était un meuble superflu.

Quoi qu'il en fût, l'instant critique était arrivé où, s'il tardait davantage à chercher son trésor, la maison risquait de passer à ses héritiers, ou, bien pis, à des mains étrangères, et avec elle les monceaux d'or qu'elle devait renfermer, jusqu'au jour où, ses murs tombant de vétusté, elle laisserait échapper ses rutilants trésors de quelque béante fissure, aux yeux ébahis des générations futures.

— Oui, cria de nouveau Pierre Goldthwaite, demain je me mets à l'ouvrage.

VI

Plus il y réfléchissait, plus le succès lui semblait assuré. Bien qu'à la fin de son automne, Pierre avait gardé toute la mobilité d'impression de la première jeunesse. Tout joyeux de la brillante perspective qui s'ouvrait devant lui, il se mit à cabrioler par la cuisine, en faisant avec ses jambes décharnées les plus risibles contorsions, riant et grimaçant comme un singe. Puis, au paroxysme de l'exaltation, saisit les deux mains de Tabita, et entraîna la pauvre vieille dans une valse désordonnée, jusqu'à ce que la bizarrerie de la situation et la mine effarée de Tabita lui eussent occasionné un fou rire dont les vieilles murailles lui envoyèrent l'écho, et qu'il fut longtemps à réprimer avant de recouvrer son habituelle gravité.

— Demain au point du jour, dit-il en prenant sa lampe pour s'aller coucher, je verrai si le trésor ne serait pas caché dans le mur du grenier.

— Et comme nous n'avons plus de bois, monsieur Pierre, dit Tabita, soufflant encore de sa gymnastique involontaire, quand vous aurez démoli la maison, je ferai du feu avec les débris.

VII

Splendides furent cette nuit-là les songes de Pierre Goldthwaite; il lui sembla qu'il tournait une énorme clef dans une porte de fer assez semblable à celle d'un sépulcre. Cette porte une fois ouverte, il vit un caveau rempli de pièces d'or, plus nombreuses que les grains d'un tas de blé. Au milieu de cet or gisaient des vases du même métal, des plats, des timbales, des plateaux et des couverts, d'argent massif, des chaînes d'or d'un travail surprenant des joyaux d'une inestimable valeur, bien que légèrement ternis par l'humidité de ce réduit. En un mot, on voyait rassemblés dans quelques pieds carrés tous les métaux précieux que la terre cache, envieuse, dans ses entrailles, et toutes les richesses que la mer a pour jamais englouties dans ses mystérieuses profondeurs. Après avoir admiré tous ces trésors, il rêva aussi qu'il retournait à sa vieille maison, pauvre comme devant. Il était reçu à la porte par un homme à la figure maigre, aux longs cheveux grisonnants, qu'il eût pu prendre pour lui-même, si les habits de ce personnage n'eussent été d'une coupe plus ancienne. Mais le plus extraordinaire, c'est que sa maison, tout en conservant sa forme primitive, avait été changée en un palais resplendissant des métaux les plus précieux. Les planchers, les murs, les plafonds étaient d'argent poli; les portes, les montants des croisées, les corniches, les balustrades et les marches de l'escalier étaient d'or pur. Les chaises étaient d'argent avec des siéges d'or; les commodes et le bureau, d'or avec des pieds d'argent; les lits étaient d'argent, et les courtes-pointes d'or tissé, les draps lamés d'argent. On eût dit qu'une baguette magique avait transformé la maison et tout ce qu'elle contenait, sans en altérer le contour : la matière seule était changée. Pierre reconnaissait parfaitement tous ces objets, seulement ils étaient d'or ou d'argent au lieu d'être en bois. Il vit même avec surprise les initiales de son nom, qu'enfant il avait gravées sur le chambranle de la porte, profondément empreintes sur une plaque d'or massif. Pierre se trouvait au comble de la félicité, lorsque subitement le mirage avait cessé, et sa maison, dépouillée d'une splendeur factice, lui était apparue dans toute sa laideur et son délabrement.

VIII

Le lendemain matin, Pierre se leva de bonne heure, saisit une hache, un marteau, une scie, et monta au grenier. C'était une vaste chambre, faiblement éclairée par les pâles rayons d'un soleil d'automne, qui traversait, non sans peine, un œil de bœuf couvert de poussière et de toiles d'araignée.

Quel sujet de réflexions pour un moraliste! Un grenier est la nécropole des vieilles modes, de ces frivolités éphémères qui jadis eurent tant de prix pour des hommes d'une génération évanouie. Tout cela passa dans le grenier comme il descendait dans la tombe. Avec les objets qu'on veut conserver, on y met ceux dont on veut se débarrasser. Pierre y vit des livres de commerce à moitié moisis, recouverts de parchemin, et sur les pages desquels des créanciers depuis longtemps morts et enterrés avaient inscrit les noms des débiteurs également passés dans l'autre monde. L'encre avait tellement pâli, que les inscriptions de leurs pierres tumulaires étaient peut-être plus lisibles sous la mousse qui les couvrait. Il trouva un lot de vieux habits, dont il se fût volontiers emparé s'ils n'eussent été depuis longtemps la proie des vers. Il y avait une épée rouillée, mais une épée de parade, qui ne s'était jamais teinte du sang des ennemis; puis des cannes de toutes sortes, mais pas une à pomme d'or; des boucles de souliers de différents modèles, mais point en argent; il y avait une grande caisse remplie de chaussures éculées; sur un rayon étaient rangées des fioles à moitié vides, dont le contenu, en partie absorbé par les ancêtres de Pierre, avait passé de la chambre mortuaire au grenier.

Enfin, pour terminer cet inventaire de choses qui ne seront jamais vendues aux enchères, il y avait un fragment d'une belle glace, dont la surface ternie par le temps et la

6

poussière, faisait paraître les vieilleries qui s'y reflétaient encore plus vieilles qu'elles ne l'étaient réellement.

Lorsque Pierre, qui ne savait pas qu'il y eût une glace en cet endroit, aperçut sa maigre figure, il crut tout d'abord que son grand-oncle Pierre Goldthwaite était venu là pour l'assister dans les recherches ou l'en dissuader. Il eut même comme une vague idée qu'il était ce Pierre qui avait caché le trésor, mais qu'il avait oublié dans quel endroit il l'avait mis.

— Eh bien ! monsieur Pierre, cria Tabita du bas de l'escalier, avez-vous abattu assez de bois pour faire chauffer l'eau de votre thé ?

— Pas encore, vieille Tabby, mais ce ne sera pas long, tu vas voir.

En même temps, il leva sa hache et se mit à frapper autour de lui si vigoureusement qu'un nuage de poussière l'enveloppa tout entier, pendant que le bois gémissait et craquait. Il semblait l'ange de la destruction. Un moment après la vieille Tabita redescendait son tablier rempli de débris.

— Notre bois ne nous coûtera pas cher cet hiver, murmura-t-elle.

Cependant, une fois en train, Pierre continua de frapper autour de lui, coupant et jetant bas solives et charpentes, arrachant clous et chevilles, et faisant sauter d'énormes planches avec un fracas épouvantable. De temps à autre, lorsque la fatigue l'obligeait à prendre quelque repos, il sondait les murs, mais il avait soin de ne pas toucher à ceux qui confinaient les propriétés voisines de la sienne, afin de ne pas attirer l'attention.

IX

Jamais, dans le cours de ses folles rêveries, Pierre n'avait été aussi heureux que depuis qu'il avait pris cette extrême résolution. Peut-être trouvait-il dans son imagination une consolation aux maux que lui causait l'excès de cette faculté. S'il était pauvre, mal vêtu, s'il ne mangeait pas toujours à sa faim, s'il était toujours sous le coup d'une ruine totale, son corps seul souffrait, mais son esprit, perdu dans les nuages, rêvait un brillant avenir. C'était sa nature à lui d'être toujours jeune. Que lui importaient ses cheveux gris, ses rides, ses infirmités ! S'il paraissait vieux, si sa maigre figure surmontait un pauvre corps, le vrai Pierre était un jeune homme, plein d'illusions, encore au seuil de la vie. Chaque printemps, sa jeunesse flétrie renaissait de ses cendres, mais, cette fois, elle s'épanouissait plus triomphante que jamais. Il avait vécu longtemps à la vérité, mais il avait encore un cœur sensible et tendre, plein d'une juvénile ardeur; il résolut, aussitôt qu'il aurait trouvé son trésor, d'aller faire la cour aux jeunes filles de la ville et de s'en faire aimer. Quel cœur pourrait alors lui résister ? Heureux Pierre Goldthwaite !

Il y avait longtemps qu'il avait abandonné les lieux habituels de flânerie, les bureaux d'assurance, les cabinets de lecture, les étalages des libraires; et, comme on ne l'invitait plus que rarement dans les cercles de la ville, il passait presque toutes ses soirées au foyer de la cuisine, en compagnie de la vieille Tabita, occupée à terminer quelque ravaudage.

Il y avait pour bûche de fond un énorme tronc de chêne rouge, qui, bien qu'abrité depuis longues années contre la pluie et l'humidité, sifflait encore à la chaleur du foyer et suintait l'eau par les deux bouts, comme s'il eût été tout récemment coupé dans sa forêt natale. Sur le devant, on mettait de forts rondins d'un bois sec et serré, qui semblaient au feu des barres de fer rougies. Sur cette solide base, Tabita élevait une fragile construction de bois, des morceaux de panneaux et de moulures, ou d'autres objets éminemment combustibles, qui brûlaient comme paille et jetaient dans l'âtre une joyeuse clarté.

Pierre regardait flamber le sapin et l'écoutait pétiller dans sa vaste cheminée, comme une décharge irrégulière de mousqueterie; puis lorsque le bois, réduit en charbons ardents, ne jetait plus qu'une rouge lueur, il devenait loquace, et la conversation s'engageait.

X

Un soir, pour la centième fois, il pria sa vieille compagne de lui dire quelque chose de nouveau sur son grand-oncle.

— Vous n'avez pas habité cinquante et quelques années ce coin de cheminée, ma vieille Tabby, sans avoir entendu bien des récits sur son compte. Ne m'avez-vous pas dit que, lorsque vous arrivâtes dans cette maison, vous y aviez trouvé une vieille femme assise à la place que vous occupez maintenant, et qu'elle avait été la servante du fameux Pierre Goldthwaite ?

— C'est bien vrai, monsieur Pierre, répondit Tabita ; elle avait près de cent ans, elle disait qu'elle et Pierre Goldthwait avaient souvent passé la soirée au coin de ce foyer, à peu près comme nous voilà là tous deux.

— Le vieil oncle me ressemblait en plus d'un point, dit Pierre avec complaisance, autrement il ne fût pas devenu si riche. Il est vrai qu'il eût dû cacher autrement son argent, au moins de manière à ce qu'il ne fût pas nécessaire de renverser la maison pour le trouver. Pourquoi diable l'a-t-il caché si soigneusement, Tabby ?

— Parce qu'il ne pouvait le dépenser, dit la vieille. Quand il voulait ouvrir son coffre-fort, le malin venait par derrière et lui arrêtait le bras. Il paraît qu'il lui avait donné tout cet argent en échange de la maison et de son terrain, et que votre grand-oncle ne voulut jamais consentir à les lui livrer.

— Comme moi avec John Brown, remarqua Pierre. Mais vous me racontez là des sottises, Tabby, et je ne puis en croire un mot.

— Après cela, ce n'est peut-être pas vrai, dit Tabita, car il y en a d'autres qui prétendent que Pierre céda sa maison au diable, et que c'est pour cette raison qu'elle a toujours porté malheur à ceux qui l'ont habitée. Aussitôt que Pierre lui eut mis l'acte de cession dans les mains, sa caisse s'ouvrit, et il y puisa une pleine poignée d'or qui se changea en vieux chiffons quand il l'eut touché.

— Taisez-vous, vieille folle de Tabby ! s'écria Pierre, rouge de colère : c'étaient d'aussi bonnes guinées d'or qu'aucune de celles qui portèrent jadis l'effigie du roi d'Angleterre. Il me semble que j'y étais, et que moi, ou le vieux

Pierre, ou qui que ce fût, retira sa main pleine d'un o[r] étincelant. Ce n'étaient pas de vieux chiffons, j'espère !

XI

Mais il fallait autre chose qu'un conte de vieille femme pour décourager Pierre Goldthwaite. Il fut toute la nuit bercé par les songes les plus agréables, et s'éveilla au point du jour avec de joyeux battements de cœur.

Il travaillait ainsi chaque jour avec un nouveau courage et ne s'arrêtait que pour manger, alors Tabita lui servait des choux au lard ou quelque autre mets aussi simple, qu'elle était parvenue à se procurer. Pierre, en homme pieux, ne manquait jamais de dire son bénédicité ; — si la chère était maigre, elle avait d'autant plus besoin de bénédictions, — ni de dire ses grâces, car si le repas avait été mesquin, c'était pour son bon appétit, — ce qui vaut mieux qu'un mauvais estomac devant un festin. — Il se remettait ensuite au travail et disparaissait bientôt dans un nuage de poussière si épais que le bruit qu'il faisait décelait seul sa présence. Heureux celui qui a foi dans son œuvre ! Rien ne troublait Pierre, si ce n'est les fantômes de son imagination se présentant à lui, tantôt sous la forme de réminiscence, et quelquefois sous celle de pressentiments. Il s'arrêtait souvent, la hache levée, et se disait : « Pierre, n'as-tu pas déjà frappé là ? » ou bien : « A quoi bon renverser la maison ? rassemble un peu tes souvenirs ; peut-être te rappelleras-tu dans quel endroit l'or est caché. »

XII

Les jours, les semaines se passaient sans amener aucune découverte. Quelquefois un vieux rat maigre s'échappait entre ses jambes, se demandant avec étonnement quel esprit endiablé avait pu envahir cette demeure jusque-là si tranquille. Parfois Pierre sympathisait avec les angoisses d'une souris qui venait de donner le jour à une demi-douzaine de souriceaux jolis à croquer, pour les voir presque aussitôt ensevelis sous un monceau de ruines. Mais toujours point de trésor.

Cependant Pierre, inébranlable comme le Destin et diligent comme le Temps, en avait fini avec les combles, il était descendu au second étage et travaillait dans une des pièces de la façade. C'était la principale chambre à coucher de la maison. La tradition rapportait qu'elle avait abrité le gouverneur Dudley et d'autres éminents personnages. Elle était dépourvue de meubles. Le papier de tenture, tout fané et déchiré, pendait en lambeaux, et, à certaines places, laissait voir le plâtre, surchargé de naïfs dessins au fusain, représentant des figures de profil. C'étaient des spécimens du talent de Pierre dans sa jeunesse, et il lui en coûtait plus de les détruire que si c'eût été des fresques de Michel-Ange. Un dessin cependant, et ce n'était pas le plus mauvais, lui causa une impression toute différente. Il représentait un homme en haillons, s'appuyant sur une bêche et étendant la main pour saisir un objet qu'il semblait avoir trouvé; mais on voyait surgir derrière lui, grimaçant un sourire infernal, un être parfaitement reconnaissable, grâce à sa queue et à son pied fourchu.

— Arrière, satan! laisse cet homme prendre son trésor cria-t-il.

Et, levant sa hache, il en frappa si rudement le gentilhomme cornu, qu'il anéantit non-seulement cet être malfaisant, mais encore le pauvre chercheur de trésor, et que la scène s'évanouit comme une apparition.

Cependant la hache, brisant plâtre et lattes, avait découvert une cavité.

XIII

— Ayez pitié d'eux, monsieur Pierre, voulez-vous vou mettre mal avec le diable? demanda Tabita qui rôdait pa là, cherchant du combustible.

Sans daigner répondre à la vieille fille, Pierre continu son œuvre de destruction et découvrit un petit cabinet, o plutôt une sorte d'armoire placée à hauteur d'homme, d l'un des côtés de la cheminée. Il ne contenait qu'une lamp de cuivre couverte de vert-de-gris et un vieux parchemi plein de poussière. Pendant que Pierre l'examinait, Tabit saisit la lampe et l'essuya avec son tablier.

— A quoi bon l'essuyer, Tabby? dit Pierre; ce n'est pa la lampe d'Aladin, bien que cette découverte me sembl d'un favorable augure. Tiens, regarde plutôt cela, Tabby

La vieille prit le parchemin de son maître et l'approch de ses yeux armés d'une formidable paire de besicles. peine eut-elle épelé quelques mots, qu'elle se tordit dan les convulsions d'un rire immodéré.

— Je ne suis pas encore folle, monsieur Pierre, je reconnais parfaitement votre écriture; c'est bien la même main qui a écrit la lettre que vous m'envoyâtes de Mexico.

— Le fait est qu'il y a quelque ressemblance, dit Pierre en examinant avec soin le parchemin; mais vous voyez bien, Tabby, que ce réduit a dû être muré avant votre entrée dans la maison et avant ma naissance. Je reconnais au reste l'écriture du vieux Pierre Goldthwaite. Ces colonnes de chiffres sont de lui; elles indiquent probablement le montant du trésor, et ces lignes qui sont en bas sont assurément des renseignements sur l'endroit où il est caché. Malheureusement l'encre a presque entièrement disparu, et les mots sont illisibles. C'est bien fâcheux!

— Bah! dit Tabita, voici toujours une bonne lampe, c'est une fiche de consolation.

— Tiens! une lampe, pensa Pierre, cela doit signifier que j'ai besoin d'une lumière pour continuer mes recherches.

Cette découverte, en arrêtant l'ardeur destructive de Pierre, lui avait fait sentir la nécessité de se livrer à quelque méditation. Lorsque Tabita fut redescendue, il s'approcha d'une des croisées pour examiner le parchemin avec plus d'attention, mais les carreaux étaient tellement obscurcis par la poussière, qu'il fut obligé de lever le châssis pour jouir d'un jour plus vif. Une bouffée d'air vint caresser son visage et rafraîchir son front brûlant.

XIV

On était en janvier, et le vent qui venait de l'Océan avait amené le dégel. La neige amoncelée sur les toits se fondait et tombait des gouttières comme une pluie d'orage. Dans les rues, cette même neige, durcie par les allées et venues des promeneurs, conservait encore sa splendeur primitive et le souffle printanier n'avait encore pu l'entamer. En avançant la tête, Pierre s'aperçut que si la ville n'était point complétement dégelée, il n'en était pas de même des habitants, qu'un froid rigoureux avait claquemurés pendant deux ou trois semaines. Cette vue le réjouit un moment; mais au milieu de sa joie il laissa échapper un soupir en voyant de jeunes et jolies femmes glisser légèrement le long des trottoirs, leurs joues roses emprisonnées dans la soie de leurs capelines ouatées, entourées de boas et de fourrures d'hermine, semblables à des fleurs qui surgissent d'un épais feuillage. On entendait tinter de tous côtés les clochettes des traîneaux; tantôt c'était celui de Vermont qui arrivait chargé de porcs et de moutons gelés par le froid, et peut-être bien aussi de gibier; tantôt celui d'un honnête marchand avec une cargaison de volaille; tantôt enfin celui d'un gros fermier venu à la ville avec sa femme, pour trouver le placement d'une provision de beurre et d'œufs. Le couple voyageait dans un vieux traîneau carré, à l'antique, qui servait depuis vingt hivers. Tantôt aussi c'était un élégant gentleman passant, rapide comme l'éclair, dans un léger tandem, ou bien un traîneau de louage tourbillonnant au milieu des véhicules de toute nature, qui obstruaient la rue. Au carrefour formé par l'intersection de plusieurs voies de circulation, on voyait arrêté un immense traîneau, espèce d'arche de Noé, contenant cinquante personnes et traîné par douze chevaux. Ce vaste réceptacle était rempli par des jeunes gens des deux sexes et quelques personnes plus âgées, qui souriaient à l'exubérante gaieté de cette folle jeunesse. C'était un joyeux bourdonnement entremêlé de francs éclats de rire et parfois interrompu par des hourras que les spectateurs accueillaient de leurs bravos approbateurs, tandis qu'une troupe de polissons faisait pleuvoir sur les touristes une grêle de pelotes de neige.

Le traîneau s'enfuit au galop de ses douze coursiers, et on l'avait déjà perdu de vue qu'on entendait encore les cris joyeux des voyageurs.

XV

Jamais Pierre n'avait contemplé une scène plus animée; sa maison seule, avec sa triste apparence, jurait dans ce tableau; mais, en revanche, sa maigre figure, encadrée par la croisée, s'harmonisait on ne peut mieux avec l'aspect délabré de son domaine.

— Eh! Pierre, comment allez-vous? fit une voix partant de la rue comme il se retirait; allons, mettez le nez à la fenêtre, vieux sournois!

Pierre regarda et vit sur le trottoir opposé son ex-associé, chaudement enveloppé dans un paletot garni de fourrures, et dont la voix retentissante avait attiré l'attention des passants sur la maison et sur son propriétaire.

— Eh bien! Pierre, cria de nouveau M. Brown, quel vacarme faites-vous donc ; réparez-vous la maison ou si vous en faites une neuve... hein ?

— Je dis qu'il est trop tard pour la réparer, monsieur Brown, et que c'est une nouvelle bâtisse qu'il faut à présent.

— Vous feriez mieux de me confier cela, dit M. Brown d'un air significatif.

— Non, pas encore, fit Pierre en se retirant précipitamment, car depuis qu'il était à la recherche de son trésor, il n'aimait pas qu'on pût juger de cette apparente pauvreté. A l'idée des trésors qu'il voyait déjà dans ses coffres, un sourire dédaigneux plissa sa lèvre. Il s'efforça de prendre la contenance de son grand-oncle lorsque celui-ci parlait de construire une superbe habitation pour sa nombreuse postérité.

Un moment, lorsqu'il ramena ses yeux éblouis par la clarté de la neige sur la sombre mansarde, il se prit à douter de l'existence de son trésor, et se demanda s'il était bien sage de jeter bas la maison ; mais cet instant de défaillance n'eut que la durée d'un éclair, et Pierre le démolisseur reprit la tâche que le destin lui avait assignée.

XVI

Il y avait quelque temps qu'il s'était remis à l'œuvre, lorsqu'au milieu d'un tas d'objets indescriptibles il trouva une clef rouillée à laquelle était attaché une étiquette de bois portant les initiales P. G., et qui semblait avoir été oubliée dans une crevasse du mur; une autre découverte non moins singulière, fut celle d'une bouteille de vin dans un vieux four dont l'entrée avait été murée. Pierre n'avait pas besoin de ce cordial pour ranimer ses forces; cependant il serra le précieux liquide pour le boire au succès de son entreprise. Il ramassa aussi plusieurs gros sous qui s'étaient perdus dans les fentes du parquet, et la moitié d'une pièce de douze sous, coupée par le milieu, probablement quelque gage d'amour; puis des pièces espagnoles et une médaille commémorative du couronnement de Georges III. Mais le coffre fantastique échappait toujours aux mains avides de notre héros.

Nous ne le suivrons pas dans sa persévérante destruction, qu'il suffise de savoir qu'il acheva en moins d'un hiver une œuvre que le temps avait à peine ébauchée en un siècle; tout était démoli à l'intérieur, à l'exception de la cuisine. On eût dit un monstrueux fromage évidé par un rongeur quelconque, de manière à ce qu'il n'en restât plus que la croûte. Pierre avait été le rongeur.

Ce que Pierre avait démoli, Tabitha l'avait brûlé, et la maison s'était réellement dissipée en fumée, sans métaphore aucune. On avait atteint le dernier jour de ce laborieux hiver, et la cuisine seule restait à explorer. C'était une triste et lugubre soirée; une bourrasque de neige s'était abattue sur la ville quelques heures auparavant, et les flocons tourbillonnant au vent fouettaient encore avec violence la vieille masure, comme si les éléments déchaînés eussent voulu mettre la dernière main à l'œuvre de Pierre Goldthwaite. La charpente était si frêle, depuis qu'à l'intérieur les murs d'appui avaient disparu, qu'il n'y aurait rien eu d'étonnant à ce que les murs rongés par la base écrasassent leur propriétaire en s'affaissant sur lui. Mais Pierre était trop agité pour que ce danger pût l'impressionner.

— Le vin, Tabby, cria-t-il, le vieux vin du grand'oncle, c'est maintenant qu'il faut le boire, ou jamais.

— La vieille se leva de son banc et, sans mot dire, plaça la respectable bouteille près de la lampe de cuivre, jusque-là le seul fruit de leurs recherches.

Pierre leva la bouteille, et, regardant à travers la vermeille liqueur, sa cuisine lui sembla resplendir d'une teinte dorée qui, enveloppant aussi la vieille servante, jetait de fauves reflets sur ses cheveux blanchis et changeait en vêtements splendides les guenilles dont elle était couverte.

— Monsieur Pierre, dit Tabitha, est-ce que vous voulez boire avant d'avoir trouvé le trésor?

— Il est trouvé, s'écria fièrement Pierre Goldthwaite, et je ne m'endormirai pas sans avoir fait tourner la clef dans la mystérieuse serrure. Mais buvons d'abord!

Aussitôt dit, il fit, à défaut de tire-bouchon, sauter le goulot avec la fameuse clef, et remplit deux tasses à thé, sorties du buffet pour cette solennité, d'un vin pur et transparent, dont l'arome se répandit en un instant dans la chambre.

— Bois, Tabitha, dit Pierre; Dieu bénisse l'honnête homme qui nous a conservé ce vin! Allons! je bois à la santé de Pierre Goldthwaite.

— C'est bien le moins, dit la vieille en vidant sa tasse.

Mais laissons-les achever leur bouteille et portons ailleurs nos regards.

XVII

Il arriva que, par cette nuit affreuse, M. John Brown se trouva mal à l'aise, bien qu'il fut douillettement étendu sur son fauteuil et les pieds appuyés contre son garde-feu. C'était au fond une bonne pâte d'homme, quand les souffrances d'autrui parvenaient à traverser l'épais manteau dont il enveloppait sa prospérité. Ce soir-là, il avait beaucoup songé à son ancien associé, à ses étranges fantaisies, à l'entêtement de sa mauvaise fortune, à l'aspect délabré de sa maison, enfin à sa mine fatiguée lorsqu'il l'avait appelé à sa croisée.

Pauvre diable! pensa M. John Brown, pauvre cerveau fêlé! En souvenir de notre ancienne association, j'aurais bien dû prendre soin qu'il eût un abri plus confortable cet hiver.

Une fois sur ce terrain, l'imagination du vieux négociant galoppa tellement que tout à coup il se leva brusquement et, malgré la rigueur du froid, résolut de se rendre immédiatement chez Pierre Goldthwaite. L'ouragan était dans toute sa fureur. Chaque sifflement de la tempête lui semblait un soupir du pauvre Pierre.

Tout étonné de sa sensibilité, M. Brown s'enveloppa de son manteau, s'entoura le cou d'un long cache-nez, et ainsi prémuni contre le froid, s'apprêta bravement à l'affronter.

Cependant le vent redoublait ses efforts : M. Brown venait de tourner le coin de la rue où demeurait Pierre, lorsqu'une violente rafale le fit tomber la face sur un tas de neige, et se mit en devoir de l'ensevelir avec une si remarquable célérité qu'il y avait peu de probabilité de le voir reparaître avant le dégel.

Heureusement M. Brown, loin de perdre courage, se mit à lutter vigoureusement contre cette inhumation anticipée, et fit tant des pieds et des mains qu'il se dégagea, non sans avoir perdu son chapeau dans la bagarre, et se trouva sain et sauf à la porte de Pierre.

Tel était le fracas de la tempête qu'on n'eût point entendu de l'intérieur le choc du marteau; M. Brown entra donc sans cérémonie, et se dirigea à tâtons vers la cuisine, où il pénétra complétement inaperçu.

XVIII

Pierre et Tabitha tournaient le dos à la porte, courbés sur un immense coffre qu'ils avaient sans doute tiré de quelque cavité secrète; et, à la clarté de la lampe que tenait la vieille femme, M. Brown vit que ce coffre était garni de coins et de plaques en fer. Pierre était en train d'introduire la clef dans la serrure.

— Tabby, disait-il, tremblant d'émotion, comment vais-je pouvoir supporter l'éclat de cet or? Il me semble que je le vois encore étinceler quand on ferma le couvercle. Il y a soixante ans qu'il concentre ses rayons, radieux soleil, pour nous éblouir en cet instant solennel!

— Alors, fermez les yeux, dit la vieille impatientée, et tournez la clef, pour l'amour de Dieu.

M. Brown s'était approché, il avança son visage ardent entre les deux acteurs de cette scène; le coffre s'ouvrit et...

nul soleil n'éblouit ces trois figures haletantes, nul éclat n'envahit la cuisine enfumée.

— Qu'est-ce là? dit Tabitha, ajustant ses lunettes et levant la lampe; Dieu me pardonne, c'est le coffre au chiffons de votre grand'-oncle?

— Le fait est que cela y ressemble assez, dit M. Brown.

Qui pourra peindre la douloureuse stupéfaction de Pierre devant le spectre de sa fortune évanouie? Sa tête se perdait. Il y avait là l'ombre d'un trésor suffisant pour acheter la ville entière, et cependant un homme dans son bon sens n'en eût pas donné six pence. En effet, le coffre contenait pour plusieurs millions de titres de rente, de bons sur le trésor, etc., etc., dont l'émission remontait à plus d'un siècle; des billets de mille livres mêlés à des assignats de deux sous et qui n'avaient alors guère plus de valeur.

— Voilà donc le fameux trésor, dit John Brown; votre oncle, mon cher Pierre, faisait des spéculations du genre des vôtres : quand il vit le papier-monnaie perdre jusqu'à soixante-quinze pour cent, il se mit à l'accaparer dans l'espoir d'une hausse, mais le papier a continué à baisser jusqu'au jour où l'on n'a plus voulu le recevoir. Alors le vieux Pierre eut des millions dans sa caisse et pas un habit à se mettre sur le dos.

— Ah! mon Dieu! interrompit Tabitha, la maison va nous tomber sur la tête!

— Qu'elle tombe! dit Pierre en s'asseyant, stupide, sur la fatale caisse.

— Non, mon vieux Pierre, dit John Brown, j'ai de la place chez moi pour vous et Tabitha, et même un caveau vide pour le coffre. Demain, nous essayerons de nous en tendre sur la vente de votre maison, les immeubles augmentent, je pourrai vous en donner un joli prix.

— Soit, répondit Pierre en revenant à lui, j'ai un plan pour faire rapporter à mes capitaux de gros intérêts.

— Quant à cela, grommela M. Brown, nous demanderons à la première audience de la cour que Pierre soit pourvu d'un conseil judiciaire ; et s'il veut encore spéculer, eh bien, libre à lui de fouiller dans le trésor de son grand'-oncle.

L'EXPÉRIENCE
DU DOCTEUR HEIDEGGER

I

Le savant docteur Heidegger était un homme d'un aspect et d'un caractère singuliers, dont le costume était en harmonie avec sa personne. Il avait la réputation de se livrer à l'étude des sciences occultes. Parmi les hôtes intimes qu'il admettait quelquefois à l'honneur d'assister à ses expériences, on comptait trois gentlemen à barbe grise, M. Medbourne, le colonel Killigrew et M. Gascoigne; plus une vieille dame communément désignée sous le nom de la veuve Wycherly. Ces quatre personnages n'avaient pas eu à se louer de la destinée, mais leur chagrin le plus amer était d'assister au spectacle de leur décrépitude.

M. Medbourne, dans son temps plus heureux, s'était vu à la tête d'une grande maison de commerce; les tempêtes et des spéculations malheureuses avaient englouti sa fortune et l'avaient réduit à un état voisin de l'indigence. Le friagant colonel Killigrew, après avoir jeté sa santé, sa jeunesse et son patrimoine à tous les vents, n'avait gardé pour ses vieux jours qu'une trop modeste retraite, la goutte et de glorieuses blessures gagnées, les unes sur le champ de bataille au service de sa patrie, et les autres dans des duels en l'honneur des dames. M. Gascoigne avait joué autrefois un rôle dans la politique, qui lui avait valu le titre de caméléon, et il avait vécu avec une triste réputation, jusqu'au jour où il assista à la ruine de ses ambitieuses espérances, et où il ensevelit dans le silence et l'obscurité le souvenir de son infamie. Quant à la veuve Wycherly, son histoire était celle de bien des veuves. Elle avait joui d'une grande réputation de beauté dans son temps, et elle vivait fort retirée après avoir soulevé la bourgeoisie de la ville par le bruit de ses aventures. S'il faut s'en rapporter à la chronique scandaleuse, les trois gentlemen que nous venons de mettre en scène avaient brigué ses faveurs et avaient même failli se couper la gorge en l'honneur de ses beaux yeux. Avant d'aller plus loin, je dirai tout de suite que ces personnages, sans en excepter le docteur Heidegger lui-même, étaient des originaux d'humeur bizarre, comme on le remarque généralement chez les gens âgés, tourmentés par le souvenir d'un passé qui ne doit plus revenir, et la désolante perspective d'un avenir sans espoir.

II

Le cabinet du docteur Heidegger, on le croira sans peine, était un singulier capharnaüm. On n'y voyait pas, à la vérité, de chauve-souris clouée à la porte, ni le classique crocodile au plafond, ni l'inévitable chouette empaillée, ainsi que l'attirail élémentaire de la sorcellerie; le docteur méprisait ces moyens vulgaires, indignes de la science, et es laissait aux sorciers de profession qui n'ont rien autre chose à montrer. La vaste chambre qui lui servait à la fois de cabinet de travail, de salon, de salle à manger, de laboratoire, était dans un état de délabrement affligeant pour l'œil du visiteur. Autour des murs s'élevaient de massifs casiers de chêne surchargés de livres, de fioles, de cornues et d'instruments aux formes étranges. Dans la partie inférieure dormaient les in-quarto et les in-folio énormes. Malheur à l'imprudent qui s'avisait de troubler leur sommeil sans les précautions les plus minutieuses, car il était littéralement aveuglé, étouffé par les nuages épais de la plus vénérable des poussières scientifiques. Tout le reste était à l'avenant et offrait au regard un désordre pittoresque que l'art n'atteindra jamais. Au fond de la pièce, un immense fourneau ouvrait sa gueule noircie et paraissait attendre sa pâture ardente de charbon de terre. Un colossal soufflet de forge semblait là tout exprès pour lui servir d'appareil digestif, accroupi au milieu des alambics difformes, des cornues hydropiques, des tubes grêles et des serpentins qui disparaissaient à moitié dans le gouffre de la cheminée. C'est là que le savant docteur Heidegger préparait ses expériences qui faisaient l'admiration des académies. Tout en donnant un coup d'œil à son modeste repas qui cuisait paternellement à côté des poisons subtils et des métaux en fusion.

Au milieu de ce chaos, sur le haut d'un casier de chêne,

s'élevait le buste d'Hippocrate qui semblait le dieu protecteur de cette étrange demeure, et pour lequel le docteur avait une prédilection particulière. Il ne manquait jamais de le consulter dans les cas épineux, et ses aphorismes l'avaient souvent tiré d'un pas difficile. Dans le coin le plus obscur de la chambre se trouvait une armoire également en chêne, affectant la forme d'une boîte d'horloge et dont la porte entr'ouverte laissait apercevoir un squelette humain; entre deux des casiers on voyait un grand miroir terni par la poussière, et dont le cadre paraissait avoir été doré. Les bonnes âmes de l'endroit affirmaient par serment que les ombres de ceux que le docteur avait envoyés dans l'autre monde lui apparaissaient dans ce miroir, quand il lui prenait la fantaisie d'y regarder. Le panneau qui lui faisait face était occupé par le portrait en pied d'une jeune femme dont le visage n'était pas moins flétri que son costume de satin et de brocart par suite de l'humidité qui avait altéré la peinture. La tradition rapporte, au sujet du portrait, qu'il y a un demi-siècle environ, le docteur Heidegger fut sur le point de se marier avec cette jeune dame. Le jour des fiançailles, elle ressentit une indisposition, et le docteur ayant consulté Hippocrate, son oracle ordinaire, lui administra une potion calmante dont elle mourut immédiatement.

Pour terminer cette description des objets qui encombraient le laboratoire, il nous reste à parler de ce qui en était la principale curiosité. C'était un livre énorme, semblable aux missels de l'église romaine, ou à une Bible monstrueuse, relié en maroquin noir, à fermoirs d'argent massif, et imprimé en caractères indéchiffrables et mystérieux. Le titre même de cet ouvrage n'était composé en aucune langue écrite ou parlée des hommes, et il est incontestable qu'il ne pouvait être que l'œuvre du démon ou de quelque magicien versé dans les sciences occultes. Au temps où le docteur avait une domestique (car depuis longtemps il ne pouvait plus en trouver à cause de sa réputation), cette femme s'enfuit de sa maison avec épouvante, racontant à qui voulait l'entendre, qu'ayant soulevé ce grimoire pour en secouer la poussière, le squelette était sorti de sa boîte, la jeune dame du tableau avait sauté de son cadre sur le plancher, des apparitions avaient troublé la limpidité du miroir, l'impassible masque du vieil Hippocrate avait froncé ses sourcils de bronze, et que son œil sans regard avait lancé un éclair.

Tel était l'aspect général du cabinet du docteur Heidegger par une belle après-midi d'été, au moment même où se passe ce récit, exempt de toute exagération malveillante. Une petite table ronde, noire comme l'ébène, se dressait au milieu de la chambre, supportant un vase de cristal taillé, d'une forme élégante, rempli d'une liqueur transparente. La lumière entrait à flots par deux hautes fenêtres, et les rayons du soleil pénétrant entre les rideaux de damas fané aux larges plis, et tombant d'aplomb sur les facettes étincelantes du vase, traversaient la liqueur et coloraient le visage des spectateurs qui, groupés autour de la table, semblaient entourés comme d'une lumineuse auréole. Quatre verres à champagne étaient placés devant eux, et sans expliquer encore le but de ces préparatifs, le docteur, debout devant eux, les contemplait avec cet air de calme supériorité du maître qui va parler à ses élèves, ou du prédicateur qui, du haut de la chaire, s'apprête à foudroyer son auditoire.

— Chers et anciens amis, commença le docteur, employant avec eux sa formule habituelle, j'ai besoin de vous pour accomplir une nouvelle expérience.

(Il est absolument nécessaire d'ouvrir encore une parenthèse, au risque de ralentir la marche des événements et de suspendre l'attention qu'ils méritent. J'aurais un remords de ne pas constater que les nombreuses excentricités du docteur Heidegger avaient donné naissance à une foule de contes plus fantastiques les uns que les autres, et que plusieurs de ces fables, je l'avoue avec candeur et le confesse à ma honte, sont peut-être l'ouvrage de ma véridique personne. Si le lecteur me compare à la servante du docteur qui avait été témoin d'un effrayant spectacle, et si quelques passages de ce récit le trouvent incrédule, je n'aurai que la juste récompense de mes œuvres et le châtiment réservé à un marchand de contes inventés à plaisir. Je ferme la parenthèse.)

III

A la nouvelle d'une expérience dont ils étaient prévenus par l'invitation même du docteur, les trois honorables gentlemen et la respectable veuve Wycherly ne s'attendaient pas à une récréation bien extraordinaire, ils ne soupçonnaient rien de plus que le supplice d'une pauvre souris emprisonnée sous la cloche d'une machine pneumatique ou l'examen d'une toile d'araignée à l'aide de microscope.

C'était ordinairement par des exercices de ce genre que le docteur avait la prétention d'amuser ses convives, réservant pour les gens de science les grandes expériences ou la découverte des secrets qu'il arrachait à la nature martyrisée.

Sans ajouter une parole, le docteur traversa la chambre dans toute sa longueur à pas comptés, prit méthodiquement le fameux grimoire à fermoirs d'argent, et, l'ayant posé sur la table, auprès du vase dont le liquide sembla frémir, il l'ouvrit avec une sorte de respect et montra, entre deux de ses pages, une fleur desséchée qui avait été une rose, mais dont les feuilles et les pétales aplatis et d'une couleur bistrée semblèrent vouloir tomber en poussière au contact des doigts du docteur.

— Cette rose, dit-il d'une voix faible comme s'il eût craint de la briser d'un souffle, ou plutôt parce que l'émotion rendait sa parole mal assurée, cette rose fleurissait il y a plus d'un demi-siècle.

Regardant alors le portrait flétri qui lui faisait face, et étendant ses mains agitées par un mouvement fébrile, il poursuivit, la voix tremblante :

— C'est par toi qu'elle me fut donnée, Sylvia Ward, ma chère fiancée ; je l'ai placée sur mon cœur qui t'a gardé un souvenir fidèle et impérissable. Depuis le jour de nos fiançailles elle dormait dans les pages muettes de ce livre.

Les paroles du docteur, qui d'habitude étaient froides et légèrement railleuses, jetèrent ses auditeurs dans une stupéfaction telle que si le portrait lui avait donné la réplique, ils en auraient été moins étonnés. Et comme si quelque chose de surnaturel semblait s'agiter derrière leurs siéges, le brave colonel lui-même, qui aurait encore marché, s'il l'avait fallu, contre des canons chargés, ou même armer son bras d'une épée pour faire respecter une femme, le brave colonel Killigrew n'osa pas retourner la tête.

Cependant le docteur, un peu moins ému, continua avec plus d'énergie dans le geste et dans la voix :

— Que ne puis-je, après cinquante années, te rendre la vie et la jeunesse comme je vais rendre à cette fleur son parfum et ses couleurs !

Ces derniers mots, bien que prononcés avec un grand sérieux, firent cesser le charme de l'évocation qui les avait précédés. La veuve Wycherly, qui avait failli s'évanouir quelques minutes avant, retrouva sa présence d'esprit et l'usage de sa langue pour s'écrier :

— Comment, docteur! pourquoi ne me dites-vous pas qu'il est possible à mon visage couvert de rides de retrouver la fraîcheur qu'il avait autrefois?... Vous voulez vous moquer de nous, en vérité; nous avez-vous fait venir dans cette intention ?

Le docteur Heidegger n'était pas de ces savants qui parlent une heure pour vous expliquer ce que votre œil verra en quelques secondes, et qui vous gâtent ainsi tout le plaisir de l'imprévu et de la surprise; il parlait le moins possible, avec discrétion, et laissait à la science le soin d'impressionner l'esprit des spectateurs.

— Voyez, dit-il simplement, sans même songer à répondre au flux de paroles inutiles de la veuve Wycherly.

Et, soulevant le couvercle du vase, il posa doucement la rose sur le liquide. Elle parut d'abord voguer à la surface, comme si elle ne pouvait en absorber l'humidité; mais bientôt un indéfinissable phénomène se produisit : les pétales aplatis et desséchés parurent se gonfler, se ranimer et prendre une teinte rosée, comme si la fleur se réveillait du sommeil de la mort, les petites branches de feuillage commencèrent à verdir comme si une sève inconnue courait dans toutes les fibres, la transformation s'accomplissait à vue d'œil, et, en quelques secondes, la rose d'un demi-siècle parut aussi fraîche que le jour où Sylvia Ward l'avait détachée de son corsage pour la donner à son bien-aimé. Elle était à peine épanouie et ses feuilles délicates, d'un rose pâle, s'arrondissaient autour de son calice humide où perlaient deux ou trois gouttes de rosée, étincelantes et limpides.

— Ah! c'est véritablement une charmante surprise, s'écrièrent les amis qui avaient attentivement suivi cette expérience, en modérant toutefois les élans d'un enthousiasme peut-être déplacé, car ils avaient été témoins de scènes de physique amusante et de prestidigitation plus prodigieuse encore que la résurrection d'une fleur.

Mais le docteur ne remarqua pas leur indifférence, il respirait le suave et doux parfum de la rose, comme si elle eût gardé un souffle de l'haleine embaumée de sa fiancée, qui avait déposé un baiser sur elle avant d'exhaler son dernier soupir.

Les auditeurs attentifs semblaient attendre une explication.

IV

— Vous avez peut-être entendu parler de la fontaine de Jouvence? dit le docteur, reprenant son attitude professorale. Ponce de Léon, aventurier espagnol qui vivait il y a deux ou trois siècles, s'était voué à sa découverte...

— Et l'avait-il trouvée? interrompit la veuve Wycherly, qui ne connaissait cette fontaine que de réputation.

— Non, madame, il n'avait pas bien dirigé ses recherches; il s'égara et mourut sans avoir vu son voyage couronné de succès. La fameuse fontaine de Jouvence, si les renseignements géographiques qui m'ont été transmis sont exacts, est située dans la partie méridionale de la péninsule de la Floride, dans les environs du lac Macaco. Sa source est ombragée par des magnolias séculaires dont le feuillage verdoyant et les fleurs violettes gardent éternellement leur fraîcheur par la vertu merveilleuse de ses eaux. Un savant voyageur de mes amis, qui connaît ma passion pour tout ce qui se rattache aux mystères de la nature, m'en a rapporté un flacon dont vous voyez le contenu dans ce vase de cristal.

— Hum! grommela le colonel Killigrew d'un air visible d'incrédulité, je serais curieux de connaître les propriétés miraculeuses de ce fluide sur l'organisme humain.

— Vous êtes libre d'en faire vous-même l'expérience, mon cher colonel, répondit le docteur avec un sourire; en pareille matière, le doute est permis. Je puis vous assurer que cette eau, soumise à l'analyse chimique, ne contient aucune substance dangereuse ou malfaisante, et vous pouvez, sans danger, juger par vous-même si réellement elle a la propriété de rendre au sang de l'homme la force vitale de la jeunesse..... Quant à moi, ajouta le docteur avec une douce mélancolie, j'aime la science pour la science et pour les avantages que j'en pourrais tirer. J'ai eu trop de peine à vieillir pour vouloir recommencer ma vie, et je désire rester simple spectateur de l'expérience.

En achevant ces mots, le docteur Heidegger avait rempli les quatre verres à champagne de l'eau de la fontaine de Jouvence, et on put apercevoir de petites bulles d'un gaz en effervescence qui montaient lentement des profondeurs des verres et pétillaient à la surface du liquide.

Un parfum léger et pénétrant qui s'en dégageait embauma l'atmosphère de la chambre, et les quatre vieillards, ébranlés par le sang-froid et l'assurance du docteur, se regardèrent indécis, supposant que cette eau pouvait bien, à la vérité, contenir un principe généreux et vital; et, sans être convaincus de sa propriété merveilleuse, ils se décidèrent à en faire l'épreuve sur la foi du docteur.

— Un instant, dit alors celui-ci en étendant la main avec un geste expressif, il convient, avant de revenir en arrière et de ressaisir la jeunesse, de mettre à profit votre expérience pour en traverser de nouveau les écueils et les périls. Réfléchissez que vous allez, les premiers, posséder cet unique avantage d'avoir la science des vieillards dans des têtes de jeunes gens, et que vous devez au monde de servir aux autres hommes de modèles de sagesse, de vertu et de modération.

— Nous avons payé assez cher les rudes leçons de l'expérience pour qu'elles nous soient profitables, répondirent les quatre vieillards, dans une pensée unanime, en accompagnant leur réponse d'un petit rire chevrotant; ainsi, docteur, soyez tranquille de ce côté, vous aurez lieu d'être satisfait.

— Je ne mettrai plus ma fortune sur de perfides navires, dit le négociant.

— Belle dame, dit le colonel en se tournant ironiquement vers la veuve Wycherly, vous pouvez essayer l'artillerie de vos beaux yeux sur moi.

— Je connais le défaut de ma cuirasse, ajouta l'homme politique, et je suivrai une ligne inflexible qui me conduira droit au but.

— Je recommencerai, pensa la veuve, mais j'éviterai le scandale.

— Buvez alors, dit le docteur en s'inclinant; je vois avec plaisir que j'ai bien choisi les sujets de mon expérience.

A ce signal, les quatre vieillards, saisissant les verres de leurs mains tremblantes, les portèrent à leurs lèvres, et si jamais l'eau de la fontaine de Jouvence eût le don de rajeunir, elle ne pouvait abreuver quatre créatures humaines qui en eussent plus besoin que les amis du docteur.

Les verres étaient à peine replacés sur la table qu'un rayon de soleil éclairant à la fois leurs visages, ou la foudre les frappant d'une décharge électrique, n'aurait pas produit un changement plus rapide et plus complet. Ces quatre vieillards qui, une seconde auparavant, paraissaient n'avoir jamais connu un seul des bonheurs de la vie et des plaisirs de la jeunesse, bien qu'ils eussent autrefois été les enfants gâtés de la nature et les favoris de la fortune; ces quatre créatures grisonnantes, décrépites et desséchées, dont la mort disputait les restes à la vie, qui tout à l'heure n'avaient pas assez d'énergie pour se ranimer à l'espoir d'une existence nouvelle, venaient de reconquérir d'un seul coup la force et la vigueur. Les riches couleurs de la santé avaient remplacé la teinte cadavérique de leur visage. Ils se contemplaient les uns les autres, et lisaient mutuellement dans leurs regards que l'influence magique de l'eau de Jouvence avait effacé de leurs traits les stigmates imprimés par le temps. La veuve Wycherly rajusta instinctivement sa coiffe, en se sentant redevenir femme. Tous, par un mouvement spontané, tendirent leurs verres en s'écriant :

— Encore, cher docteur, sublime docteur, incomparable docteur, encore! encore! nous ne sommes plus des vieillards, mais nous sommes loin d'être des jeunes gens.

V

Cependant le docteur, immobile, contemplait avec une froide impassibilité les résultats de son expérience, et suivait la marche du phénomène qui s'accomplissait sous ses yeux. La transformation morale avait suivi la transformation physique. Le geste, la voix, le regard de ses convives l'attestaient, et tous s'étaient levés le verre à la main, comme pour témoigner qu'ils n'étaient pas dupes d'une illusion passagère.

— Patience, dit-il, sans sortir de son flegme philosophique; vous avez mis assez de temps à vieillir; ne forçons pas les lois de la nature; laissez à votre sang le temps de répandre la vie dans les veines, et ne vous exposez pas à briser les rouages d'une machine fatiguée. Votre impatience ne peut-elle pas souffrir d'attendre une demi-heure pour redevenir des jeunes gens?... Cependant l'eau est à votre service.

Un respectueux silence pour celui qui tenait leurs destinées dans ses mains calma ce premier moment d'effervescence. Les verres se remplirent pour la seconde fois, et quand le gaz en ébullition commença à pétiller à la surface, ils les vidèrent d'un trait.

Et du même coup, ainsi qu'un changement à vue opéré par la baguette d'un enchanteur et rapide comme la pensée, leurs yeux clairs et brillants lancèrent de joyeux éclairs; leurs crânes, couverts de mèches rares et blanchissantes, se couvrirent d'une chevelure abondante, et c'étaient bien réellement trois gentlemen dans la force de l'âge et une jeune femme d'une santé florissante qui entouraient la table du docteur Heidegger.

— Chère veuve, vous êtes adorable! s'écria d'une voix passionnée le colonel Killigrew, qui, les yeux attachés sur le visage de la veuve Wycherly, voyait les dernières rides de la vieillesse et les ombres des années s'effacer comme les ténèbres aux premiers feux de l'aurore, ou les vapeurs légères du matin au premier baiser du soleil.

Sans être entièrement édifiée par les compliments de l'enthousiaste colonel et voulant se convaincre par elle-même qu'ils avaient quelque raison d'être, la belle veuve du temps jadis s'élança légèrement du côté du miroir. Elle hésita cependant une seconde avant d'en approcher, tremblant d'y rencontrer le visage d'une vieille femme;

mais rassurée soudain par un regard jeté du côté de son ancien adorateur, redevenu le beau capitaine Killigrew, elle regarda résolûment dans la glace polie qui lui renvoya un charmant sourire, orné de trente-deux dents éclatantes.

Dans le même temps, les trois gentlemen se comportaient de façon à prouver que l'eau de la fontaine de Jouvence, outre ses propriétés surnaturelles, était une eau capiteuse, à moins cependant que leur gaieté n'eût sa cause dans le bonheur d'une existence nouvelle. M. Gascoigne commença une dissertation à perte de vue sur la politique ancienne, la politique actuelle et la politique de l'avenir où il était fortement question d'immuables principes, d'oppresseurs et de victimes, d'inviolable patriotisme et du bien des peuples. C'est à peine si, une heure avant, il eût osé hasarder d'une voix timide ces paroles audacieuses, et chuchoter à mots couverts et par d'habiles sous-entendus, des opinions aussi subversives. En exposant alors ses théories régénératrices, sa voix vibrante et pleine d'autorité tonnait comme s'il avait parlé du haut de la tribune populaire, et comme si l'oreille des rois était attentive au roulement sonore de ses périodes. Le colonel Killigrew, tout en regrettant son uniforme, entonnait son répertoire de chansons plus égrillardes que choisies, tout en dévorant des yeux le piquant minois de la veuve Wycherly, et frappant sur son verre pour s'accompagner.

A l'autre bout de la table, M. Medbourne était littéralement plongé dans un profond calcul de dollars, rêvant une fortune dans le hardi projet d'approvisionner de glace les Indes orientales, au moyen d'un troupeau de baleines qui l'apporterait des régions polaires.

La veuve Wycherly ne pouvait se détacher du miroir, devant lequel elle faisait des révérences à son image, saluant ainsi la meilleure amie qu'elle eût au monde. Elle passait en revue le détail de ses charmes vainqueurs, s'assurant que c'était bien une admirable chevelure blonde qui s'échappait de sa coiffe trop étroite et foisonnait sur ses épaules; puis, certaine enfin d'avoir retrouvé l'orgueilleux pouvoir de sa beauté, et heureuse de songer que les autres femmes en créveraient de jalousie, elle se rapprocha de la table en sautillant comme un oiseau.

— Encore un verre, cher docteur, dit-elle de sa voix harmonieuse et dont le timbre caressait mieux l'oreille que la plus douce musique.

— Les verres sont remplis, chère madame; buvez tant que cela vous fera plaisir, prenez garde cependant de redevenir un enfant.

— Non, non, docteur, une jeune fille, et je m'arrête-là.

VI

Le soleil baissait à l'horizon et la chambre était plongée dans une ombre crépusculaire qui s'obscurcissait par degrés; mais une lueur douce et paisible comme celle de la lune, paraissant rayonner du vase, éclairait d'un reflet argenté tous les convives et la vénérable figure du docteur Heidegger, gravement assis dans son fauteuil de chêne, avec son visage impassible, encadré de cheveux blancs qui tombaient sur ses épaules, et la dignité de son attitude en présence de la scène qui se passait sous ses yeux, il semblait l'austère personnification du temps lui-même, dont il venait de suspendre la marche éternelle.

Cependant les convives avaient saisi leurs coupes remplies pour la troisième fois de la liqueur dont les petites bulles de gaz étaient collées aux parois du verre comme des rangées de diamants, et quand ils les portèrent à leurs lèvres comme un toast à la vie, ils furent presque effrayés de l'expression mystérieuse du visage du docteur, pâle, immobile, silencieux.

Et du même coup, avant même que le sang du cœur violemment comprimé fût chassé par une impulsion nouvelle et rapide dans les artères, une chaleur brûlante courait déjà dans leurs veines gonflées, et ils sentirent au craquement sourd de la machine, que cette fois c'était bien la jeunesse qui envahissait leur être, que c'était bien la vie que leur donnait sa chaude étreinte. L'enivrante liqueur avait accompli l'œuvre commencée. La vieillesse et son cortége morose n'était plus qu'un mauvais rêve interrompu par le joyeux réveil; l'âge mûr et la raison avaient disparu, ils étaient au printemps de la vie. Créatures nouvelles dans un corps nouveau, ils saluaient leur existence reconquise, contenant à peine les pensées tumultueuses qui bourdonnaient dans leurs jeunes cerveaux, et les désirs impétueux qui grondaient au fond de leur poitrine d'où s'échappa un cri de sauvage bonheur :

— Nous sommes jeunes ! nous sommes jeunes !

C'est un curieux spectacle que ce groupe bruyant et animé de jouvenceaux, ivres jusqu'à la folie. La première idée qui passa par leur tête fut de rire à gorge déployée de leurs infirmités et de leur décrépitude. Ils s'amusaient de leurs costumes de vieillards, et les larges basques de leurs habits flottants, les gilets trop longs, ainsi que la coiffe et la douillette de la jeune fille, les jetaient dans des élans de joie extravagante. Ils jouaient à la mascarade, l'un boitait par la chambre comme un vieux grand'père, l'autre appliquait sur son nez une paire de besicles et faisait semblant de déchiffrer les caractères du grimoire avec une gravité comique; un troisième enseveli dans un fauteuil à bras, singeait la pose du vieux docteur. Ce n'étaient presque plus des jeunes gens, c'étaient plutôt des enfants joyeux comme des poulains en liberté et folâtres comme des jeunes chiens de chasse. Ils poussaient des cris joyeux, courant et se poursuivant à travers la chambre.

La veuve Wycherly — s'il est encore permis de donner ce titre à une si jeune et si séduisante personne — s'était penchée sur le bras du fauteuil du docteur Heidegger, et avec un sourire malicieux :

— Docteur, cher docteur, lui disait-elle avec instance, accordez-moi la faveur que je vous demande, je vous en supplie, je veux m'amuser, faites-moi danser.

Je laisse à deviner le rire de la troupe à la vue de la plaisante figure du docteur en face de cette étrange proposition.

— J'espère que vous voudrez bien agréer mes excuses, ma jeune amie, répondit le docteur avec une grâce sereine, vous voyez que je suis un vieillard, et il y a déjà longtemps que je ne danse plus. Je ne doute pas cependant qu'un de ces jeunes gentlemen ne sollicite la faveur d'être votre cavalier.

— Dansez avec moi! s'écria le colonel Killigrew.

— Non, non, certes, c'est moi qui serai son danseur! exclama M. Gascoigne.

— Il y a plus de quarante-cinq ans qu'elle m'a promis sa main, hurla M. Medbourne, intervenant à son tour.

Tous alors l'entourèrent et la poussèrent pour obtenir d'être favorisés les premiers. L'un lui prit passionnément les mains, le second passa son bras autour de sa taille flexible, pendant que le troisième jouait avec les boucles de ses cheveux. Tour à tour rougissant, palpitant, grondant, riant, effleurant leurs visages enflammés de son haleine, elle s'efforçait de se dégager de cette triple étreinte dont les nœuds semblaient se resserrer à chaque mouvement. Jamais on ne vit un tableau groupé avec autant d'art et plus séduisant que cette scène de jalousie de jeunes gens, lutte charmante dont la beauté devait être le prix, tandis que, par une singulière ironie, le miroir réfléchissait une dispute de trois vieillards s'arrachant une vieille femme, et dont la pétulance rendait les mouvements encore plus ridicules.

Ils étaient jeunes pourtant, et la passion parlait là son clair langage. La jeune fille attisait le feu par un manége de délicieuse coquetterie. Elle semblait glisser entre leurs doigts comme une couleuvre et s'abandonnait à tous sans se livrer à aucun. Aux regards farouches succédèrent les insultes, le mot blanc-bec fut lancé par le bouillant colonel Killigrew à ses deux compétiteurs; on se sauta à la gorge, et les combattants n'auraient pas manqué de se faire une arme de tout ce qui leur aurait tombé sous la main, si la bataille n'avait cessé tout d'un coup comme par enchantement.

VII

Dans l'ardeur du tumulte, la table venait d'être renversée, le vase de cristal était brisé en mille pièces. L'eau merveilleuse, la précieuse liqueur de la fontaine de Jouvence coulait sur le plancher, et la stupéfaction des auteurs de ce désastre les empêcha de remarquer un modeste phénomène qui s'accomplissait à leurs pieds.

Un vieux papillon était entré par la fenêtre. Séduit par un beau soleil de mai, il s'était aventuré à voltiger dans le jardin, il avait pénétré dans la chambre; mais quand il avait voulu regagner l'espace et la lumière, il avait été saisi d'un engourdissement subit et s'était abattu sur le plancher, d'où il essayait encore de s'envoler. Il était dans cette situation pénible et vraisemblablement en danger de mort, quand deux ou trois gouttes de l'eau merveilleuse l'atteignirent par hasard. A ce contact vivifiant, ses ailes frémirent comme au midi des chaudes journées, et il s'élança joyeusement à travers la chambre. Après quelques évolutions, il finit par se poser sur la tête blanche du vénérable docteur qui avait gardé son immobilité.

— Revenez à vous, messieurs, revenez à vous, madame Wycherly, avait dit le docteur à la vue du vase renversé. Je dois réellement protester contre ce tumulte.

VIII

Cette voix tranquille et la dignité sereine du vieillard calmèrent subitement les transports de leurs âmes irritées, et ils contemplèrent alors, avec un respect silencieux, le docteur Heidegger, qui se baissait pour ramasser la rose au milieu des débris qui gisaient à terre. Il leur sembla qu'ils venaient d'entendre la voix du temps, réprimandant leurs accès de folie, et ils reprirent leurs places d'un air consterné et comme frappés d'un funèbre pressentiment.

— Ce vase qui vient de se briser, continua le docteur, renfermait assez de liqueur pour rendre la jeunesse aux vieillards d'une ville entière, et il n'en reste plus même une goutte pour ranimer la rose de ma pauvre Sylvia qui se dessèche dans ma main.

IX

C'était la vérité, la rose perdait ses couleurs et se dessécha rapidement jusqu'à ce qu'elle fût exactement revenue au point où le docteur l'avait trouvée entre les pages du livre noir.

— Eh bien, je l'aime mieux ainsi, dit-il avec mélancolie en la portant à ses lèvres. La fleur fanée sied mieux au vieillard. Tu m'es témoin, Sylvia, poursuivit-il en évoquant encore ce souvenir, que je n'ai pas retardé d'une seconde le moment qui doit nous réunir.

Et comme il achevait ces paroles, le vieux papillon, qui s'était posé sur sa tête blanche, agita ses ailes dans une dernière convulsion et tomba sur le plancher.

Les quatre convives frissonnèrent, saisis d'un indéfinissable malaise, ils éprouvaient une sensation étrange de froid glacial qui raidissait tous leurs membres et figeait le sang de leurs veines, et il leur sembla qu'un manteau de plomb courbait leurs reins et écrasait leurs épaules. Ils sentaient le vertige envahir leur cerveau, et, quelques minutes après, c'étaient quatre vieillards à la tête branlante qui étaient rangés autour de la table du docteur Heidegger...

La veuve Wycherly ramena sa coiffe sur son crâne dénudé, par un mouvement instinctif de coquetterie féminine, dernier sentiment qui survit dans l'âme de la femme. L'eau de la fontaine de Jouvence n'avait, hélas! qu'une vertu passagère, et de ce court délire et de cette ivresse rapide il ne leur restait qu'un amer souvenir, le plus cuisant de tous, les débris du vase, dispersés à leurs pieds, leur disaient assez qu'ils n'étaient pas le jouet d'un rêve ou d'une hallucination.

— Sommes-nous donc sitôt redevenus des vieillards? soupirèrent-ils d'une voix plaintive.

— Oui, mes amis, la nature et le temps ont repris leur empire, et leur marche un instant troublée et suspendue. Pour moi, je ne le regrette pas. La fontaine de Jouvence coulerait-elle dans mon jardin que jamais je ne tremperais mes lèvres à sa source enchantée, la jeunesse qu'elle procure durât-elle des années. Tel est le fruit que j'ai recueilli de votre exemple.

X

Les quatre vieillards se levèrent en silence et prirent congé de leur hôte. J'ai ouï dire depuis qu'ils ont entrepris un pèlerinage dans la Floride, pour découvrir à leur tour la fontaine de Jouvence.

L'IMAGE DE NEIGE

Par une belle après-midi d'une froide journée d'hiver qu'éclairaient encore les rayons du soleil aux trois quarts de sa course, deux beaux enfants demandèrent à leur mère la permission d'aller jouer sur la neige nouvellement tombée. Le plus âgé des deux était une petite fille que ses grâces modestes et sa beauté naissante avaient fait surnommer Violette par ses parents et les amis de la maison. Son frère était, au contraire, désigné par le surnom de Pivoine, à cause de la teinte vermeille qui s'étendait sur son frais visage, et rappelait cette fleur rouge en plein épanouissement.

Le père de ces jolis marmots, M. Lindsey, était une excellente pâte d'homme; mais — cela est important à constater — s'attachant un peu trop au matériel, un marchand de fer dans toute la force du terme, habitué à juger au point de vue du prosaïque bon sens toutes les questions qui se présentaient à son esprit. Avec un cœur aussi bon que celui d'aucun autre, il était possesseur d'une tête aussi dure, aussi impénétrable et, j'imagine, aussi vide que ces vases en fonte qui garnissaient ses magasins. En revanche, la mère se faisait remarquer par un penchant naturel à la poésie, et ses traits étaient d'une beauté idéale; fleur tendre et délicate, elle avait conservé le velouté de la jeunesse, malgré les réalités du ménage et les soucis de la maternité.

Donc, comme je l'ai dit plus haut, Violette et Pivoine avaient prié leur mère de les laisser courir sur la neige nouvelle, dont l'aspect lugubre, lorsqu'elle tombe à gros flocons d'un ciel grisâtre, devient étincelant et joyeux quand un beau soleil colore d'un rose pâle son tapis immaculé. Les enfants n'avaient pour s'ébattre qu'un petit jardin séparé de la rue par un treillage, et orné d'un poirier, de deux ou trois pruniers, ainsi que de quelques rosiers plantés en massif devant les fenêtres du parloir. Il est vrai qu'en ce moment arbres et arbustes étaient privés de feuillage, et que leurs branches couvertes de neige supportaient, au lieu de fleurs et de fruits, des stalactites de glace.

— Oui, Violette; oui, mon petit Pivoine, répondit leur maman, vous pouvez, si bon vous semble, aller jouer sur la neige.

Cela dit, la charmante mère revêtit ses deux bien-aimés enfants de chaudes jaquettes, les emmitoufla de bons cache-nez, introduisit leurs menottes dans des mitaines épaisses et leurs petites jambes sous de grandes guêtres montantes. Elle leur donna à chacun un doux baiser, et les deux enfants se précipitèrent dehors, courant, dansant, sautant à cloche-pied. Heureux temps! heureux âge! On eût dit que la tempête de la veille, en tordant et brisant les arbres les plus robustes, n'avait lancé une telle quantité de neige que pour faire un tapis à ces marmots, semblables à des oiseaux d'hiver, qui jouent avec délices sur la blanche parure de la terre.

Après s'être jeté mutuellement de la neige à la figure, ils s'arrêtèrent pour reprendre haleine, et Violette se mit à rire en voyant Pivoine couvert de frimas. L'idée d'un autre jeu jaillit de son petit cerveau.

— Si tu n'avais pas les joues si rouges, dit-elle à son frère, tu aurais tout à fait l'air d'un bonhomme de neige. A propos, si nous faisions une statue avec la neige, une statue de petite fille? elle serait censée notre sœur, et nous pourrions courir avec elle tout l'hiver : n'est-ce pas que ça serait gentil?

— Oh! oui, s'écria Pivoine en joignant les mains, ce sera bien gentil. Et maman la verra?

— Oui, répondit Violette, maman verra sa nouvelle petite fille; mais il ne faudra pas la faire entrer dans le parloir, car tu sais que notre petite sœur de neige ne pourra souffrir la chaleur.

Aussitôt dit, aussitôt fait; nos enfants commencèrent leur statue de neige, tandis que leur mère qui les observait ne pouvait s'empêcher de sourire en voyant le sérieux et l'activité qu'ils apportaient à leur besogne. Ils semblaient parfaitement convaincus que rien n'était plus facile que de tirer d'un bloc de neige une petite fille vivante. Et de fait, pensait la mère, cette neige qui tombe du ciel serait une matière sans pareille, si elle n'était pas si froide. Longtemps elle contempla ses deux chérubins. La fillette, élancée pour son âge, gracieuse, agile, avec sa carnation d'un rose tendre et transparent, semblait plutôt une créature immatérielle qu'une réalité physique. Pivoine, au contraire, débordant de sève et de santé, fièrement planté sur ses petites jambes trapues, avait la solidité d'un jeune éléphant. Ainsi les voyait leur mère, tout en tricotant des bas bien chauds pour les jambes de M. Pivoine. Elle faisait courir l'aiguille d'ivoire dans ses doigts agiles, et jetait de fréquents regards par la croisée pour juger des progrès de la statue de neige.

En vérité, rien n'était plus divertissant que de voir ces deux bambins si affairés à leur tâche. Je dirai plus, c'était chose merveilleuse que l'intelligence et l'adresse dont ils faisaient preuve en pétrissant la blanche matière. Violette avait pris la direction de l'œuvre. C'était elle qui, de ses mains fluettes, modelait les parties les plus délicates de la figure.

— Que ces petits êtres sont intelligents! se disait madame Lindsey en souriant avec une satisfaction toute maternelle. Quels enfants de cet âge seraient capables de former avec de la neige une figure aussi gracieuse?... Allons, tout cela est très-bien; mais il faut que je finisse également la blouse de Pivoine, son grand'père vient le voir demain!

Son aiguille courut bientôt dans l'étoffe avec une rapidité pareille à celle dont les enfants lui donnaient l'exemple en travaillant à leur statue de neige. Tout à coup les cris joyeux de Violette et de Pivoine lui firent relever la tête. Bien qu'elle n'entendît qu'imparfaitement ce qu'ils disaient, leur mère jugea qu'ils avaient mené à bonne fin leur petit chef-d'œuvre, et ces mots sans suite eurent dans son cœur un délicieux écho.

C'est que la mère écoute plus avec le cœur qu'avec l'oreille, c'est qu'elle est ainsi souvent ravie par les accents d'une musique céleste et mystérieuse, incompréhensible pour tout autre qu'elle.

— Pivoine, Pivoine, criait Violette à son frère d'un bout à l'autre du jardin, apporte-moi un peu de neige bien blanche, sur laquelle on n'ait pas marché, j'en ai besoin pour faire le cœur de notre petite sœur; tu comprends qu'il faut une neige aussi pure que si elle venait de tomber du ciel.

— Tiens, voilà, fit Pivoine de sa petite voix décidée, voilà de la neige pour son cœur. Oh! Violette, qu'elle est déjà jolie!

— Oui, dit Violette, elle sera bien gentille; je ne sais pas trop même comment nous nous y sommes pris pour la faire telle qu'elle est.

La maman, tout en écoutant et en regardant avec ravissement cette scène enfantine, en était venue à croire qu'une fée ou qu'un ange invisible avait aidé ces chers petits êtres. Violette, non plus que Pivoine, ne se doutaient guère qu'ils eussent un si glorieux camarade, et voyant sortir de leurs mains cette œuvre, ils pensaient l'avoir faite eux-mêmes.

— Mes chers enfants mieux que tous les autres méritent une pareille compagne, se disait madame Lindsey souriant elle-même de son orgueil maternel; quand, jetant de temps à autre un coup d'œil furtif par la croisée, il lui sembla que les boucles d'une tête d'ange se mêlaient aux blonds cheveux de Violette et de Pivoine.

— Pivoine, cria de nouveau Violette à son frère, apporte-moi donc quelques-unes de ces guirlandes de glaçons qui sont restées suspendues aux branches les plus basses du poirier. Elles tomberont en secouant l'arbre. Je veux m'en servir pour ajouter quelques boucles à la tête de notre petite sœur.

— Tiens, en voilà, fit le petit garçon; prends garde de les casser. Oh! qu'elle est bien faite! Est-elle déjà gentille!

— Voyons, ne sera-t-elle pas ravissante? demanda Violette d'un ton satisfait. Maintenant il faut me chercher deux jolies petites boules de glace pour mettre dans ses yeux. Oh! elle n'est pas encore finie. Maman verra comme elle est belle; mais papa dira : « Allons, enfants, ne restez donc pas au froid. »

— Il faut que je dise à maman de la regarder un peu, dit Pivoine. Maman! maman! cria-t-il de toutes ses forces, regarde donc la jolie petite fille que nous faisons.

La chère femme posa son ouvrage et regarda par la fenêtre. Jamais elle n'avait vu de statue de neige mieux exécutée, ni de plus beaux enfants pour la modeler.

— Ils font tout mieux que les autres, se dit-elle avec complaisance; il n'y a rien d'étonnant qu'ils fassent mieux les statues de neige.

Elle se remit en toute hâte à l'ouvrage, car elle tenait beaucoup à finir la petite blouse de Pivoine, pour que son grand'père pût le voir, le lendemain, tout de neuf habillé.

Elle cousait si vite, si vite, qu'à peine voyait-on courir ses doigts agiles. Pendant ce temps les deux bambins achevaient leur image de neige, et, tout en travaillant, leur mère les écoutait babiller. Elle ne pouvait s'empêcher de les regarder de temps à autre, et bientôt il lui sembla que l'image allait s'élancer pour courir avec eux.

— Quelle jolie compagne nous aurons cet hiver, dit Violette; pourvu que papa n'aille pas avoir peur qu'elle ne nous fasse attraper froid. Tu l'aimeras bien, n'est-ce pas, Pivoine?

— Oh! oui, dit l'enfant, je la caresserai bien. Elle viendra, le matin, s'asseoir à côté de moi, et je lui donnerai de mon lait chaud.

— Non, reprit Violette gravement, cela ne peut pas se faire ainsi. Le lait chaud ferait mal à notre petite sœur. Les gens de neige comme elle ne mangent que de la neige. Tu entends bien, Pivoine, il ne faudra rien lui donner de chaud.

Il y eut un silence de quelques minutes, pendant que Pivoine était allé de l'autre côté du jardin. Tout à coup Violette lui cria joyeusement :

— Regarde, Pivoine, un rayon de soleil l'a rendue toute rose, et la couleur est restée ; n'est-ce pas magnifique?

— Oui, c'est magnifique, répondit Pivoine en scandant son adjectif pour lui donner plus de force. Oh! Violette, regarde ses cheveux, ne dirait-on pas de l'or?

— Je le crois bien, dit Violette, avec le calme de la certitude, c'est la lumière du soleil qui lui a donné cette belle couleur. Je pense qu'elle est finie à présent; mais ses lèvres sont encore bien pâles. Si tu l'embrassais un peu pour voir, Pivoine?

Et la maman vit le marmot déposer un franc baiser sur les lèvres de la petite statue. Mais, comme les lèvres de celle-ci n'avaient guère rougi, Violette conseilla à son frère de se faire rendre son baiser sur ses lèvres cramoisies.

— Viens m'embrasser, petite sœur de neige, cria Pivoine.

— Là, maintenant qu'elle t'a embrassé, dit Violette, voilà que ses lèvres ont rougi, ainsi que ses joues.

— Oh! que son baiser était froid! s'écria Pivoine.

En même temps s'éleva une fraîche brise de l'ouest qui, balayant le jardin, alla frapper les vitres du parloir, et la jeune mère, surprise par le froid, se mit à souffler dans ses doigts pour les réchauffer. Tout d'un coup elle s'entendit appeler par les deux enfants, et comprit, au son joyeux de leurs voix argentines, qu'ils se réjouissaient de quelque heureux incident.

— Maman, maman, nous avons fini notre petite sœur de neige, et voilà maintenant qu'elle court avec nous dans le jardin.

— Sont-ils inventifs, ces enfants! pensa la mère en faisant un dernier point à la blouse de Pivoine. Ils finiront par me rendre aussi enfant qu'eux. Il me semble que si je regardais je verrais gambader leur petite statue.

— Oh! je t'en prie, maman, cria Violette, regarde donc, tu verras quelle jolie compagne nous avons.

Sa curiosité ainsi aiguillonnée par les cris pressants des deux marmots, madame Lindsey ne put s'empêcher de jeter un regard par la croisée. Le soleil avait disparu, laissant l'horizon empourpré et chargé de gros nuages frangés d'or, qui adoucissaient les derniers feux du jour. Elle put donc cette fois, sans être éblouie, distinguer ce qui se passait dans le jardin.

Que pensez-vous qu'elle vit? Violette et Pivoine qui prenaient leurs ébats. Mais qui se tenait à leurs côtés, courant et folâtrant avec eux? Eh bien, croyez-moi, si bon vous semble; c'était une délicieuse enfant, habillée de blanc, aux joues rosées, aux blonds cheveux, s'en donnant à cœur joie avec les deux chérubins. La petite étrangère semblait dans les meilleurs termes avec eux.

La jeune mère pensa tout d'abord que ce devait être une petite voisine qui, voyant Violette et Pivoine s'amuser dans le jardin, avait traversé la rue pour se mêler à leurs jeux. Dans cette idée, l'excellente femme se dirigea vers la porte pour inviter la petite vagabonde à entrer dans le parloir avec ses enfants, car, depuis le coucher du soleil, l'atmosphère devenait de plus en plus froide; mais elle s'arrêta sur le seuil, ne sachant trop de quel nom appeler ce petit être, et elle en vint à douter que ce fût réellement une enfant. Cependant il faisait froid, et l'heure était venue de faire rentrer les deux bambins. Dans tous les cas, il y avait dans la petite étrangère quelque chose de singulier, et jamais madame Lindsey n'avait remarqué chez aucun enfant du voisinage des traits aussi purs, des couleurs d'un rose aussi tendre et des cheveux aussi fins que les boucles qui flottaient sur ses épaules. D'autre part, en voyant sa petite robe blanche agitée par la bise, elle se demandait quelle mère pouvait être assez peu soigneuse pour envoyer jouer, au cœur de l'hiver, sa petite fille ainsi vêtue.

Tout en se livrant à ces observations, madame Lindsey s'aperçut avec stupéfaction que la pauvre petite n'avait pour chausser ses pieds délicats que de légers souliers blancs. Et pourtant elle semblait joyeuse et paraissait se soucier fort peu de la température. Elle sautait, dansait et courait sur la neige, y laissant l'empreinte parfaitement nette d'un petit pied qui pouvait passer pour le frère de celui de Violette, mais que celui de Pivoine dépassait d'un bon tiers.

Tout en jouant avec les deux enfants, l'étrange petite créature en prit un de chaque main et se mit à courir avec eux à perdre haleine; mais, au bout d'un moment, Pivoine retira sa main gonflée par le froid, pour souffler dans ses doigts, disant qu'elle l'avait glacée. Violette, plus réservée, se contenta de faire observer qu'il n'était pas nécessaire de se tenir par la main pour courir. La blanche petite fille ne répondit rien et continuait de danser aussi joyeusement qu'auparavant; car si Violette et Pivoine ne se souciaient plus de jouer avec elle, l'enfant de neige avait trouvé une nouvelle compagne dans la brise d'occident qui, lutinant ses légers vêtements, prenait avec elle de telles libertés qu'il était à présumer qu'ils étaient tous deux de vieilles connaissances.

Pendant tout ce temps, la maman restait sur le seuil de la porte, émerveillée qu'une petite fille ressemblât tant à un flocon de neige, ou qu'un flocon de neige prît à ce point l'apparence d'une enfant.

Elle appela enfin Violette et l'interrogeant :

— Violette, ma chérie, quelle est donc cette petite? Est-ce qu'elle demeure près d'ici ?

— Comment, chère petite mère, répondit Violette en riant, mais c'est la petite sœur de neige que nous nous sommes faite.

— Mais oui, maman, cria Pivoine, c'est notre statue de neige. Ne fait-elle pas un beau baby à présent?

Au même instant, une bande de joyeux oiseaux d'hiver se précipita dans le jardin, tourna craintivement autour des deux enfants et se jeta sur la robe blanche de la petite fille de neige. Celle-ci de son côté, ne semblait pas moins ravie de voir ces gentils passereaux, fils du vieil hiver, qu'ils l'étaient eux-mêmes de la trouver en cet endroit. Deux d'entre eux allèrent familièrement se blottir dans ses petites mains, ce que voyant, tous commencèrent à s'ébattre sur elle, criant, se culbutant, tournant autour de sa tête; un autre alla se réfugier dans sa blanche poitrine, tandis qu'un, plus tendre encore, becquetant ses lèvres rosées, semblait au comble de la félicité.

Violette et Pivoine regardaient bouche béante ce charmant tableau, joyeux du plaisir que leur petite compagne semblait prendre avec ses petits camarades ailés, encore qu'ils ne pussent partager cette innocente récréation.

— Violette, dit madame Lindsey au comble de la perplexité; dis-moi la vérité, d'où vient cette petite fille?

— Ma chère maman, répondit l'enfant d'un air parfaitement sérieux et regardant sa mère bien en face, je t'ai dit la vérité; c'est la petite sœur de neige que nous venons de faire. Pivoine peut te le dire aussi bien que moi.

— Oui, maman, affirma Pivoine en gonflant gravement ses joues vermeilles, c'est une petite fille de neige. Est-ce qu'elle n'est pas belle? Vois donc comme ses mains sont froides.

La pauvre dame ne savait plus que penser ni que faire, lorsque la porte de la rue s'ouvrit et son mari apparut avec son paletot-sac en drap pilote, son capuchon rabattu sur ses oreilles et les mains protégées par de gros gants fourrés. M. Lindsey était un homme entre les deux âges, dont le franc regard animait une bonne figure gercée par le hâle et violacée par le froid, mais où l'on pouvait lire le contentement qu'il éprouvait de rentrer à son foyer, après une longue journée de travail. Ses yeux brillèrent de satisfaction lorsqu'il aperçut sa femme et ses deux enfants, bien qu'il eût peine à s'expliquer tout d'abord pourquoi sa petite famille était en plein air par un froid si rigoureux, surtout après le coucher du soleil. Presque aussitôt il vit la blanche petite étrangère courant çà et là dans le jardin et folâtrant sur la neige, pendant que les oiseaux la poursuivaient de leurs cris joyeux.

— Quelle est donc cette fillette? demanda l'excellent homme; sa mère est folle assurément de la laisser courir aussi peu vêtue par un temps pareil.

— Mon cher mari, répondit madame Lindsey, je n'en sais pas plus que vous sur son compte. C'est sans doute une enfant du voisinage. Violette et Pivoine, ajouta-t-elle en riant d'être l'écho d'une histoire aussi invraisemblable, veulent absolument que ce soit une figure de neige qu'ils se sont amusés à faire cette après-midi.

En disant ces mots, la jeune mère jeta les yeux vers l'endroit où se trouvait la susdite figurine; mais quelle fut sa stupéfaction de ne plus apercevoir la moindre trace de ce laborieux ouvrage! Plus de statue, pas même un tas de neige à la place, rien que l'empreinte de petits pieds tout alentour.

— C'est étrange! murmura-t-elle interdite.

— Qu'est-ce qui est étrange, mère? demanda Violette. Tu ne vois pas comment cela s'est fait, papa? C'est notre petite statue de neige que nous avons faite, mon frère et moi, parce que nous voulions avoir une petite amie; n'est-ce pas, Pivoine?

— Certainement, affirma Pivoine, c'est notre petite sœur de neige, et elle est bien jolie encore; mais j'ai eu bien froid, va, papa, quand elle m'a embrassé.

— Fi, les absurdes enfants! s'écria l'excellent père, qui, ainsi que nous l'avons dit, jugeait toutes choses avec son gros bon sens. Allez me faire croire que vous avez fait cette petite fille avec de la neige? Venez, ma chère amie, il ne faut pas laisser plus longtemps au froid cette petite inconnue, nous allons la faire entrer dans le parloir, et vous lui donnerez une bonne soupe au lait, bien chaude, avec du pain trempé; cela la réchauffera. De mon côté, je vais aller aux informations dans le voisinage, et, si cela est nécessaire, j'enverrai le crieur annoncer dans les rues que nous avons recueilli une enfant égarée.

Après quoi, l'honnête et brave M. Lindsey se dirigea vers la petite fille pour la prendre par la main, lorsque Violette et Pivoine, se pendant chacun à l'une de ses manches pour l'empêcher d'avancer, le supplièrent de ne pas mettre son projet à exécution.

— Mon cher papa, criait Violette en lui barrant le passage, c'est bien vrai, je t'assure, ce que nous t'avons dit; c'est une petite fille de neige, et elle ne peut vivre qu'au froid; il ne faut pas la faire entrer dans l'appartement.

— Oui, père, ajouta Pivoine, c'est notre petite sœur de neige, et elle n'aimera pas le feu.

— Absurdes enfants! oui, absurdes, cria le père moitié fâché, moitié riant de cette singulière obstination, rentrez vite à la maison. Il est trop tard maintenant pour jouer dehors, et il faut que je m'occupe sur-le-champ de cette petite, si vous ne voulez pas qu'elle meure de froid.

— Mon cher mari, dit à voix basse la maman qui, ayant jeté les yeux sur la petite étrangère, semblait plus perplexe que jamais, il y a quelque chose d'extraordinaire dans tout cela. Vous me taxerez peut-être de folie; mais pourquoi, je vous prie, un ange invisible ne serait-il pas venu partager les jeux de nos chers enfants, attiré par la candeur de leurs âmes? Un miracle n'est pas impossible... ne riez pas... je vois que vous pensez en vous-même que je dis là des choses déraisonnables.

— Ma chère, dit M. Lindsey en riant, vous êtes aussi enfant que Violette et Pivoine.

Il est vrai qu'elle l'était un peu, la bonne mère; elle avait conservé de l'enfance la touchante naïveté, et voyait toutes choses à travers le prisme d'une candide imagination.

Mais l'impitoyable M. Lindsey n'écoutait déjà plus, et il était rentré dans le jardin après s'être débarrassé des marmots, qui lui criaient encore de laisser jouer la petite fille dans la neige. Il vit, en s'approchant d'elle, les petits oiseaux fuir à tire d'aile; la petite inconnue, tout interdite, le regardait en secouant négativement sa jolie tête comme pour lui dire : « Je vous en prie, ne me touchez pas »; et, grâce à la nuit tombante et à la blancheur de ses vêtements, elle semblait presque se confondre avec la neige. Mais M. Lindsey s'avança résolument vers elle, malgré les rafales du vent qui couvraient son paletot de givre. Des voisins, qui se tenaient à leurs fenêtres et ne voyaient qu'une partie de cette scène, se demandaient quel motif pouvait avoir un homme si raisonnable pour courir ainsi dans son jardin à la poursuite des flocons de neige que le vent d'ouest faisait tourbillonner, jusqu'à ce que la petite fille se trouvât poursuivie dans un coin du jardin, où elle ne pût échapper.

— Voulez-vous venir, petit démon? s'écria l'honnête marchand en lui saisissant une main. Ah! je vous tiens, et je vais, que vous le vouliez ou non, vous mettre en un lieu sûr où vous serez assurément mieux qu'ici. Nous allons vous donner de bons chaussons et le manteau de Violette. Voyez, votre petit nez est gelé; allons, venez avec moi.

Et, tout en souriant de l'air le plus aimable qu'il put prendre, le bienveillant M. Lindsey entraîna vers la maison l'enfant, qui le suivait sans mot dire, mais bien à contre-cœur.

En arrivant à la porte du parloir, tout fier de la victoire qu'il venait de remporter sur la petite rebelle, il trouva Violette et Pivoine, qui lui barraient le passage d'un air suppliant.

— Ne l'amène pas, crièrent-ils à l'unisson.

— Tu es folle, ma petite Violette, et toi aussi Pivoine, tu es fou; cette enfant est glacée, et je sens ses petites mains froides à travers mes gros gants. Voulez-vous la voir mourir de froid?

Cependant madame Lindsey, qui était venue sur le seuil de la porte, examinait attentivement la blancheur et la transparence des vêtements de cette petite fille, dont les traits lui rappelaient la figure sortie des mains de Violette, et elle ne put s'empêcher de faire part de ses impressions à son mari.

— Au bout du compte, lui dit-elle, revenant à sa première idée qu'un ange avait aidé ses enfants dans leur travail, c'est qu'elle ressemble terriblement à cette petite statue de neige... et, Dieu me pardonne, je finis par croire qu'elle est faite de neige.

Une bouffée d'air froid venant frapper l'enfant la fit tressaillir de plaisir.

— Faite de neige, répéta le bon M. Lindsey en poussant la porte de l'appartement, ce n'est pas étonnant qu'elle paraisse faite de neige, elle est à moitié gelée, la pauvre petite! mais devant un bon feu, elle n'y pensera bientôt plus.

Sans aller plus avant et guidé par les meilleures intentions, le très-bienveillant et sensé marchand de fer installa la petite fille de neige, qui semblait de plus en plus triste, dans son confortable parloir. Un poêle d'Heidelberg ronflait et petillait, bourré jusqu'à la gueule d'une provision de charbon de terre, qui rougissait déjà sa porte de fonte et faisait bouillonner le vase d'eau placé sur la plate-forme pour donner à la chambre l'humidité nécessaire. Le thermomètre du parloir marquait déjà 18 degrés centigrades au-dessus de zéro; la chaleur était en outre entretenue par un bon parquet de chêne qui remplaçait le carreau dans cette confortable pièce. Bref, la différence de la température avec celle du dehors était à peu près la même que celle qui existe entre la Nouvelle-Zemble et l'Inde équatoriale.

Dans sa sagesse, le brave M. Lindsey jugea qu'il était bon de placer l'enfant auprès du poêle, dont la chaleur et la fumée, s'échappant par la porte, venaient droit sur elle.

— Maintenant, au moins, elle sera confortablement, fit-il en se frottant les mains, avec son éternel sourire de satisfaction. Faites comme si vous étiez chez vous, mon enfant.

Cependant la pauvre petite était de plus en plus triste et abattue : elle se tenait immobile devant la gueule béante du poêle qui vomissait sur elle des torrents de son haleine embrasée, regard de tristesse et de regret, à la vue de cette neige glacée étincelant encore dans la pénombre avec une délicieuse intensité de froid, mais le très-sensé marchand de fer ne vit rien de tout cela.

— Tenez, ma chère, dit-il à sa femme, mettez-lui des chaussons fourrés, couvrez-la d'un châle, et dites à Dora de lui donner une soupe au lait bien chaude ; je vais m'enquérir de ses parents.

L'épouse soumise, sans répondre un mot, sortit pour aller chercher le châle et les chaussures, bien qu'en elle-même elle ne pût s'empêcher de blâmer l'aveugle bon sens de son mari. De son côté, sans les doléances des enfants criant que leur petite sœur n'aimait pas la chaleur, M. Lindsey sortit en fermant derrière lui la porte du parloir, dont il mit la clef dans sa poche ; puis, rabattant son capuchon sur ses oreilles, il sortit en poussant seulement la grille du jardin, lorsque tout à coup il s'entendit appeler par les cris des enfants, dont il apercevait les petites figures consternées à travers les vitres du parloir.

— Monsieur Lindsey, monsieur Lindsey, lui cria sa femme en entr'ouvrant la fenêtre, il n'est plus nécessaire que vous alliez chercher les parents de cette petite.

— Nous te l'avions bien dit, papa, pleurnichèrent Violette

et Pivoine, nous l'avions bien dit de ne pas la faire entrer ici, heu! heu! voilà, heu! heu! que notre chère petite sœur, heu! heu! si gentille, est dégelée, hi! hi! hi!...

Et leurs jolies figures étaient inondées de larmes; M. Lindsey, désolé du chagrin de ses enfants et au comble de l'étonnement, demanda à sa femme l'explication de ce remue-ménage. La bonne dame ne put que répondre, au milieu des sanglots de ses enfants, qu'elle n'avait plus trouvé trace de la petite fille en rentrant, bien qu'elle l'eût cependant laissée debout devant le poêle.

— Et vous voyez tout ce qui reste d'elle, ajouta-t-elle en lui montrant une grande flaque de neige fondue sur le plancher.

— Oui, père, dit Violette le regardant d'un air de reproche à travers ses larmes, voilà tout ce qui reste de notre petite sœur de neige.

— Méchant papa, hurla Pivoine, trépignant de colère et montrant son petit poing, nous t'avions bien dit ce qui arriverait, pourquoi l'as-tu amenée ici?

Et le poêle d'Heidelberg, à travers les deux trous de sa porte de fonte, jetait sur M. Lindsey le regard d'un démon, triomphant du mal qu'il vient de faire.

Cette remarquable histoire de l'*Image de neige* doit apprendre à tous les hommes, et principalement à ces philanthropes toujours prêts à obliger leurs semblables, qu'avant de céder à leurs sentiments d'universelle bienveillance, il faudrait s'assurer que l'on comprend parfaitement la nature des êtres dont on poursuit l'amélioration, et leurs rapports de toute espèce avec l'ordre général des choses humaines; car ce qui, en thèse générale, peut être regardé comme très-bon et très-salutaire, — la chaleur, par exemple, d'un excellent poêle breveté de Bruxelles, — peut, dans certains cas, être inutile ou dangereuse, surtout s'il s'agit d'un enfant de neige.

Après tout, il n'y pas grande leçon à donner à des sages de l'école de M. Lindsey. Ils savent tout, rien n'est plus certain, non-seulement ils savent tout ce qui fut, mais tout ce qui peut, dans une hypothèse quelconque, advenir et se produire ; et dût quelque phénomène naturel, quelque mystérieux décret ou hasard, contrarier, en se manifestant, leur glorieux système, eh bien, ils en sont quittes pour nier le fait, même lorsqu'il leur passe sous le nez.

— Ma chère, dit M. Lindsey après un instant de silence, voyez quelle quantité de neige les enfants ont apportée ici à la semelle de leurs souliers. En vérité, cela fait un affreux gâchis devant notre beau poêle. Dites à Dora, je vous prie, d'aller chercher quelques torchons et de bien essuyer le parquet.

LA COMBE

DES TROIS COLLINES

A cette époque étrange, alors qu'au milieu des circonstances les plus ordinaires de la vie, le fantastique s'accouplait avec la réalité dans un mystérieux hymen, deux personnes se rencontrèrent un jour, à une heure et dans un endroit convenus. L'une d'elles était une femme, jeune et belle, dont la démarche pleine de grâce trahissait cependant une secrète agitation, et qui, dans la fleur de l'âge, semblait enfermer en elle le germe d'un prochain dépérissement. L'autre était vieille, pauvrement vêtue et tellement desséchée, racornie et décrépite qu'il était évident qu'elle avait depuis longtemps dépassé le terme de la vie.

Nul œil humain n'eût pu les surprendre à l'endroit où elles se rejoignirent. Trois petites collines occupant les sommets d'un triangle circonscrivaient presque géométriquement un espace circulaire de deux ou trois cents pieds de diamètre, d'où l'on pouvait à peine apercevoir la cime d'un cèdre élancé qui s'élevait au sommet de l'une d'entre elles. Ces collines étaient couvertes de pins rabougris qui s'étendaient sur le versant intérieur, et le fond du vallon était tapissé d'une herbe jaunie par le soleil d'octobre. Quelques troncs d'arbre à moitié recouverts d'une mousse verdâtre gisaient çà et là, protégeant la croissance de nombreux cryptogames. L'un de ces arbres morts, jadis un chêne robuste, s'étendait auprès d'une mare d'eau croupissante occupant le fond de cette espèce d'entonnoir.

Il paraît, s'il faut en croire la tradition, que ce trou d'un lugubre aspect était jadis hanté par des esprits malfaisants, qui, lorsque minuit sonnait, ou bien encore au crépuscule, tenaient leurs ténébreuses assemblées autour de la mare, troublant ses eaux vaseuses par l'accomplissement de leurs immondes cérémonies.

Les pâles rayons d'un soleil d'automne éclairaient encore le sommet des collines, dont une ombre de plus en plus épaisse enveloppait les flancs jusqu'au fond du vallon.

— Me voici, fidèle au rendez-vous que tu m'as assigné, dit la sorcière ; dis-moi donc vite ce que tu veux de moi, car nous n'avons tout au plus qu'une heure à passer dans ce lieu.

En entendant parler l'horrible vieille, un sourire se dessina vaguement sur le visage de la jeune femme, semblable à la mouvante lueur d'une lampe sépulcrale ; elle tremblait de tous ses membres, et, ses yeux tournés vers le bord de l'abîme, elle hésitait d'accomplir ce qu'elle avait projeté ; mais la fatalité en ordonnait autrement.

— Je suis étrangère, vous le savez, dit-elle en faisant un

effort pour parler; d'où je viens, peu importe, mais j'ai laissé derrière moi ceux auxquels est lié mon destin, et dont je suis pourtant à jamais séparée. Mon cœur est oppressé par un poids affreux, et je suis venue pour m'enquérir de leur sort.

— Qui pourrait en ce lieu désert te donner des nouvelles de ce qui se passe à l'autre extrémité de la terre? s'écria la vieille en la regardant fixement; ce ne sont pas des lèvres humaines qui peuvent répondre à ton désir; cependant, si tu es courageuse, avant que la lumière ait abandonné la crête des collines, tes vœux seront exaucés.

— Dussé-je mourir, je vous obéirai, dit la jeune étrangère avec l'accent du désespoir.

La vieille s'assit alors sur le tronc dépouillé du vieux chêne et, rejetant en arrière son capuchon, laissa flotter au vent les mèches grises et rares de ses cheveux; puis elle engagea sa compagne à s'approcher d'elle.

— Agenouille-toi, dit-elle, et appuie ton front sur mes genoux.

La jeune femme hésitait, mais, entraînée par une dévorante curiosité, elle obéit, et en s'agenouillant laissa pendre l'extrémité de sa robe dans l'eau stagnante de la mare. Elle appuya son front brûlant sur les genoux de la vieille, et celle-ci la recouvrant d'un pan de son manteau, lui cacha la lumière du jour. Elle entendit alors le murmure d'une étrange invocation et, saisie de frayeur, elle voulut se lever.

— Laissez-moi fuir, dit-elle, fuir et me cacher à leurs yeux.

Mais une pensée terrible la courba de nouveau et, plus pâle qu'une morte, elle se tut.

Il lui semblait, en effet, que des voix qu'elle connaissait depuis l'enfance, voix toujours présentes à sa pensée, au milieu de sa vie errante et dans toutes les vicissitudes de son cœur et de sa fortune, se mêlaient à celle de la sorcière. Bientôt les mots devinrent plus distincts, sans que les voix se fussent rapprochées, mais plutôt semblables aux lignes à demi effacées d'un livre éclairé par une lueur incertaine et vacillante.

Enfin l'invocation se termina, et l'inconnue, toujours agenouillée, entendit alors les voix de deux personnes âgées, un homme et une femme; ces voix semblaient s'élever, non en plein air, mais dans une chambre, et les murs en renvoyaient l'écho; on entendait trépider les vitres sous l'effort du vent; l'oscillation régulière du balancier d'une horloge et le bruit que font les morceaux de coke embrasé, tombant d'eux-mêmes dans le cendrier, donnaient l'apparence de la réalité à cette scène dont le tableau se déroulait à ses yeux. Les deux vieillards étaient assis devant un foyer désolé : l'homme en proie à un muet désespoir, sa femme gémissante et le visage inondé de larmes. Bien tristes étaient les rares paroles qu'ils échangeaient. Il était question d'une fille errant on ne savait où, portant avec elle le poids du déshonneur et qui avait laissé, à la honte et à la douleur, le soin de conduire au tombeau ces deux têtes vénérables. Ils parlaient aussi d'un malheur plus récent; mais leur voix se confondit avec le bruit du vent balayant tristement les feuilles desséchées, et lorsque l'étrangère leva la tête, elle était toujours agenouillée dans la combe des trois collines.

— Le vieux couple passe tristement ses derniers jours, remarqua la vieille.

— Les avez-vous entendus? s'écria la jeune femme avec terreur?

— Oui; mais nous avons encore autre chose à écouter, répliqua la vieille femme, recouvre ton visage.

Et de nouveau s'éleva le murmure monotone d'une invocation qui ne s'adressait certes pas au ciel. Bientôt, au milieu d'une pause faite par la sorcière, un bruit étrange s'éleva faiblement et grandit au point de couvrir sa voix chevrotante. On entendit des cris, puis un chant lent et suave psalmodié par des voix de femmes, suivi tout à coup de sauvages éclats de rire qu'interrompirent subitement des gémissements et des sanglots, mélange affreux de terreur, d'affliction et de folle gaieté. Un bruit de chaînes, des voix impérieuses et menaçantes, des fouets aux sifflantes lanières se distinguèrent ensuite, puis un chant d'amour qui se termina sur un rhythme funèbre.

La jeune femme frémissait aux éclats de ce courroux qui jaillissait terrible et prompt comme une flamme dévorante, et elle se sentait défaillir aux accents de cette horrible joie, dans ce tourbillon où les passions les plus effrénées semblaient lutter ensemble, lorsqu'un silence mortel régna tout à coup. Une voix d'homme grave, sévère, jadis peut-être puissante et mélodieuse, prononça quelques paroles lentement accentuées, puis on entendit le bruit d'un pas fiévreux et saccadé. Au milieu d'une orgie, cet homme semblait chercher un auditeur complaisant pour en faire le confident de ses douleurs; il racontait la perfidie d'une femme, d'une épouse, qui avait menti aux serments les plus sacrés; il parlait d'un cœur brisé, d'une maison désolée; mais ses plaintes furent couvertes par des cris, des rires et des sanglots, qui s'élevèrent à l'unisson dans un infernal crescendo, pour s'affaiblir insensiblement au point de se confondre avec le vent qui gémissait parmi les pins des trois collines.

En levant les yeux, l'étrangère rencontra ceux de la vieille femme.

— C'est vrai, se dit la dame comme parlant à elle-même, la joie cache la douleur.

— En veux-tu savoir davantage? lui demanda la vieille.

— Il est une voix surtout que je voudrais encore entendre, répondit-elle.

— Alors place-toi sous ce manteau, car l'heure s'avance.

Le jour éclairait encore le sommet des collines, mais une ombre épaisse couvrait le vallon, s'élevant lentement, comme si c'eût été le séjour d'où les ténèbres allaient sur le monde.

La repoussante vieille recommença pour la troisième fois son incantation. Après un long et solennel silence, le tintement d'une cloche lointaine se fit entendre dans l'air ; bientôt il devint plus distinct et plus triste, c'était un glas funèbre qui semblait sortir de quelque vieille tour au manteau de lierre, portant au loin des nouvelles de mort, à la chaumière comme au château, au voyageur solitaire comme aux joyeuses assemblées, pour que chacun fît un retour sur la destinée qui l'attendait. Puis on entendit un pas lourd et cadencé, s'avançant avec la lenteur de ceux qui portent les cercueils d'enfants. Devant eux marchait le prêtre, récitant les prières d'un ton monotone, tandis que le vent agitait les feuillets de son livre, et, bien que seul, il parlait à haute voix ; on entendait des malédictions et des anathèmes prononcés par des voix d'hommes et de femmes, contre la fille qui avait brisé le cœur de ses vieux parents, contre la femme qui avait trahi la confiance et l'amour de son époux, contre la mère dénaturée qui avait laissé mourir son enfant !

Le funèbre cortége s'évanouit comme une vapeur légère, et le vent qui venait d'agiter les draperies blanches de la bière expira sur la cime des pins, la vieille poussa légèrement la femme agenouillée, mais l'étrangère ne releva pas la tête.

L'AMOUR DU BEAU

Un homme d'un certain âge, donnant le bras à une charmante jeune fille, cheminait un soir dans une rue de Boston. Il s'avançait au milieu d'une obscurité presque complète, lorsqu'ils entrèrent tout à coup dans une zone de lumière que projetait la fenêtre d'une boutique encore éclairée. A cette fenêtre étaient appendues une grande quantité de montres, de similor ou d'argent pour la plupart, car il s'en trouvait à peine deux ou trois dont la boîte fût en or. Toutes avaient le cadran tourné du côté de la boutique, comme si elles eussent eu de la répugnance à donner l'heure aux passants. Derrière le vitrage travaillait un jeune homme dont le pâle visage s'inclinait, absorbé dans la contemplation de quelque mécanisme sur lequel était concentré le foyer lumineux d'une lampe à réflecteur.

— Que diable peut donc faire Owen Warland ? murmura

le vieux Pierre Hovenden, horloger retiré et ancien patro[n]
du jeune homme, dont l'occupation paraissait l'intrigue[r].
A quoi travaille-t-il ? Depuis près de six mois il ne m'e[st]
point arrivé de passer une seule fois devant la boutiqu[e]
sans le voir ainsi occupé. Il n'est point encore assez na[if]
pour chercher le mouvement perpétuel ; et pourtant je n'[ai]
pas assez oublié mon ancien métier pour ne pas être co[n]-
vaincu qu'Owen s'occupe de tout autre chose que du mou[-]
vement d'une montre.

— Mais, mon père, répondit la jeune fille sans paraît[re]
attacher d'importance à cette question, peut-être Owe[n]
essaye-t-il de perfectionner quelque mécanisme d'horlo[-]
gerie ; il est assez intelligent pour cela.

— Lui ? reprit le père, il l'est tout juste assez pour in[-]
venter un jouet allemand, et il a même le genre d'espr[it]
qu'il faut pour réussir dans cette partie ; il ne pense qu'a[u]
joli, à ce qui fait bien. Au diable soient les intelligences d[e]
cette nature ? Le meilleur résultat qu'ait produit la sienn[e]
ç'a été de m'abîmer les meilleures montres de mon magasi[n].
Ce garçon-là, s'il pouvait, ferait mouvoir le soleil hors d[e]
son orbite et dérangerait toute l'économie du système pla[-]
nétaire. Heureusement, comme je te le disais tout à l'heur[e]
qu'il est tout au plus bon à inventer un joujou.

— Plus bas, mon père, il peut vous entendre, murmu[ra]
la jeune fille en pressant le bras du vieillard, et vous save[z]
combien il est susceptible. Continuons notre promenade.

Pierre Hovenden et sa fille Annie poursuivirent leur rout[e]
en silence jusqu'au carrefour le plus proche, où ils se trou[-]
vèrent devant la boutique d'un forgeron. A l'intérieur [on]
apercevait la forge, tantôt illuminant d'une vive lumièr[e]

les noires solives du plafond, tantôt ne jetant plus qu'une lueur sombre, suivant que le monstrueux soufflet envoyait ou retenait les bouffées de sa puissante respiration. Dans les instants de clarté, l'on pouvait distinguer jusqu'aux moindres objets pendus dans l'atelier; l'instant d'après, on ne voyait plus qu'un rouge brasier qui semblait devenu le centre d'une obscurité sans limite.

Auprès du foyer se tenait un homme aux formes athlétiques, dont le visage, chaudement éclairé par le feu, était digne du cadre pittoresque dans lequel il était placé. Au même moment, il tira du milieu des charbons une barre de fer rougie à blanc, la plaça sur l'enclume, et, levant son bras musculeux, fit jaillir une gerbe d'étincelles sous les coups cadencés de son lourd marteau.

— Quel beau spectacle! s'écria le vieil horloger. J'ai longtemps travaillé l'or, mais il n'est rien de comparable à l'ouvrier qui travaille le fer; du moins son labeur a quelque chose de solide et de réel. Qu'en dis-tu, mon enfant?

— Je vous prie, mon père, ne parlez pas si haut, Robert Danforth pourrait vous entendre.

— Eh bien, que m'importe qu'il m'entende? Je le maintiens, il n'est rien de tel que de compter seulement sur sa force physique et de ne devoir son pain qu'à la vigueur de son bras. Un horloger a la tête bientôt fatiguée de l'enchevêtrement de ses rouages. A ce métier, on détruit sa santé et l'on perd sa vue, comme cela m'est arrivé. Puis on se trouve, à peine au sortir de l'âge mûr, incapable de travailler à son état et impropre à en entreprendre un autre, trop pauvre cependant pour vivre dans l'aisance. Aussi, je le répète, je ne crois plus qu'au salaire qui est le prix de la force physique. Et comme ce travail est bon pour chasser du cerveau d'un homme les rêveries inutiles ! As-tu jamais entendu parler d'un forgeron dont la tête soit fêlée comme celle de cet Owen Warland ?

— Bien raisonné, mon oncle ! cria le forgeron du fond de sa forge, qu'il fit retentir d'une voix forte et joyeuse. Et que pense de cette doctrine mademoiselle Annie ? Sans doute elle trouve plus élégant de ciseler une montre de femme que de façonner un fer à cheval.

Mais Annie, sans répondre, tira brusquement son père par le bras, et tous deux continuèrent leur promenade, sans avoir répondu à l'interpellation du forgeron.

Revenons cependant à la boutique d'Owen Warland, nous aurons l'occasion de jeter sur son histoire un coup d'œil rétrospectif et d'étudier ce caractère que ni Pierre Hovenden ni même Annie, ou son ancien condisciple, Robert Danforth, le forgeron, n'eussent jugé digne d'arrêter l'attention d'un esprit sérieux.

Depuis le jour où il avait pu manier un canif, Owen avait montré une aptitude extraordinaire pour tailler dans le bois de petites figurines, principalement des oiseaux ou des fleurs. Il avait aussi quelquefois essayé de pénétrer les lois de la mécanique, mais c'avait toujours été dans le but de produire une création gracieuse plutôt qu'utile. Il ne construisait pas, comme la plupart des petits écoliers, de petits moulins mis en mouvement par le vent ou par le courant rapide de quelque ruisseau ; mais ceux qui firent quelque attention à ses essais enfantins crurent remarquer qu'il cherchait à imiter les mouvements naturels des créatures animées, tels que le vol des oiseaux ou celui des insectes.

En un mot, il semblait n'être possédé que de l'amour du beau et à un degré qui eût fait de lui un poëte, un peintre ou un sculpteur; car il était aussi peu soucieux de l'utile que s'il eût fait profession d'un de ces arts.

La mécanique proprement dite, avec la rigueur et la sécheresse de ses lois, lui inspirait un dégoût insurmontable. Une fois, on le mena voir une machine à vapeur, dans l'espoir de diriger son goût pour la mécanique vers un but utile; mais il pensa s'évanouir à cet aspect, comme si on lui eût présenté quelque monstruosité. Cette répugnance était due en partie aux proportions énormes et à l'incessante activité de ce gigantesque ouvrier. En effet, l'esprit d'Owen le portait naturellement vers les objets microscopiques et les travaux minutieux, auxquels le rendaient éminemment propre l'exiguïté de sa taille et la prestesse merveilleuse de ses doigts fluets et délicats. L'idée du beau n'a rien de commun avec celle d'étendue et peut aussi bien se développer sur l'espace restreint qu'embrasse le microscope que dans la vaste étendue des cieux. Ce fut précisément cette propension aux travaux minutieux qui rendit plus difficile pour la plupart une appréciation du génie particulier d'Owen Warland. Ses parents crurent ne pouvoir mieux faire — et peut-être avaient-ils raison — qu'en le plaçant en apprentissage chez un horloger, espérant que ses étranges dispositions pourraient y être dirigées vers un but lucratif.

Nous avons fait connaître l'opinion de Pierre Hovenden sur son ancien apprenti. Il n'en put rien tirer. L'enfant saisissait avec une inconcevable facilité les finesses de l'état, mais il ne pensait guère à ce qui doit être la plus grande préoccupation d'un horloger : la mesure du temps. Aussi, tant qu'il resta confié aux soins de son vieux maître, sa douceur naturelle permit à celui-ci de réprimer son intempérance créatrice au moyen d'une surveillance sévère. Mais, lorsque ayant terminé son apprentissage, il eut pris la suite des affaires de Hovenden, que la faiblesse de sa vue obligeait à se retirer, on vit bientôt combien Owen était peu capable de diriger la course de ce vieillard aveugle que l'on nomme le temps.

Une de ses fantaisies les moins déraisonnables était d'introduire dans ses montres des petits mouvements de musique rendant harmonieuse chaque heure de la vie au moment où elle se précipitait dans l'abîme du passé. Lui confiait-on la réparation de quelque horloge ancienne, de ces hautes et vieilles machines qui font pour ainsi dire partie d'une famille, à force d'avoir sonné la naissance ou la mort de ses membres, il prenait sur lui d'ajouter au mécanisme une danse macabre ou quelque funèbre procession dont chaque personnage représentait une des heures du jour. Plusieurs excentricités de ce genre avaient entièrement fait perdre au jeune horloger la confiance des gens sensés qui pensent qu'on ne doit pas plaisanter avec le temps, soit qu'on le considère comme un moyen d'avancer et de prospérer dans le monde, ou bien comme une occasion de se préparer à entrer dans l'autre. La clientèle d'Owen Warland diminua rapidement, ce qui ne lui sembla pas un grand malheur, car il était de plus en plus absorbé par une œuvre à laquelle, depuis plusieurs mois, il travaillait secrètement, et qui, exigeant l'emploi de tout son talent et de toute son adresse, donnait pleine carrière aux tendances caractéristiques de son génie.

A peine le vieil horloger et sa fille eurent-ils dépassé la boutique d'Owen Warland que celui-ci fut pris d'un tremblement nerveux qui l'obligea de suspendre le travail délicat auquel il se livrait.

— C'était Annie, murmura-t-il, j'aurais dû le deviner aux battements précipités de mon cœur, avant même d'avoir entendu la voix de son père. Ah! je me sens trembler d'une inexprimable émotion; il m'est impossible de continuer un travail aussi délicat. Annie, chère Annie, ne devrais-tu pas rendre mon cœur plus courageux et ma main plus ferme au lieu de me troubler ainsi? car ce n'est que pour toi que j'essaye de donner une forme matérielle à l'idéal de la beauté. Calme-toi, cœur défaillant! car si j'interromps mon travail, des songes douloureux viendront assiéger mon sommeil, et demain je me trouverai sans force pour réagir, sans intelligence pour créer.

Au moment même où le jeune homme cherchait à se calmer pour reprendre son ouvrage, la porte de la boutique s'ouvrit pour laisser passage à la mâle figure qu'admirait, quelques instants auparavant, Pierre Hovenden, en contemplation devant la forge. Robert Danforth apportait au jeune horloger une petite enclume d'une forme particulière, dont, après un minutieux examen, celui-ci se déclara satisfait.

— Eh bien, s'écria le forgeron d'une voix retentissante, je me crois, en vérité, aussi capable que n'importe qui, pour tout ce qui a rapport à mon état; mais j'aurais fait, je pense, une triste figure dans le vôtre avec un poing comme celui-là, ajouta-t-il en posant sa large main à côté de la main délicate d'Owen. Pourtant je déploie plus de force pour donner un seul coup de marteau que vous n'en avez dépensé dans toute votre vie.

— C'est très-probable, répondit Owen de sa voix douce : la force est une puissance à laquelle je ne prétends nullement; la mienne, quelle qu'elle soit, est toute spirituelle.

— Bon; mais à quoi passez-vous d'aussi longues soirées, mon vieux camarade? Il y a des gens qui prétendent que vous cherchez le mouvement perpétuel.

— Le mouvement perpétuel, quelle absurdité ! répliqua le jeune homme avec un sourire de mépris, jamais on ne le découvrira, c'est une chimère qui peut abuser des hommes encore occupés de la matière, mais non pas moi. Enfin, en supposant même que cette découverte fût possible, elle ne mériterait pas qu'on s'en occupât, car elle serait tout au plus bonne à remplacer la vapeur. Pour moi, tout ce que je puis vous dire, c'est que je ne songe point à inventer une nouvelle machine à coton.

— Oh! je m'en doute bien, s'écria le forgeron en poussant un rire si bruyant que les cloches de verre de l'établi se mirent à trembler à l'unisson; mais je vous fais perdre votre temps, je m'en vais, bonne nuit et bon succès, Owen; vous savez, j'ai toujours un bon coup de marteau sur l'enclume à votre service.

Et, poussant un nouvel éclat de rire, le robuste représentant de la force physique sortit du magasin.

— C'est étrange, murmura tout bas Owen Warland en laissant retomber son front dans sa main, le but de mes incessantes pensées, ma passion pour le beau, ma conviction que j'arriverai à le créer, tout cela me semble si vain, si futile, chaque fois que je me trouve en contact avec ce géant, que je deviendrais fou, je crois, si je le voyais plus souvent. Il me semble que cette force aveugle et brutale neutralise l'élément immatériel, flamme céleste, que je sens brûler en moi. Mais je veux réagir contre cette influence de toute la force qui m'est propre.

Prenant alors sous un globe de cristal une pièce microscopique d'un mystérieux mécanisme, il l'approcha de sa lampe et, l'ayant attentivement considérée à travers une forte lentille, il se mit à la façonner au moyen d'une pointe d'acier très-fine. Mais, après quelques minutes de travail, il se jeta comme anéanti sur son fauteuil et tordit ses mains avec désespoir.

— Malheureux! s'écria-t-il, qu'ai-je fait? L'influence de cette grossière nature a alourdi mes doigts et obscurci mon intelligence, et j'ai d'un coup fatal détruit le travail de tant de mois, le but de toute ma vie!

Et, plongé dans un étrange désespoir, il resta dans le même état d'affaissement jusqu'à ce que sa lampe, qui vacillait faiblement, finit pas s'éteindre, le laissant dans une obscurité complète.

Hélas! il en est souvent ainsi de ces rêves dorés que caresse notre imagination, et qui nous semblent, à certains moments, d'une valeur inappréciable; à peine se trouvent-ils en contact avec la réalité qu'ils s'évanouissent comme la plus subtile des vapeurs. L'artiste qui cherche l'idéal doit être doué d'une énergie incomparable, en apparence, avec la délicatesse de ses perceptions. Il faut qu'il ait foi dans son génie, alors que les incrédules l'accablent de leur scepticisme railleur. Il doit lutter avec courage contre l'humanité tout entière, et ne relever que de lui-même, lorsqu'il s'agit du but suprême de ses espérances.

Pendant quelque temps, Owen Warland parut succomber sous le poids de cette dure épreuve. Durant de longues semaines, on le vit errer seul, la tête penchée sur sa poitrine, comme s'il eût voulu cacher à tous les pensées que reflétait son visage. Peu à peu cependant il releva son front et parut plus calme. Un grand changement semblait s'être opéré en lui, et, selon Pierre Hovenden, dont le sentiment était que notre vie doit ressembler à la marche régulière d'un chronomètre, c'était un résultat auquel devaient applaudir les véritables amis du jeune horloger.

En effet, Owen s'était remis avec application au travail. C'était merveille de voir avec quelle sérieuse gravité il examinait les rouages d'une grosse montre ou ceux d'une horloge à sonnerie. Bientôt il eut si complétement regagné la confiance publique que les édiles lui confièrent l'importante réparation de l'horloge paroissiale. Il s'acquitta de cette mission avec tant d'exactitude que ses concitoyens n'eurent que des éloges à lui donner. Les agioteurs ne manquèrent plus l'heure de la bourse, le malade eut sa potion au moment précis, les amoureux ne perdirent plus à s'attendre un temps précieux, et enfin les honnêtes bourgeois virent chaque soir leur potage arriver à la même heure.

Une circonstance, assez futile en apparence, marquait bien la période de calme dans laquelle son esprit était entré. Lorsqu'on le chargeait de graver un nom dans une boîte de montre ou des initiales sur des couverts d'argent, il les inscrivait de la façon la plus simple et sans les entourer de capricieuses arabesques, comme il avait coutume de le faire auparavant.

Un jour, pendant que durait encore ce que l'on appelait son heureuse transformation, le vieux Pierre Hovenden vint rendre visite à son ancien apprenti.

— Eh bien, Owen, dit-il en entrant, je suis heureux d'entendre de tous côtés parler aussi favorablement de vous. L'horloge de la ville répète vos louanges vingt-quatre fois par jour. Parvenez seulement à vous débarrasser de vos absurdes théories sur le beau, et, croyez-moi, vous réussirez certainement en continuant de la sorte. Je serais même capable de vous confier ma vieille montre, bien qu'après Annie, ce soit ce que j'ai de plus cher.

— Je n'oserais y porter la main, répondit Owen, que gênait évidemment la présence de son vieux maître.

— Avec le temps, reprit celui-ci, avec le temps, vous en deviendrez digne.

Puis, usant de l'autorité que lui donnait son ancienne position vis-à-vis du jeune homme, l'ex-horloger se mit à examiner le travail qu'il avait en main et les autres réparations en cours d'exécution. Pendant cet examen, l'artiste osait à peine relever la tête. Rien ne lui était plus antipathique que la froide expérience de Pierre Hovenden, dont il priait tout bas le ciel de le débarrasser au plus tôt.

— Mais qu'est ce que cela? s'écria tout à coup le bonhomme en soulevant une cloche de cristal ternie par la poussière, sous laquelle on apercevait un mécanisme aussi délicat que le système anatomique d'un insecte. Qu'avons-nous donc ici? Il y a certainement de la sorcellerie dans ces petites chaînes, ces petites roues, ces petites hélices, et j'ai bien envie de vous délivrer, d'un seul coup de pouce, du danger d'une future rechute.

— Au nom du ciel! s'écria Owen, qui se trouva d'un bond près de lui, ne faites pas cela, si vous ne voulez pas que je devienne fou. La moindre pression de votre doigt peut me ruiner à jamais.

— Ah! ah! mon garçon, fit le vieil horloger, c'est donc ainsi? Eh bien, comme il vous plaira, mais je vous préviens que c'est le mauvais esprit que renferme ce mécanisme. Voyons, voulez-vous que je l'exorcise?

— C'est vous qui êtes mon mauvais esprit, répondit Owen exaspéré, vous et ce monde injuste et grossier qui me comble d'amertume. L'inertie, l'abattement où vous me jetez, voilà les seuls obstacles que j'aie à surmonter. Il y a longtemps sans cela que j'aurais achevé la tâche pour laquelle la nature m'a créé.

Hovenden secoua la tête avec ce mélange de mépris et d'indignation que le monde déverse sur les âmes simples et naïves qui cherchent leur voie en dehors des sentiers frayés; puis il se retira avec un sourire dont l'expression railleuse poursuivit jusque dans ses rêves le jeune artiste, qui, près de se mettre à son mystérieux travail, se replongea dans la sinistre torpeur dont il était sur le point de s'affranchir.

Cependant cette nouvelle somnolence n'était qu'apparente; à mesure que s'avançaient les beaux jours, il abandonna les travaux confiés à ses soins et permit au temps, personnifié dans les montres et les horloges, d'errer tout à son aise au milieu de la confusion totale des heures.

Il gaspilla, comme on disait par la ville, toute la belle saison à parcourir les bois, errer dans les champs ou s'asseoir au bord des ruisseaux. Là, comme un véritable enfant, il se plaisait à poursuivre les papillons et les libellules, ou bien à suivre d'un œil curieux les évolutions des insectes à la surface de l'eau. Il y avait, en vérité, quelque chose d'étrange dans l'attention avec laquelle il considérait ces jouets animés folâtrant dans la brise, ou, quand il avait fait un prisonnier, dans le soin avec lequel il étudiait sa structure délicate. La chasse aux papillons, c'était bien l'emblème de cette poursuite obstinée de l'idéal, à laquelle il avait déjà sacrifié une si grande part de son existence. Mais atteindrait-il jamais cet idéal, comme il avait déjà saisi l'innocent animal qui le symbolise?

Ces promenades entremêlées de rêveries étaient bien douces au cœur de l'artiste. Dans ces jours heureux, les plus brillantes conceptions étincelaient dans son esprit comme l'aile diaprée du papillon aux rayons du soleil. C'étaient, pour sa merveilleuse imagination, autant de phénomènes tangibles, moins la peine et les déceptions que lui eussent coûtées leur réalisation. Pourquoi faut-il, hélas! qu'en poésie comme dans tout autre art, l'homme épris de l'idéal ne puisse se contenter de la jouissance spirituelle du beau? Pourquoi faut-il qu'il soit condamné à poursuivre ce mystérieux et insaisissable fantôme en dehors des limites de son domaine éthéré, au risque de détruire sa frêle existence en lui donnant un corps? Owen Warland se sentit bientôt entraîné vers la réalisation de ses rêves, avec autant de force que le peintre ou le poëte qui veut doter d'une pâle et incertaine beauté les rêves de son imagination.

C'était durant les longues heures de la nuit qu'il retournait dans son cerveau surexcité cette idée fixe sur laquelle il concentrait toute son intelligence et toute la force de sa volonté

Il rentrait chaque jour en ville à la tombée de la nuit, se glissait dans sa boutique, s'y enfermait et travaillait avec ardeur pendant des heures entières. Parfois le veilleur de nuit se hasardait à frapper à sa porte, voyant briller à travers les fentes une lumière insolite. Owen, surpris, se prenait à tressaillir, sans pour cela quitter sa tâche. La lumière du jour, lorsqu'elle le surprenait, lui semblait un fâcheux envoyé pour le distraire de son œuvre. Si le temps était sombre, menaçant, peu favorable à ses champêtres excursions, il s'asseyait sur un escabeau et restait toute une journée la tête ensevelie dans ses deux mains, comme pour isoler sa pensée des objets extérieurs et l'obliger à se reporter vers le but idéal de ses travaux nocturnes.

Un jour qu'il était plongé dans un de ses accès de mélancolique torpeur, il fut surpris par Annie Hovenden, qui entra inopinément dans sa boutique, et vint à lui avec la familiarité qu'autorisaient leurs relations enfantines. Elle avait fait un trou à son dé et venait trouver Owen pour qu'il le réparât.

— En vérité, dit-elle en riant, je ne sais si vous consentirez à vous charger d'une telle besogne, maintenant que vous êtes si occupé de donner la vie à une machine.

— Qui donc a pu vous donner cette idée, Annie? dit le jeune homme en tressaillant.

— Personne; elle m'est venue toute seule au souvenir d'une confidence que vous me fîtes quand nous étions encore enfants. Mais revenons à mon dé, voulez-vous le réparer?

— Pour vous, Annie, je ferais n'importe quel travail, s'agirait-il de forger sur l'enclume de Robert Danforth.

— Ce serait un curieux spectacle, fit Annie en jetant un

regard de furtive compassion sur le corps si frêle de l'artiste; eh bien, voici mon dé.

— Savez-vous, Annie, que vous avez prononcé une singulière parole au sujet de la spiritualisation de la matière?

Tout en disant ces mots, l'idée se glissa dans le cerveau d'Owen que cette naïve jeune fille, seule peut-être dans le monde entier, avait le don de le comprendre. Quelle force ne puiserait-il pas, pour la réalisation de ses rêves solitaires, dans la sympathie du seul être qu'il aimât!

Chez ceux que la nature de leurs études isole des affaires ordinaires de la vie, qui marchent en dehors ou en avant de l'humanité, il se produit souvent par l'isolement une sensation intérieure de froid, sous l'impression de laquelle l'esprit semble glacé comme s'il avait atteint les régions extrêmes du pôle. Ce malaise moral que le prophète, le réformateur, le poëte, le criminel, tous ceux en un mot qui s'écartent des sentiers battus, ont tous éprouvé, le pauvre Owen n'avait pas été sans le ressentir.

— Annie, s'écria-t-il en pâlissant à cette pensée, que je serais heureux de vous confier le secret de mes recherches! Il me semble que vous l'écouteriez avec cette foi qu'on ne doit point attendre de ce monde railleur et matériel; il me semble que vous sauriez le comprendre.

— Mais certainement, fit Annie en souriant. Voyons, expliquez-moi vite ce dont il s'agit, et dites-moi, par exemple, ce que signifie cette petite hélice si délicatement travaillée qu'elle pourrait servir de jouet à la reine Mab. Voyez, je vais la mettre en mouvement.

— Arrêtez! s'écria Owen, arrêtez!

La jeune fille avait à peine touché le petit mécanisme de la pointe d'une aiguille, que l'artiste éperdu lui saisit le bras avec tant de violence, qu'il lui arracha un léger cri de douleur.

Annie fut effrayée en voyant la rage et l'angoisse peintes sur les traits d'Owen, qui, l'instant d'après, laissa retomber, accablé, sa tête dans ses mains.

— Partez, Annie, murmura-t-il, laissez-moi, je me suis trompé; je ne dois m'en prendre qu'à moi de ma méprise. Je soupirais ardemment après une douce sympathie; je m'étais imaginé — je rêvais sans doute — que je la trouvais en vous; mais vous ne possédez point le talisman qui seul pourrait vous donner la clef des secrètes aspirations de mon âme. Avec le bout de cette aiguille vous venez d'anéantir le travail de plusieurs mois et le résultat de longues années de réflexions. Ce n'est pas votre faute, Annie, mais vous avez causé ma ruine.

Hélas! pauvre Owen! ton erreur était excusable, car si jamais être humain devait jeter un regard intelligemment sympathique sur l'œuvre de ton cœur, ce devait être une femme. Peut-être même que la gentille Annie n'eût point trompé ton attente, si l'amour l'eût douée de sa divine intelligence; mais elle ne t'aimait pas.

Le jeune horloger passa l'hiver suivant de façon à convaincre ceux dont l'opinion pouvait encore lui être favorable, qu'il était irrévocablement destiné à n'être, sa vie durant, que le plus inutile et le plus malheureux des hommes.

Sur ces entrefaites, la mort d'un de ses parents le mit en possession d'un modeste héritage. Ne sentant plus la nécessité du travail, ayant perdu jusqu'à l'espoir d'atteindre son but idéal, il se plongea bientôt dans des désordres dont la délicatesse de sa nature eût dû le préserver. Bientôt le monde extérieur ne lui apparut plus qu'au milieu des fumées d'une continuelle ivresse dans laquelle il chercha désormais le fantôme de ses anciennes rêveries. Mais il ne trouvait au fond de sa coupe que les fatigues, les douleurs d'une excitation factice et l'amertume du réveil. Bien plus, au sein même de l'ivresse, alors qu'il pensait ressaisir les spectres effacés de ses pensées d'autrefois, une sorte de double vue intérieure lui montrait l'inanité de son rêve et le ramenait à l'affreuse réalité.

Un incident, futile en apparence, dont bien des gens furent témoins, mais dont aucun, cependant, ne soupçonna l'influence sur l'esprit d'Owen, vint arracher l'artiste à cette vie pleine d'angoisses et de dangers.

Par un beau jour de printemps, comme il était assis parmi les compagnons habituels de ses débauches, un verre rempli de vin placé devant lui, un magnifique papillon fit, par une fenêtre ouverte, irruption dans la salle et s'en vint voltiger au-dessus de sa tête.

— Ah! tu vis donc encore, s'écria Owen dans un transport d'enthousiasme, brillant fils du soleil; compagnon de la brise d'été, c'est bien toi que je vois enfin réveillé de ton léthargique sommeil. Au travail alors, le temps est arrivé.

Se levant ensuite, et sans même vider son verre, il quitta la salle et jamais depuis on ne le vit boire.

Alors il recommença ses promenades aux bois et dans les champs. Il ne vint à la pensée de personne que ce beau papillon qui l'était venu trouver parmi ses grossiers compagnons était le messager céleste chargé de le ramener à cette vie pure et idéale qui le plaçait au-dessus des autres hommes à peu près comme le nuage est entre la terre et le ciel. On aurait pu croire aisément qu'il s'était voué à la recherche du messager ailé, à le voir se glisser avec précaution auprès de chaque papillon qui se posait sur la corolle d'une fleur, le suivant dans ses pérégrinations vagabondes et s'abîmant dans une muette et profonde contemplation. Puis, quand l'insecte avait assez butiné et prenait son vol à travers l'espace, il le suivait des yeux comme pour apprendre de lui la route du ciel.

Le veilleur de nuit fut un des premiers à s'apercevoir que l'artiste avait repris son travail. Mais quelle pouvait être cette tâche nocturne? Les gens de la ville donnaient de la conduite d'Owen une explication très-naturelle, et qui n'avait pas exigé d'eux de grands efforts d'imagination: l'horloger était devenu fou. Il est à remarquer que cette facile méthode de comprendre et d'expliquer tout ce qui dépasse l'entendement du commun des mortels a d'ordinaire pour approbateurs tous les hommes à cerveau étroit, à intelligence bornée, c'est-à-dire une bonne part de l'humanité. Depuis saint Paul jusqu'à notre amoureux du beau, on n'a guère fait autre chose, et l'on a employé ce moyen pratique d'éclaircir tout ce qui semblait obscur ou incompréhensible dans les paroles et dans les actes des plus grands génies.

Pour ce qui concerne Owen Warland, peut-être les gens de la ville disaient-ils vrai, et peut-être avait-il perdu la raison: le peu de sympathie qu'il inspirait, la solitude dans laquelle il vivait, étaient des causes assez puissantes pour produire ce résultat, comme peut-être avait-il été frappé par un rayon d'en haut, dont le reflet pouvait donner à son visage l'apparence de l'égarement.

Un soir, qu'à peine revenu de sa promenade habituelle à travers la campagne, il venait d'exposer à la lumière de sa lampe ce travail délicat si souvent interrompu, si souvent repris, et qui semblait désormais faire partie intégrante de sa vie, il fut surpris par le vieil Hovenden. Jamais l'artiste ne le voyait entrer sans un serrement de cœur; car, dans le cercle de ses connaissances, aucun être ne lui était plus antipathique, à cause de cet incroyable scepticisme qui le portait à nier ce que son intelligence ne pouvait saisir.

Cette fois, cependant, l'ancien horloger n'était point venu pour le morigéner.

— Owen, mon garçon, lui dit-il, nous vous attendons demain soir.

L'artiste balbutia une excuse.

— Non, reprit Hovenden, il faut que vous veniez absolument, ne serait-ce qu'en souvenir du temps où vous faisiez partie de la famille. Ignorez-vous que ma fille est fiancée à Robert Danworth? Eh bien! nous célébrons demain cet heureux événement.

— Ah! fit Owen.

Cette exclamation, qui parut indifférente et presque froide à Pierre Hovenden, était cependant un gémissement étouffé, arraché au cœur de l'artiste par l'immense douleur qui l'envahissait, et qu'il eut pourtant la force de réprimer. L'instrument qu'il tenait à la main tomba sur son travail, et pour la seconde fois l'œuvre de tant de mois fut anéantie.

Jamais la passion d'Owen ne s'était fait jour, et il l'avait si bien refoulée dans son cœur, qu'Annie elle-même, malgré l'instinctive intuition de la femme, s'en était à peine aperçue. Pour Owen, c'était sa vie tout entière qui lui échappait. Il avait bien vite oublié qu'un jour Annie n'avait pu le comprendre ; et, grâce à ce bandeau qui couvre les yeux des amants, il avait, malgré l'évidence, persisté à unir par la pensée ses rêves artistiques à l'image adorée de la jeune fille. C'était la forme visible sous laquelle se manifestait à lui cette puissance mystérieuse dont il avait fait l'objet de son culte.

Il s'était trompé cette fois encore. Annie était bien loin de posséder les perfections morales qu'il s'obstinait à voir en elle. La femme à laquelle il avait élevé dans son cœur un autel était une création de son imagination, comme l'ingénieux mécanisme auquel il travaillait eût été le produit de son génie s'il fût parvenu à l'exécuter. En supposant qu'un amour heureux l'eût rendu maître d'Annie, la désillusion n'eût pas tardé à venir, il n'eût trouvé en elle qu'une femme ordinaire, et, trompé dans son attente, il eût reporté sur le seul but qui fût resté à sa noble ambition, toute son énergie, toutes les forces de son intelligence. Aussi son lot eût été trop riche s'il eût trouvé dans Annie l'idée de ses rêves de poëte et d'artiste, et peut-être, dans ce cas, l'idée qu'il se faisait du beau idéal se fût-elle accrue ; car cette idée du beau est relative et non point absolue.

Au lieu de cet avenir de félicité, ce fut la douleur qui vint à l'improviste, avec cette intolérable idée que l'ange de sa vie lui était arraché pour être jeté dans les bras d'un grossier forgeron. C'était le comble de la mauvaise fortune. La vie ne lui apparaissait plus que comme sans espoir, une guenille enfin. Il ne put que courber la tête sous ce coup imprévu.

Il fut longtemps malade et se rétablit lentement. En revanche, lorsqu'il fut entièrement revenu à la santé, on remarqua dans sa personne un embonpoint qu'on ne lui avait jamais connu. Ses joues se remplirent, sa main devint potelée comme celle d'un enfant, dont elle avait la petitesse. Et, de fait, Owen avait une tournure si enfantine que l'on était souvent tenté de caresser sa blonde chevelure. L'esprit qui l'animait semblait l'avoir abandonné pour donner à son corps le loisir de prospérer au milieu d'une existence quasi négative. Non pas qu'il fût tombé dans l'idiotisme, car il tenait des propos fort sensés. De taciturne qu'il était, il était devenu causeur. En effet, il se plaisait à discuter sur les merveilles de mécanique, dont il avait lu, disait-il, la description dans des livres, mais dont l'existence lui semblait difficile à admettre. De ce nombre était l'homme de bronze d'Albert le Grand, la tête parlante du moine Bacon, et, dans des temps moins éloignés de nous, cette petite voiture traînée par des chevaux automates, qui fut, à ce qu'il paraît, exécutée pour un Dauphin de France.

Il parlait aussi d'un insecte voltigeant autour des spectateurs comme une mouche réellement vivante, et qui n'était pourtant qu'une ingénieuse combinaison de petits ressorts ; puis d'un canard dont les mouvements imitaient, à s'y méprendre, ceux d'un canard vivant, mais qui sans doute eût fait un triste rôti sur la table d'un honorable bourgeois.

— Toutes ces merveilles, dit Owen, j'en suis persuadé, ne sont que des hâbleries.

Et, après cet aveu, il avouait avec un peu de honte qu'il

n'avait pas toujours pensé ainsi. Dans ses jours de paresse et de rêverie, il s'était laissé aller à croire que l'on pourrait, jusqu'à un certain point, il est vrai, spiritualiser la matière et douer ses produits d'une apparence de vie, d'une beauté que la nature fait entrevoir dans ses créatures, mais qu'elle ne s'est malheureusement jamais donné la peine de réaliser. Il paraissait enfin avoir à peine conservé une idée bien distincte du dessein qu'il avait formé et de la façon dont il aurait pu l'exécuter.

— J'ai laissé tout cela de côté, disait-il parfois. C'étaient de ces rêves futiles comme les jeunes gens s'acharnent souvent à en poursuivre. Aujourd'hui que je n'ai plus de bon sens, je me contente d'en rire.

Après être resté plusieurs mois dans cet état de déchéance intellectuelle, une nouvelle métamorphose s'opéra dans l'esprit de l'artiste. Comment se réveilla-t-il de sa torpeur? le souvenir n'en est pas resté. Peut-être le papillon symbolique revint-il accomplir sa mission mystérieuse. Tout ce que l'on sait, c'est que son premier mouvement fut de remercier la suprême intelligence qui le tirait encore du néant.

— A l'œuvre, s'écria-t-il, c'est maintenant ou jamais qu'il faut atteindre le but.

Il était, en outre, poussé par la crainte que la mort ne le vînt surprendre avant qu'il eût réalisé ses espérances. C'est une idée commune à tous ceux qui tendent vers un but élevé, et la vie n'est chère à la plupart d'entre eux que parce qu'elle leur permet d'y parvenir. Tant que nous ne tenons à la vie que pour elle-même, nous craignons moins de la perdre; mais qu'elle soit nécessaire à l'accomplissement de nos desseins, c'est alors que nous nous apercevons combien la trame en est légère. Cependant ce sentiment de douloureuse inquiétude fait ordinairement place à une robuste confiance dans son invulnérabilité, toutes les fois que nous travaillons à une tâche providentielle et qui, suivant nous, manquerait au monde s'il ne nous était pas donné de l'accomplir. Le philosophe absorbé dans la recherche de la vérité pensera-t-il que la vie puisse l'abandonner avant qu'il ait soulevé le voile qui la recouvre? S'il en était ainsi, des siècles pourraient s'écouler avant qu'une intelligence, sœur de la sienne, parvînt à pénétrer les lois qu'il avait entrevues et qu'il était sur le point de formuler. Hélas! l'histoire nous en offre cependant plus d'un exemple. Combien de génies qui ont quitté ce monde avant d'avoir achevé leur mission terrestre! Le prophète meurt, tandis qu'à ses côtés continuent à végéter d'incomplètes intelligences. Le poëte laisse ses chants inachevés, le peintre abandonne sur sa toile une ébauche imparfaite, et tous deux vont peut-être achever au ciel une œuvre que la terre n'était pas digne de posséder.

Revenons cependant à Owen Warland.

Pour son bonheur — ou son malheur peut-être, — il atteignit le but qu'il poursuivait en vain depuis si longtemps; nous ne disons pas après quel douloureux enfantement et quelles défaillances.

Nous le retrouvons un soir d'hiver où, après avoir vu ses efforts couronnés de succès, il se dirige vers le foyer de Robert Danworth.

Le robuste forgeron était confortablement assis au coin de l'âtre. Auprès de lui se tenait Annie, devenue mère de famille et ayant pris un peu de la forte et grossière nature de son époux, mais digne encore — ainsi le pensait Owen — de servir d'intermédiaire entre la force et la beauté. Ce soir-là justement, le vieux Pierre Hovenden était l'hôte du jeune ménage, et le regard de l'artiste rencontra tout d'abord ce visage froidement sarcastique, dont il ne connaissait que trop l'expression.

— Eh! c'est mon vieil ami Owen, s'écria Robert en s'élançant au-devant de lui et serrant ses doigts délicats comme il eût fait d'une barre de fer. C'est bien à vous, et d'un bon voisin de nous rendre enfin visite. Je craignais que le mouvement perpétuel ne vous eût fait oublier notre ancienne amitié.

— Nous sommes bien heureux de vous voir, dit à son tour Annie en rougissant légèrement. Ce n'est pas bien d'être resté si longtemps éloigné de nous.

— Eh bien, Owen, demanda le vieil horloger en façon de bienvenue, comment va le beau? Êtes-vous parvenu à le créer?

L'artiste ne répondit pas d'abord, il considérait un robuste bambin en train de se rouler sur le tapis, lui aussi sorti de l'infini, mais si solidement constitué qu'on voyait bien que la nature l'avait formé de ses éléments les plus puissants. Le baby rampa jusqu'auprès du nouveau venu, et, s'arc-boutant sur ses deux petits bras, leva la tête et se prit à regarder Owen avec cette persistance particulière aux enfants. La mère, qui suivait avec intérêt ce petit manége, ne put s'empêcher d'échanger avec son mari un sourire d'orgueilleuse satisfaction. Mais Owen se sentait troublé par le regard investigateur du marmot, qui lui rappelait celui du vieil horloger. Un peu plus, sans la présence de ce dernier, il se fût imaginé que l'âme de Pierre Hovenden était cachée sous cette forme enfantine, et que c'était cette bouche rosée qu'il entendait répéter cette malicieuse question.

— Et le beau, Owen? que faites-vous du beau? l'avez vous créé?

— Oui, j'y suis parvenu, répondit enfin l'artiste avec un air de triomphe; oui, mes amis, c'est l'exacte vérité, j'ai réussi à le créer.

— Vraiment! fit Annie avec l'accent de la joie la plus franche. Et maintenant peut-on vous demander quel est votre secret?

— Certainement. C'est pour vous le faire connaître que je suis venu, répondit Owen. Vous allez voir, toucher, posséder enfin ce secret; car c'est pour votre présent de noces, Annie, si je puis encore donner ce nom à mon amie d'enfance, que j'ai doué d'une âme ce mécanisme harmonieux, ce mystère de beauté. Mon cadeau vient un peu tard, c'est vrai; mais c'est surtout lorsque, avançant dans la vie, les objets qui nous entourent perdent leur éclat et que notre intelligence sent s'émousser sa finesse de perception, que nous avons le plus besoin de posséder le sentiment du beau. Si vous appréciez ce présent, Annie, il ne viendra pas trop tard.

En disant ces mots, il fit voir une petite boîte d'ébène, ornée par lui-même d'une délicieuse mosaïque de nacre, représentant un enfant à la poursuite d'un papillon qu'on voyait un peu plus loin se métamorphoser en un esprit aérien s'enfuyant vers le ciel, tandis que l'enfant, dans l'ardeur de sa poursuite, semblait s'élancer dans l'éther pour atteindre le symbole de la beauté.

L'artiste ouvrit la boîte, et la jeune femme ne put retenir un léger cri de surprise en voyant sortir un papillon qui vint se poser sur l'extrémité de son doigt, agitant ses ailes de pourpre et d'or comme s'il allait prendre son vol. La plume est impuissante à peindre la radieuse splendeur, la délicatesse infinie de cet étrange chef-d'œuvre. Ce papillon idéal n'avait rien de commun avec ces insectes à moitié décolorés qui voltigent sur les fleurs terrestres; ce devait être plutôt un frère de ceux qui s'en vont butinant dans les prairies célestes, et qui servent de jouets aux petits anges que la mort a ravis ici-bas à notre amour. Une poussière étincelante couvrait ses ailes de feu, et ses yeux avaient l'éclat de la vie.

Le feu qui pétillait dans la cheminée, la douce lumière de la lampe pâlissaient à côté de l'étrange lueur que répandait autour de lui ce miracle de beauté.

— Quel admirable objet! s'écria la jeune femme; est-ce vivant?

— Certainement, reprit son mari; croyez-vous qu'un homme puisse faire un papillon? et, en admettant même que cela soit possible, pensez-vous qu'il s'amuserait à en créer un, alors qu'un enfant peut en attraper vingt dans un jour d'été? Mais c'est cette jolie boîte que j'admire; elle est sans doute de la façon d'Owen, et, ma foi, c'est un ouvrage qui lui fait honneur.

Comme il disait ces mots, l'insecte merveilleux agita de nouveau ses ailes par un mouvement si naturel, qu'Annie en tressaillit; car, malgré le dire de son mari, elle doutait encore si ce petit être était animé, ou bien si c'était un miracle.

— Est-il en vie? répéta-t-elle le plus sérieusement du monde.

— Jugez-en vous-même, répondit Owen Warland qui la considérait avec une anxieuse curiosité.

En même temps, le papillon s'élança, puis, après avoir un instant voltigé près d'Annie, s'éleva presque jusqu'au plafond, toujours visible aux spectateurs de cette scène, grâce à l'éclat dont brillaient ses ailes.

L'enfant, toujours assis sur le parquet, suivait d'un œil émerveillé l'insecte, qui, après avoir parcouru la chambre, redescendit en décrivant une gracieuse spirale jusque sur le doigt d'Annie.

— Mais est-il en vie? reprit-elle de nouveau. Et sa main tremblait si fort, que le papillon ne parvenait à s'y maintenir qu'en continuant d'agiter ses ailes. Dites-moi s'il est vivant, ou si c'est vous qui l'avez créé.

— Qu'importe de savoir qui l'a créé, s'il est réellement beau, répondit Owen. Vivant, il l'est, Annie, car une partie de mon âme réside en lui, dans sa beauté non-seulement extérieure, mais intime. L'intelligence, l'imagination, la sensibilité de l'artiste sont renfermées dans ce petit être. Oui, c'est moi qui l'ai créé; mais, ajouta-t-il d'un ton plus triste, il n'est plus pour moi ce qu'il était dans les rêves de ma jeunesse.

— N'importe, c'est un beau jouet, dit le forgeron, qui s'en amusait comme un enfant. Je voudrais bien savoir s'il daignera se poser sur un doigt aussi rude que le mien. Donnez-le-moi, Annie.

Suivant le conseil de l'artiste, la jeune femme toucha de son doigt celui de son mari, et, après un instant d'hésitation, le papillon vola de l'un à l'autre, puis, battant des ailes, il accomplit le même manége qu'un instant auparavant, et, après avoir volé dans toute la chambre, revint à son point de départ.

— Bravo! c'est plus fort que la nature, s'écria Robert Danworth, exprimant ainsi le superlatif de son admiration. J'avoue que je ne serais point capable d'en faire autant; il est vrai qu'il y a plus d'utilité dans un bon coup de mon marteau que dans les cinq années qu'Owen a employées à faire ce papillon.

Cependant le bambin, qui voulait avoir son tour, agita ses petites mains et balbutia quelques monosyllabes pour demander le papillon, qui lui semblait sans doute un jouet incomparable.

Quant à l'artiste, il cherchait à pénétrer l'expression qui animait la physionomie de la jeune femme, curieux de savoir si elle sympathisait avec l'opinion de Robert sur la valeur comparative du beau et de l'utile. Annie, en dépit de son affection pour Owen, de l'étonnement, de l'admiration même où la plongeait cette œuvre merveilleuse dans laquelle s'était incarnée la pensée de l'artiste, la contemplait avec un secret dédain dont peut-être elle n'avait pas entièrement conscience, et qui ne pouvait échapper à la perspicacité de l'artiste. Mais l'esprit d'Owen, épuré par cette lutte suprême contre la difficulté de sa tâche, s'était élevé dans des régions inaccessibles aux tortures que lui eût causées jadis une pareille découverte. Il savait que le monde, tout en l'admirant, ne pouvait trouver une expression con-

enable pour louer celui qui, après avoir trouvé le beau
idéal, était parvenu à le créer de ses mains, en spiritualisant la matière. Il n'était pas venu jusque-là pour savoir
que la récompense d'une œuvre supérieure ne se trouve
qu'en elle-même et nulle autre part. Il eût pu leur dire
qu'un souverain eût payé de ses trésors un tel joyau, et, à
ce point de vue du moins, ils en auraient apprécié la valeur, mais il se contenta de sourire et garda le silence.

— Mon père, dit Annie pensant qu'un mot de louange
du vieil horloger serait agréable à son ex-apprenti, venez
donc admirer ce beau papillon.

— Voyons, fit Pierre Hovenden, qui se leva le sourire
sur les lèvres, mettez-le sur mon doigt, afin que je puisse
le contempler à mon aise.

Mais, au grand étonnement d'Annie, lorsque le doigt de
son père s'approcha de celui de son mari, sur lequel se
tenait l'insecte, on vit ce dernier chanceler comme s'il
allait tomber à terre ; en même temps son éclat parut
moins vif.

— Mais il va mourir ! s'écria la jeune femme alarmée.

— C'est un être fort délicat, répondit l'artiste avec calme.
Comme je vous l'ai dit, en lui réside une essence spirituelle
que vous appellerez magnétisme, ou de tout autre nom
qui vous plaira ; et, dans une atmosphère de doute et de
raillerie, il éprouve des tortures analogues à celles dont
souffrit celui qui l'a créé. Sa beauté l'abandonne déjà, et
dans peu d'instants, son organisme sera complètement
détruit.

— Retirez votre doigt, mon père, fit Annie d'une voix
suppliante, laissez le pauvre insecte se poser sur l'inno-

cente main de mon fils, peut-être y retrouvera-t-il sa beauté.

L'horloger, souriant toujours avec dédain, retira son doigt, et le papillon, recouvrant la liberté de ses mouvements, parut reprendre son éclat primitif. Bien plus, à peine eut-il touché la main potelée de l'enfant, il devint si brillant, qu'il éclaira le visage du baby tout émerveillé de sa conquête. Néanmoins, il semblait à l'artiste que dans les yeux de l'enfant se trouvait l'expression railleuse du regard d'Hovenden.

— Voyez comme cela l'a rendu sage, le petit singe, fit Robert.

— En effet, je n'ai jamais vu, dit Annie, une expression si intelligente dans le regard d'un enfant. Le cher trésor comprend peut-être mieux que nous ce mystère.

Ce n'était pourtant pas l'avis du papillon, qui, partageant les doutes d'Owen, semblait hésiter à s'envoler. Il s'éleva cependant sans effort; mais au lieu de revenir à l'enfant, il parut chercher la main de l'artiste.

— Non pas, fit celui-ci, comme si l'insecte eût pu le comprendre; sorti du cœur de ton maître, tu n'y dois plus rentrer.

Alors, et non sans hésiter encore, le papillon voltigea comme à regret vers l'enfant, qui, impatient de ressaisir sa proie et laissant voir un sourire malicieux comme celui du vieil horloger, se jeta sur l'insecte et le saisit dans ses petits doigts. Annie ne put retenir un cri, tandis que son père éclatait de rire. Le forgeron ouvrit de force la main de son fils et n'y trouva plus qu'un petit amas de poussière brillante. C'était tout ce qui restait du mystérieux chef-d'œuvre.

Quant à l'artiste, il contempla sans émotion la destruction du travail auquel il avait consacré sa vie. Il possédait un papillon bien autrement précieux.

Lorsque l'homme en quête du beau atteint les régions sereines de l'idéal, l'œuvre par laquelle il rend la beauté visible aux yeux des humains, devient de peu de prix à ses yeux.

Qu'est-ce qu'un symbole pour celui qui possède la réalité?

LES CAPRICES DU SORT

Il ne nous est donné de connaître qu'une faible partie des événements qui doivent avoir une influence quelconque sur notre destinée. Mais il en est d'autres qui passent à côté de nous sans que nous ayons conscience de leur proximité; qui nous touchent de près, sans qu'ils aient cependant aucune action sur notre vie, et sans même révéler leur approche par le reflet d'aucune lueur ni la projection d'aucune ombre sur le miroir de notre entendement. La vie serait trop pleine de crainte ou d'espérance, de joie ou de désenchantement, si nous connaissions toutes les vicissitudes de notre fortune; nous n'aurions plus un instant de tranquillité. Je vais raconter une heure de la vie de David Swan, pour servir de développement à cette proposition.

Nous n'avons rien d'intéressant à dire sur son compte jusqu'au jour où nous le rencontrons, à l'âge de vingt ans, sur la route qui conduit de son hameau natal à Boston, où son oncle, un humble mercier, devait le placer derrière son comptoir en qualité de commis. Qu'il suffise au lecteur d'apprendre que David appartenait à une honorable famille du New-Hampshire et qu'il possédait une instruction telle qu'on la peut recevoir dans une école de village, mais perfectionnée cependant par un séjour d'une année au collége de Gilmanton.

Après avoir marché depuis l'aube — on était en été, — il se trouva, vers midi, tellement fatigué qu'il résolut de chercher un abri sous le premier ombrage venu, pour y attendre le passage de la voiture publique. Précisément il aperçut un bouquet d'érables qui lui sembla planté tout exprès pour lui; c'était un berceau de verdure au milieu duquel on voyait sourdre un ruisseau dont l'onde était si pure qu'on aurait pu croire que jamais elle n'avait été seulement altérée par le contact d'une lèvre humaine. Vierge ou non, David Swan étancha sa soif dans cette eau si fraîche, puis, improvisant un oreiller avec un petit paquet de hardes qui formait tout son bagage, il s'étendit auprès de l'orifice même de la source. Ainsi placé à l'abri des rayons du soleil, le gazon parut à notre voyageur une couche plus molle que le duvet. L'eau murmurait délicieusement à son oreille; les branches d'érable en s'agitant l'éventaient doucement; il ferma les yeux, puis tomba dans un profond sommeil que vinrent sans doute égayer des songes légers. Mais c'est d'événements très-réels et non pas de songes que nous allons nous occuper.

Pendant qu'il dormait de si bon cœur, d'autres voyageurs passaient et repassaient sans cesse auprès de son agreste chambre à coucher, les uns à pied, d'autres à cheval, ou traînés dans des véhicules de toute sorte. Il y en eut qui le frôlèrent sans même l'apercevoir, quelques-uns l'entrevirent; mais deux pas plus loin, ils ne pensèrent plus à lui; quelques-uns sourirent en passant, de le voir si profondément endormi; d'autres enfin, gens au cœur débordant de mépris, jetèrent en le voyant quelque dédaigneuse exclamation. Une veuve sur le retour, profitant d'un instant où il ne passait personne, pencha la tête entre les arbres, et, après l'avoir attentivement considéré, elle se dit, *in petto*, que le dormeur était un charmant garçon. Le président d'une société de tempérance s'étant arrêté à le considérer, le prit pour un homme ivre et, chemin faisant, l'intercala dans un discours qu'il devait prononcer le soir même, se promettant bien de le présenter à ses auditeurs comme un funeste exemple de cette ivrognerie qui jette ses victimes abruties sur le bord des routes. Mais censure, compliment, mépris, gaieté, indifférence, qu'importait à notre ami David?

Il y avait peu d'instants qu'il s'était endormi, lorsqu'une berline, attelée de deux chevaux bais, s'arrêta près de l'endroit où reposait le jeune homme. Une roue qui menaçait de sortir de l'essieu, sans heureusement causer aucun accident, avait commandé ce temps d'arrêt qui avait un moment alarmé un vieux négociant de Boston et sa respectable épouse, les propriétaires de cette voiture. Tandis que le cocher et le domestique s'évertuaient à remettre la roue, le marchand et sa femme vinrent se réfugier à l'ombre du bouquet d'érables, où ils découvrirent, près de la source, David Swan au plus fort de son sommeil. Cédant au respect instinctif qu'inspire le repos du plus humble personnage, le vieux négociant se mit à marcher d'un pas aussi léger que le lui permettait sa goutte, et son excellente femme prit bien garde que le frôlement de sa robe de soie n'éveillât David en sursaut.

— Comme il dort ! murmura le vieillard, et comme la respiration sort aisément de cette large poitrine ! Je donnerais volontiers la moitié de mon revenu pour goûter, sans opium, un semblable sommeil, car il supposerait chez moi la santé de l'esprit et celle du corps.

— Et aussi celle de la jeunesse, reprit la dame ; car, lorsqu'on est vieux comme nous, le calme et la santé ne suffisent plus pour dormir ainsi. Notre sommeil, pas plus que notre veille, ne ressemble au sien.

A mesure que le vieux couple contemplait David, il s'intéressait davantage à ce jeune inconnu, à qui le bord d'un chemin et l'ombrage de quelques arbres formaient une si splendide chambre à coucher. Ayant observé qu'un rayon de soleil allait bientôt arriver jusqu'à son visage, la bonne dame essaya de l'intercepter en tordant ensemble deux rameaux d'érable. Puis, cet acte de bienveillance accompli, elle se sentit prise d'un intérêt tout maternel pour celui qui en avait été l'objet.

— Le hasard, dit-elle à son mari, semble l'avoir amené là et nous y avoir conduits tout exprès pour trouver en lui un dédommagement au désappointement que nous a causé notre jeune cousin. Il me semble, ajouta-t-elle en soupirant, qu'il ressemble à notre pauvre Henri.

— Voulez-vous que nous l'éveillions ?

— Mais pourquoi ? répondit avec quelque hésitation le

vieux négociant, nous ne connaissons pas ce jeune homme.

— Cet air ouvert, reprit sa femme toujours à voix basse, ce sommeil si paisible...

Tandis qu'auprès de lui s'échangeaient des chuchotements, le cœur de David n'accélérait point ses battements, sa respiration restait égale et douce et sa physionomie ne trahissait aucune émotion ; et cependant, penchée vers le dormeur, la Fortune entr'ouvrait la main pour laisser tomber sur lui ses précieuses faveurs. Le vieux négociant avait perdu son fils unique, et n'avait plus d'autre héritier qu'un parent éloigné, dont il n'avait pas sujet d'être satisfait. Dans une pareille occurrence, les gens riches font souvent des choses moins raisonnables que de prendre un moment la place du Destin et de dire à un jeune homme endormi dans la pauvreté : « Réveille-toi dans l'opulence. »

— Voulez-vous que je l'éveille ? répéta la dame d'une voix tendrement persuasive.

— La voiture attend monsieur, dit le domestique en s'avançant.

Les vieux époux tressaillirent, rougirent et s'éloignèrent à la hâte, s'étonnant en eux-mêmes d'avoir été sur le point de faire une action si ridicule. Le vieux négociant se plongea dans le fond de sa berline et se mit, chemin faisant, à rêver au plan d'un asile modèle pour les commerçants ruinés. Durant ce temps, David continuait tranquillement sa sieste.

La berline n'avait pas encore eu le temps d'achever son premier mille, lorsque survint une ravissante jeune fille dont le pas léger semblait à l'unisson de son petit cœur. Il n'y a rien d'indiscret à supposer que cette démarche sautillante fit se dénouer sa jarretière. Sentant glisser le ruban de soie — en supposant qu'il fût de cette étoffe, — la jeune étourdie se dirigea vers le bouquet d'érables pour remédier à ce léger accident. Qui aperçut-elle? David endormi. Elle devint toute rose à l'idée de s'être ainsi introduite dans l'alcôve d'un jeune homme, surtout pour un pareil motif. Elle se disposait déjà à se retirer sur la pointe du pied, quand un gros bourdon, s'étant glissé dans le feuillage, se mit à voltiger bruyamment, passant alternativement d'une zone d'ombre à une zone de soleil, et se rapprochant insensiblement des lèvres du dormeur. La piqûre d'un insecte peut être mortelle. Bonne autant qu'innocente, la naïve enfant fit avec son mouchoir la chasse au monstre ailé, et finalement l'expulsa du bosquet d'érables. Quelle charmante scène! Après cette bonne action, essoufflée, toute rouge, son cœur battant à lui rompre la poitrine, elle revint à pas furtifs jeter un dernier coup d'œil sur le jeune inconnu, en faveur duquel elle venait de livrer ce combat singulier.

— C'est qu'il est très-bien, pensa-t-elle, en devenant cette fois plus rouge qu'une cerise.

Comment David n'eut-il pas un songe qui l'avertit par quelque gracieuse apparition de la présence de la jeune fille? Comment un doux sourire ne vint-il pas la remercier d'être venue si à point? Sans doute elle devait être celle dont l'âme, suivant une antique croyance, fut autrefois séparée de la sienne, et que, dans ses vagues désirs de jeune homme, il avait si souvent invoquée. C'était elle seule qu'il eût aimée d'un parfait amour; et seul il aurait pu lire dans ce cœur virginal. L'image radieuse de l'enfant se reflétait toute rougissante dans le ruisseau, elle allait s'éloigner, et jamais David ne devait plus la rencontrer.

— Comme il dort! murmura-elle.

Elle s'éloigna pourtant, mais d'un pas moins léger qu'auparavant.

Le père de cette jeune fille était un gros marchand des environs, qui cherchait justement alors un commis tel que David Swan. Si le jeune homme eût lié connaissance avec la jolie enfant sur le bord du chemin, il fût devenu le commis du marchand, auquel il eût probablement succédé en qualité de gendre. Ainsi la fortune, sous sa forme la plus gracieuse, venait encore de s'approcher si près de lui que sa tunique avait dû le frôler, et cependant il l'ignora toujours.

La jeune fille ne devait pas être loin lorsque deux hommes quittèrent le chemin pour entrer, à leur tour, dans le bosquet d'érables. Ils avaient tous deux de mauvaises figures que rendaient plus sinistres encore leurs bonnets enfoncés jusqu'aux yeux. Leurs habits, sales et déguenillés, avaient dû être jadis élégants. Ces deux coquins gagnaient leur vie par les moyens les moins délicats; mais pour le moment, en attendant que le sort leur envoyât quelque aubaine, ils venaient sous les arbres jouer le profit de leur dernière affaire. En apercevant David endormi, l'un des vauriens dit à l'autre:

— Pstt... Vois-tu ce paquet qui lui sert d'oreiller?

Le brigand répondit par un signe affirmatif, avec un clignement de l'œil non moins significatif.

— Je gagerais une bouteille de gin, reprit le premier, que ce garçon doit avoir serré dans son sac une bourse rondelette ou un portefeuille; peut-être même tous les deux, à moins cependant qu'il n'ait mis son argent dans la poche de son pantalon.

— Mais s'il s'éveille? dit l'autre.

Son compagnon entr'ouvrit son gilet et lui montra du doigt le manche d'un poignard.

— C'est bien.

Ils s'approchèrent alors de David, et pendant que l'un tenait l'arme meurtrière sur sa poitrine, le second se mit en devoir de fouiller dans le paquet qui soutenait la tête du jeune homme. Les figures des deux coquins, sombres, pâles, à l'idée du crime qu'ils allaient probablement commettre, étaient devenues tellement odieuses que si leur victime se fût réveillée dans cet instant, elle eût cru voir deux démons; mais David n'avait jamais paru plus calme, alors même que tout enfant il reposait dans le giron maternel.

— Il faut que j'enlève le paquet, fit un des voleurs.

— S'il fait un mouvement, je frappe, dit l'autre.

Au même instant un gros chien survint en bondissant dans le bosquet, alla flairer les brigands, puis le dormeur, et finalement se mit à laper à longs traits l'eau de la source.

— Rien à faire, reprit l'un des deux hommes; le maître du chien ne peut être loin.

— Alors, buvons un coup et décampons, répondit l'autre.

Celui qui tenait le poignard cacha son arme dans une large poche d'où il tira une sorte de pistolet — non de ceux qui tuent. — C'était un flacon rempli de liqueur, avec un bouchon d'étain vissé sur le goulot. Tour à tour chacun le colla à ses lèvres, puis ils s'éloignèrent, échangeant force quolibets sur leur crime avorté. Quelques instants après, ils ne pensaient plus à cette aventure. Ils ne se doutaient point que l'ange de mémoire avait inscrit déjà en caractères ineffaçables leur criminelle tentative, pour porter contre eux, au dernier jour, un terrible témoignage. Quant à notre ami David, il continuait à dormir, ignorant que l'ombre de la mort s'était étendue sur lui.

Cependant son sommeil était moins profond. Une heure de repos avait amplement réparé la fatigue du matin et rendu à ses membres appesantis leur élasticité primitive. Il commençait à se retourner, remuant les lèvres comme s'il parlait en songe, étendant un bras, une jambe; bref, se livrant à tous ces petits mouvements qui présagent un réveil prochain. Un bruit de roues qui s'approchait de plus en plus retentissant vint brusquer le dénoûment. David se leva en sursaut et redevint subitement maître de ses idées : c'était la diligence.

— Hé! conducteur!... cria-t-il, avez-vous encore une place?

— Oui, sur l'impériale.

David escalada lestement la voiture, et se jucha sur la banquette. Le voilà donc roulant joyeusement vers Boston, sans jeter un regard à ce bosquet où, durant une heure, il avait été, sans s'en douter, le jouet du sort. Il ne savait pas que l'image de la fortune était venue se mirer dans l'onde limpide de la source; il ne savait pas que le doux murmure des eaux s'était confondu avec les soupirs de l'amour; il ignorait enfin que le spectre de la mort avait un instant menacé de les rougir de son sang; et tout cela dans l'espace d'une heure!

LA PROMENADE

DE LA PETITE ANNIE

I

Ding-dong! ding-dong!

Le crieur public fait résonner sa cloche dans un des faubourgs de la ville, et la petite Annie se tient sur le seuil de la maison paternelle, prêtant l'oreille pour entendre ce que va dire cet homme.

Écoutons aussi.

Oh! oh! il annonce au public qu'un éléphant, un lion et un tigre royal, ainsi qu'une licorne et d'autres animaux non moins curieux sont arrivés dans la localité et qu'ils recevront tous les visiteurs qui voudront bien leur faire l'honneur de se rendre à leur ménagerie.

La petite Annie irait volontiers, sans doute? Oui vraiment, et je m'aperçois que la jolie enfant commence à s'ennuyer de cette rue large et bien alignée, dont les arbres taillés en boule tamisent la lumière du soleil, et dont les pavés sont aussi propres que s'ils venaient d'être lavés par une servante hollandaise. La fillette sent le besoin de changer d'horizon, besoin commun à tous les enfants et que j'éprouvais comme les autres quand j'étais petit garçon.

Annie veut-elle aller se promener avec moi? Voyez, je n'ai qu'à lui tendre la main, et la voilà partie, comme un oiseau léger porté par le zéphyr, trottinant par les rues avec sa belle robe de soie bleue et son petit pantalon.

— Un instant, Annie, lissez vos bruns cheveux et laissez-moi rattacher les brides de votre bonnet; songez que nous allons nous montrer en public.

Au carrefour le plus proche, nous rencontrons un embarras de voitures. Des fiacres, des diligences se sont accrochés, et les conducteurs jurent au lieu de se tirer d'affaire. Derrière eux sont arrivés des charrettes et des camions chargés de barriques et d'autres marchandises, et, brochant sur le tout, quelques voitures légères arrivant grand train, manquent de se briser et d'augmenter encore le tumulte.

Croyez-vous que la petite Annie ait peur au milieu de ce brouhaha? vraiment non. Loin de se réfugier peureuse auprès de moi, elle passe droite et souriante, comme une heureuse enfant qu'elle est, au milieu de tout ce monde, qui a pour son âge les mêmes égards qu'on rend à la vieillesse. Personne n'ose la coudoyer, chacun s'écarte pour lui laisser le chemin libre.

Chose singulière, elle semble avoir conscience de ses droits au respect de tous.

Mais ses yeux brillent de plaisir, qu'y a-t-il? C'est un musicien des rues, assis à quelques pas sur les marches d'un temple, au milieu de la foule effarée, et dont la mélodie plaintive se perd au milieu du bruit des pas, du bourdonnement des voix et du roulement des voitures. Personne ne fait attention au pauvre joueur d'orgue, si ce n'est moi et la petite Annie, dont les pieds s'agitent en cadence et marquent la mesure de l'air; car pour elle la musique et la danse ne font qu'un. — Où vous trouver un danseur, mon Annie? les uns ont la goutte ou des rhumatismes, d'autres sont engourdis par l'âge ou affaiblis par la maladie; quelques-uns sont si lourds que cette preuve d'agilité de leur part pourrait défoncer les dalles du trottoir, et la plupart ont des pieds de plomb, parce que leur cœur est plus lourd que le plus dense des métaux. Quelle compagnie de danseurs! Pour mon propre compte, je suis un gentleman dont les jambes sont trop sensées pour se livrer à un pareil exercice! Vous ne m'en voudrez pas, chère Annie, de marcher posément.

Je voudrais savoir qui, de cette folle enfant ou de moi, prend le plus de plaisir à regarder l'étalage des magasins. Tous deux nous aimons les étoffes de soie aux nuances chatoyantes; nous nous émerveillons ensemble devant les belles pièces d'orfévrerie et ces innombrables bijoux qui scintillent dans les boutiques des joailliers. Cependant, je crois avoir remarqué que la petite Annie est plus curieuse que moi. Elle se hausse sur la pointe des pieds pour regarder à travers les glaces, et se baisse pour voir les marchandises étalées derrière des stores. J'avouerai, pour être franc, que nous avons tous deux une prédilection pour tout ce qui a de l'éclat, du brillant.

II

J'aperçois une boutique à laquelle les souvenirs de mon enfance donnent un attrait magique. Quelles délices de laisser errer son imagination sur les friandises artistement disposées par un confiseur! Ces tourtes à la pâte feuilletée, dont le contenu est un mystère délicieux exhalant un arome plus suave encore que la rose; ces gâteaux en rond, en cœur, en losange, en triangle; ces excellentes croquignoles si joliment nommées des baisers; ces majestueuses pyramides destinées sans doute au repas de noces de quelque riche héritière; ces montagnes bourrées de raisins de Corinthe, et dont le sommet est couvert d'une éblouissante neige de sucre; ces prunes confites, ces bonbons transparents renfermés dans des bocaux aux flancs énormes; bref toutes les friandises dont les noms m'échappent, si goûtées des enfants par leur douceur, si recherchées des jeunes gens et des jeunes filles pour les devises qu'elles renferment.

L'eau m'en vient encore à la bouche, et à vous aussi, petite Annie; ce n'est pourtant qu'une tentation de notre imagination. Suffira-t-il de mordre à belles dents dans l'ombre d'un plumcake?

Ils sont malheureusement rares ceux dont le plus vif plaisir est de regarder la vitrine d'un libraire. Est-ce que, par hasard, Annie serait un bas-bleu? A peu près. Elle a lu les livres de Peters Parley, et sent croître chaque jour son goût pour les contes de fées, bien que de nos jours ils deviennent de plus en plus rares; enfin, il parait qu'elle va souscrire l'année prochaine aux *Mélanges enfantins*. Mais, entre nous, je la crois bien capable de lire avec le pouce les pages imprimées, pour arriver plus vite à ces jolies images dont les couleurs sont à la fois si vives et si gaies qu'elles attirent sans cesse à l'étalage des libraires un monde de petits marmots.

Que dirait Annie si, dans le livre que je lui veux envoyer au nouvel an, elle trouvait sa bonne petite personne reliée et dorée sur tranche? si elle savait le conserver, elle pourrait apprendre à lire à quelque beau baby dans l'histoire de sa petite mère. D'honneur, ce serait charmant.

II

La petite Annie est rassasiée d'images, elle m'entraîne par la main vers la plus merveilleuse boutique de la ville. *O! che gusto!* est-ce un magasin véritable ou le pays des fées? J'en vois justement le roi et la reine voyageant côte à côte dans un chariot d'or, entourés d'une escorte de courtisans qui galopent aux portières du royal véhicule. J'aperçois également de petits ménages fabriqués à Canton et qui servent sans doute à ces augustes personnages lorsqu'il leur prend fantaisie de faire la dînette dans la grande salle de leur palais de carton. Voici un turc coiffé d'un classique turban et qui cherche à nous effrayer, sans doute, en brandissant son cimeterre. Auprès de lui se trouve un mandarin chinois qui branle la tête et nous tire la langue; puis une armée de cavaliers, de fantassins à l'uniforme rouge et bleu, précédés d'une musique fort complète, mais dont l'éloignement nous empêche d'entendre les accords. Ils ont fait une longue halte dans la montre du marchand après une longue étape ; je suppose qu'ils viennent en droite ligne de Lilliput.

Les soldats n'ont pourtant que faire ici, chère Annie ; leur reine n'est point d'humeur conquérante, une Sémiramis ou bien une Catherine. Toutes ses affections reposent sur cette poupée que vous voyez là si bien mise et qui nous considère avec ses yeux d'émail. Ah ! pour le coup, voilà le véritable jouet des petites filles. Bien que généralement taillée dans un bois très-ordinaire, la poupée est dans leur idée un personnage idéal auquel l'imagination prête une vie relative et pour ainsi dire réelle. Cette image de la femme devient en peu de temps l'héroïne d'un roman forgé à plaisir et le principal habitant de ce petit monde dont les enfants sont les rois.

Il est probable qu'Annie ne comprend pas un mot de ce que je dis là ; mais elle n'en regarde pas moins ardemment à la vitrine du marchand.

Soyez tranquille, petite, au retour, nous l'inviterons à nous rendre visite. En attendant, salut, madame la poupée, continuez à regarder avec votre éternel sourire passer ces belles dames, qui ne sont guère moins poupées que vous, jouets vivants qui traînent à leur remorque de grands enfants qui n'ont de sérieux que le visage. O poupée ! vous êtes une sage leçon pour ces coquettes qui ne vous valent souvent pas ; mais la comprendront-elles ?

Allons, venez, Annie, nous trouverons, chemin faisant, d'autres marchands de jouets ; il faut, pour le moment, penser au but de notre promenade.

IV

Voici que la foule augmente. C'est un sujet d'intéressantes réflexions au milieu de tout ce monde, que la rencontre de créatures vivantes nées dans la solitude et que la fréquentation de l'homme a, pour ainsi dire, douées d'une nouvelle nature. Voyez ce petit serin dont la cage est placée sur cette fenêtre; pauvre bestiole! Son plumage doré s'est terni sous notre brumeux soleil; sans doute, Annie, il voudrait bien encore voltiger sur les sommets embaumés de son île natale; mais il est citadin maintenant, et bon gré mal gré il lui a fallu prendre les goûts et jusqu'à l'extérieur des habitants des villes. Aussi ne chante-t-il plus comme au temps où il jouissait de sa liberté. Cependant il ne semble pas avoir conscience du bien qu'il a perdu. Est-ce un malheur?

Apercevez-vous ce perroquet qui s'égosille à crier : Joli Jacquot! Joli Jacquot! Sot oiseau qui assommes les passants de ta gentillesse, tu n'es pas un bien joli Jacquot, va, malgré l'éclat de ton plumage. Si tu disais au moins : Jolie Annie! Il y aurait quelque raison dans ton babil.

Tenez, regardez cet écureuil agile, à la porte d'un marchand de fruits, voyez-le tourner tantôt en avant tantôt en arrière dans sa roue. Il est condamné à un travail continuel et néanmoins il sait y trouver un plaisir; voilà de la vraie philosophie!

Voici venir vers nous un gros mâtin au poil hérissé; c'est le chien de quelque paysan. Il cherche son maître et flaire chaque promeneur; il vient, je crois, de frotter son museau humide à votre petite main.... vous auriez volontiers joué avec lui, mon Annie, mais il n'y prend pas garde et s'en va. Allons, bon voyage et bonne chance, mon chien fidèle.

Voyez donc, sur le pas de cette porte, le bon gros chat qui regarde paisiblement passer le monde avec ses yeux d'oiseau nocturne. Sans doute il fait sur chacun son petit commentaire. Sage minet, fais-moi place à tes côtés et nous ferons une fameuse paire de philosophes!

V

Ah! voici de nouveau le crieur public avec sa cloche. Regardez sur cette toile peinte les animaux qui semblent réunis pour élire un monarque comme au temps du bon Ésope. Mais ceux de la ménagerie sont probablement occupés à tout autre chose qu'à une élection. Entendez-vous d'ici leurs rugissements? Je parie qu'ils sont venus du fond de leurs forêts ou de leurs montagnes, des déserts brûlants ou des neiges polaires, rien que pour être agréables à ma petite Annie.

A notre entrée, l'éléphant nous salue dans le pur style de la politesse éléphantine, c'est-à-dire en pliant les genoux et en inclinant vers nous sa masse colossale. Rendez son salut à cet éléphant, Annie, car c'est certainement le monstre le mieux élevé de la troupe. Le lion et la lionne s'occupent chacun de leur côté à déchiqueter un os. Le tigre royal, ce beau rebelle, se promène d'un pas majestueux dans son étroite cage. Il n'accorde aux curieux qu'une médiocre attention et pense aux beaux jours de sa jeunesse, alors qu'il chassait le fauve dans les jungles du Bengale. Voici le loup. N'approchez point, Annie, c'est probablement celui-là qui eut l'indélicatesse de croquer le petit Chaperon rouge et sa mère-grand. Cette hyène d'Égypte a dû souvent rôder la nuit dans les chambres sépulcrales des pharaons. Elle paraît faire bon ménage avec cet ours noir que nos forêts ont vu naître. Placées dans de telles conditions, deux créatures humaines resteraient-elles longtemps unies? J'en doute. Voyez donc cet ours blanc, il passe pour stupide; moi je le crois tout simplement un esprit contemplatif. Il songe à ses voyages sur les glaces, à sa paisible retraite du pôle nord, à ses petits qu'il a laissés errants dans les neiges; c'est un ours sentimental. Quant à ce singe, il ne l'est guère, en revanche, c'est un vilain grimacier, braillard et malfaisant. Je suis sûr qu'Annie n'aime pas les singes. Leur laideur doit choquer son goût instinctif pour ce qui est beau.

C'est surtout cette ressemblance qu'ils ont avec l'homme qui rend encore plus laids les animaux de cette espèce. Voyez le joli poney, il en faudrait un semblable à mon Annie; il galope avec grâce autour de l'arène, en suivant la mesure que lui indique l'orchestre. Ah! voici un jeune écuyer qui s'avance vers lui, la cravache à la main, le tricorne sur la tête, il salue la foule et d'un bond il est en selle.

Je ne me trompe pas : à sa taille exiguë, à son vilain museau, c'est un singe véritable ou le roi des gnômes. Allons, sortons, Annie, nous verrons peut-être dans la rue des singes cavaliers.

VI

Voici le crieur public qui revient en agitant sa cloche : ding-dong! ding-dong!

Sa voix claire et sonore domine le bourdonnement de la foule aux mille voix. On s'arrête, on l'entoure et l'on se prépare à l'écouter religieusement. Plus d'un ministre en chaire, plus d'un avocat au prétoire envieraient le silence de l'assemblée. Écoutons ce que va dire l'orateur populaire.

« Une petite fille de cinq ans, vêtue d'une robe de soie bleue et d'un pantalon blanc, les cheveux bruns et les yeux noirs, a disparu de chez ses parents depuis ce matin; les personnes qui l'auraient recueillie sont priées de la ramener à sa mère, qui est plongée dans le désespoir. »

Arrêtez, crieur, l'enfant est retrouvée! oh! ma gentille Annie, que nous sommes coupables! nous avons oublié de prévenir votre maman de notre escapade; elle est désolée et elle vient d'envoyer ce crieur pour répandre dans la ville le bruit de la disparition de cette jolie enfant qui n'a point quitté ma main. Hâtons-nous de revenir, chaque seconde ajoute à ses angoisses. Pourtant, Annie, estimez-vous heureuse d'avoir fait vos premiers pas dans le monde sans qu'il vous en ait coûté la perte d'une illusion, un chagrin, une larme.

LA STATUE DE BOIS

Par une belle matinée du bon vieux temps, comme on dit déjà dans la jeune Amérique, un sculpteur sur bois, bien connu dans Boston sous le nom de Drowne, contemplait une grosse bille de chêne dont il se proposait de tirer une statue pour l'avant d'un navire.

Il était là, cherchant dans son esprit quelle forme il donnerait à ce bloc encore fruste, lorsqu'entra dans son atelier le capitaine Hunnewell, à la fois propriétaire et commandant de l'excellent brick le *Cynosure*, qui venait d'arriver de son premier voyage à Fayal.

— Ah! voici mon affaire, Drowne, s'écria le marin en frappant sur l'épaule du jeune sculpteur, je retiens cette pièce de chêne pour la proue du *Cynosure*, qui vient de prouver qu'il est le plus fin voilier de l'Océan. Aussi j'ai décidé que l'avant de mon navire serait orné de la plus belle statue qu'homme ait jamais tirée d'un morceau de bois; et comme vous êtes le plus capable de répondre à mon désir, je suis venu vous trouver, mon cher Drowne.

— Vous voulez me flatter, capitaine, répondit le sculpteur, déguisant sous un air modeste le plaisir que lui causait un éloge dont il se sentait digne; cependant je vous promets de faire de mon mieux en l'honneur de votre bon navire. Regardez ces modèles et dites lequel vous préférez. Voici, dit-il en lui montrant un buste constellé de décorations, dont la tête était couverte d'une perruque neigeuse et le torse revêtu d'un habit écarlate de la meilleure coupe, voici le portrait de notre gracieux souverain; voici le vaillant amiral Vernon, ou, si vous préférez une figure de femme, je puis vous donner une superbe Britannia avec son trident.

— Tous ces modèles sont fort beaux, assurément, répondit le marin, mais comme mon brick n'a pas son égal sur l'Océan, je veux lui faire présent d'un buste comme jamais le vieux Neptune n'en a vu. Enfin, si vous voulez me promettre le secret sur cette affaire, je vais vous confier ce dont il s'agit.

— Bien volontiers, fit Drowne, qui ne comprenait pas ce qu'il pouvait y avoir de mystérieux dans un objet nécessairement destiné à être vu par tout le monde, vous pouvez compter sur mon absolue discrétion.

Le capitaine Hunnewell, prenant alors Drowne par un bouton de son habit, l'attira près de lui et lui communiqua son désir sur un ton si bas, qu'il y aurait véritablement indiscrétion de notre part à répéter ce qui ne devait être entendu que du sculpteur. Profitons de ce moment d'intervalle pour donner au lecteur quelques détails sur la personne de Drowne.

Le premier en Amérique, il s'essaya, dit-on, dans cet art, qui compte aujourd'hui chez nous tant de noms distingués ou sur le point de le devenir. Dès sa plus tendre enfance, il avait montré une merveilleuse aptitude dans la reproduction des objets que lui offrait la nature, se contentant pour cela de tous les matériaux qui lui tombaient sous la main. La neige d'un vigoureux hiver lui avait fourni un marbre plus pur que le parcs et plus facile à dégrossir. Il n'était point à la vérité d'une aussi longue durée, mais suffisait parfaitement à la fécondité du jeune garçon. Il assura cependant que ces premiers essais attirèrent l'attention de juges plus compétents que ses petits condisciples, et en effet ils étaient déjà fort remarquables. En avançant en âge, le jeune homme choisit du bois de chêne ou de sapin pour exercer son adresse, qui commença dès lors à lui rapporter quelque argent, au lieu des félicitations gratuites, jusque-là son unique récompense. Il acquit bientôt une certaine réputation dans la sculpture des têtes de pompe, des urnes pour orner les pilastres et de divers ornements. Pas un apothicaire de Boston ne se fût jugé digne d'attirer les clients, s'il n'eût possédé un buste de Galien ou d'Hippocrate, ou tout au moins un mortier doré, sortant des mains habiles de Drowne. Mais au jour où nous sommes parvenus, il s'était fait une spécialité des figures qui ornent la proue des navires. Que ce fût le buste du roi, d'un amiral ou d'un général anglais, ou bien encore celui de la fille d'un armateur, toujours la pimpante figure, peinte des couleurs les plus fraîches et magnifiquement dorée, s'élevait sur la proue, regardant le public comme si elle eût eu conscience de sa supériorité. Ces spécimens de la sculpture nationale, après avoir parcouru toutes les mers, furent, même sur la Tamise, encombrée de navires de tout pays, un objet d'universelle admiration pour les marins qui eurent l'occasion de les contempler.

Cependant, pour ne pas nous écarter de la vérité, nous devons avouer que tous les produits de l'habile artiste avaient entre eux un vague air de ressemblance : l'auguste physionomie du monarque ressemblait à celle de ses sujets ; miss Peggy Hobart, la fille de l'armateur, rappelait assez bien Britannia, la Victoire et les autres figures allégoriques du même sexe ; tous enfin étaient taillés dans le même bois. Mais aussi le travail était bien conditionné, rien n'y manquait, absolument rien, sauf pourtant cette qualité précieuse qui vient du cœur ou du cerveau et qui donne la vie aux choses animées. En un mot, ses statues n'avaient qu'un défaut : c'était d'être des statues de bois.

Cependant le capitaine du *Cynosure*, après avoir donné ses instructions à Drowne, se disposait à le quitter :

— Et maintenant, lui dit-il gravement, il faut cesser tout autre travail, pour vous occuper de cette affaire. Quant au prix, faites de votre mieux, et vous le fixerez vous-même.

— Bien, capitaine, répondit le sculpteur avec un sourire d'intelligence, vous pouvez compter que je ferai tout pour vous satisfaire.

A partir de cette époque, les armateurs de Long-Wharf et de Town-dock, qui témoignaient de leur passion pour les arts plastiques en rendant de fréquentes visites à l'atelier de Drowne, commencèrent à remarquer le mystère dont il s'entourait. Il sortait souvent, des journées entières quelquefois ; et aux rayons lumineux qui s'échappaient de ses fenêtres, on pouvait juger qu'il travaillait jusqu'à une heure avancée de la nuit, bien que personne n'eût été admis dans l'atelier durant ces séances de travail nocturne.

On ne remarquait pourtant rien d'insolite dans l'atelier aux heures où il était ouvert au public, seulement un gros bloc de chêne que Drowne conservait pour une œuvre d'importance à moitié dégrossi déjà, semblait prendre une forme quelconque, sans que l'on pût préciser encore quelle devait être cette forme.

C'était là un problème que les amis du sculpteur s'efforçaient de résoudre et sur lequel Drowne restait impénétrable. On ne le voyait jamais y travailler, et cependant la figure sortait peu à peu du bloc grossier et il devint bientôt évident que ce serait une figure de femme. A chaque visite nouvelle, les curieux remarquaient un plus grand amas de copeaux, et du bloc de chêne s'élançait une forme déjà svelte et gracieuse. On eût dit qu'une hamadryade s'était retirée au cœur de l'arbre, et qu'en abattant la rude écorce qui l'enveloppait l'artiste allait faire surgir une divinité charmante. Tout imparfaits que fussent encore l'attitude et surtout les traits de la statue, il y avait déjà quelque chose en elle qui forçait les regards à quitter les autres productions de l'artiste pour se reporter sur cette œuvre mystérieusement attrayante.

Le peintre Copley, depuis célèbre, mais encore peu connu, vint un jour visiter Drowne, à l'habileté duquel il rendait justice, bien qu'il n'ignorât pas ce qui lui manquait d'autre part pour être un véritable artiste. En entrant dans l'atelier, il embrassa du regard toutes ces figures immobiles de rois, d'animaux, de femmes dont il était encombré. On eût pu faire de la meilleure d'entre elles l'éloge assez banal qu'elle ressemblait à un être humain métamorphosé en bois, non seulement au physique, mais au moral; par exemple, à l'égard d'aucune la réciproque n'eût été vraie.

— Mon cher ami, dit Copley, faisant allusion à l'habileté d'exécution que dénotaient tous ces bustes, vous êtes d'une adresse surprenante, et j'ai rarement rencontré dans votre spécialité un homme qui pût se vanter de vous égaler. Tenez, il manque bien peu de chose à cette figure du général Wolf pour lui donner la vie et l'intelligence.

— Vous croyez peut-être me faire un grand compliment, monsieur Copley? répondit le sculpteur, tournant le dos, avec un dépit mal déguisé, à la statue du général; mais depuis peu de temps, une lumière s'est faite dans mon esprit. Je sais maintenant aussi bien que vous ce qui manque à mes figures, et qui est cependant si important qu'elles ne sont rien sans lui, je sais enfin qu'il y a la même différence entre mes œuvres et celles d'un artiste inspiré, qu'entre le barbouillage d'une enseigne et la meilleure de vos toiles.

— C'est incroyable! s'écria Copley, considérant la figure de l'artiste qui, d'ordinaire peu expressive, rayonnait ce jour-là d'intelligence, que vous est-il arrivé? et comment se fait-il qu'avec des idées comme celles que vous venez d'exprimer, vous n'ayez pas encore produit d'autres œuvres que celles-ci?

Le sculpteur sourit sans répondre. Copley se tourna de nouveau vers les statues de bois; mais, tout en comprenant à merveille que le sentiment de son imperfection, chez un simple praticien, était une preuve évidente d'une intelligence ignorée jusque-là, il s'étonnait de n'en trouver nulle trace, lorsque ses yeux s'arrêtant par hasard sur une figure à peine ébauchée, qui s'élevait seule dans un coin de l'atelier, il demeura stupéfait.

— Qu'est-ce que cela? qui l'a fait? s'écria-t-il après l'avoir considérée avec une silencieuse admiration. La voilà cette touche divine. C'est le feu de Prométhée; quelle main inspirée commande à ce bois de surgir et de vivre! encore un coup, qui a fait cela?

— Personne, répondit Drowne, la figure est cachée dans le bois et je l'en fais simplement sortir.

— Drowne, s'écria l'artiste en serrant la main du sculpteur, vous êtes un homme de génie.

Bientôt Copley sortit de l'atelier; mais en se retournant, il aperçut Drowne penché sur la statue et lui tendant les bras comme s'il eût voulu la serrer sur son cœur.

Son visage exprimait alors une passion si ardente que, si ce miracle eût été possible, elle eût suffi pour communiquer au bois la vie et la chaleur.

— C'est vraiment incroyable, se dit le peintre en lui-même, pensant trouver un nouveau Pygmalion dans la personne d'un ouvrier yankee.

Jusqu'alors la statue avait conservé cette apparence vague qu'affectent les nuages au déclin du jour, et l'imagination y découvrait beaucoup plus de beautés qu'il n'y en avait réellement. Mais, à partir de ce moment, l'œuvre devint de jour en jour plus distincte et l'ensemble plus facile à saisir. C'était une figure de femme qui paraissait drapée dans un

13.

costume étranger : la robe serrée au-dessous du sein, s'ouvrait par devant sur une jupe d'une étoffe moelleuse, dont les plis étaient fidèlement et largement reproduits sur le bois. Sa coiffure, très-gracieuse de forme, était ornée de fleurs telles qu'il n'en croît point dans la Nouvelle-Angleterre, fleurs nées au sein d'une exubérante nature, mais imitées avec tant de vérité qu'il était évident qu'elles n'étaient point le produit de la fantaisie de l'artiste. On remarquait, en outre, divers accessoires : un éventail, une paire de boucles d'oreilles, une chaîne enlaçant le cou de la statue, une montre à sa ceinture et les bagues dont ses doigts étaient couverts.

La figure était loin d'être terminée, et cependant, à chaque coup d'ébauchoir, on voyait pour ainsi dire, l'intelligence et le sentiment de la vie animer graduellement ses traits. Enfin, l'œuvre s'acheva. Sa beauté, bien qu'irrégulière, était incontestable, et elle offrait un mélange de grâce et de dignité qu'il semblait presque impossible qu'un homme eût pu rendre avec du bois. Quant à l'exécution matérielle, elle était parfaite de tous points.

Copley dit un jour au sculpteur Drowne, qui n'avait pas manqué un seul jour de visiter l'atelier :

— Si cette œuvre était en marbre, non-seulement elle vous immortaliserait, mais j'affirme qu'elle ferait époque dans l'histoire de l'art. Conçue dans le beau idéal, comme les statues grecques, elle porte cependant un incroyable cachet de réalisme; mais j'espère bien que vous n'allez point profaner cette délicieuse création en la couvrant de peinture comme les souverains et les amiraux qui sont rangés là-bas?

— Ne pas la peindre? s'écria le capitaine Hunnewell qui se trouvait présent à l'entretien; ne pas peindre la figure d'avant du *Cynosure!* eh bien, cela serait beau, ma foi, de voir entrer mon navire dans un port, sans que sa proue fût peinte.

— Monsieur Copley, répondit Drowne avec calme, j'ignore absolument les règles de la statuaire; mais quant à ce qui est de cette statue de bois, l'œuvre de mes mains, la création de mon cœur, je puis dire une chose, c'est qu'une source d'intelligence a jailli de mon cerveau pendant que je travaillais ce chêne, en y mettant toute mon âme, toute l'énergie de ma foi; que les autres adoptent les règles qui leur conviennent, rien de mieux; mais pour moi, si je puis atteindre avec du bois peint l'idéal que je poursuis, ces règles ne sont point faites pour moi et j'ai le droit d'en secouer le joug.

— La logique même du génie, murmura le peintre; il a raison de mépriser les règles et moi je suis un sot de les lui opposer.

Puis, portant ses regards sur le jeune sculpteur, il surprit de nouveau sur son visage cette expression d'un amour tout humain, auquel il attribuait, non sans raison peut-être, la transformation de l'artiste.

Drowne cependant, continuant à s'entourer de mystérieuses précautions, se mit à peindre sa statue. Puis quand tout fut bien fini, il ouvrit au public les portes de son atelier, et permit à tout le monde de venir contempler son œuvre. Les habitants de Boston, gens naïfs pour la plupart, s'inclinaient respectueusement devant cette gracieuse dame si richement vêtue; et s'apercevant de leur erreur, se relevalent effrayés en contemplant cette statue si vivante dans son immobilité qu'elle semblait une créature surnaturelle.

Il y avait en effet dans cette physionomie une indéfinissable expression. Quelle pouvait être, se demandait-on, cette étrange beauté et d'où venait-elle? les fleurs bizarres qui paraient sa tête, ce teint légèrement cuivré, mais plus éclatant cent fois que celui des filles du pays, ce costume si riche, si original et pourtant si décemment porté, ces broderies si délicates, jusqu'à cette chaîne massive, à ces bagues curieuses, à cet éventail si finement découpé dans l'ébène et la nacre; où Drowne avait-il vu tout cela, si ce n'était en songe? et cette figure qu'illuminaient deux grands yeux noirs, et cette bouche voluptueuse remplie de promesses, et ce sourire légèrement ironique, où le sculpteur les avait-il pris?

— Quoi! lui dit un jour Copley, vous consentiriez à ce que ce chef-d'œuvre allât orner la proue d'un brick marchand? Donnez à votre capitaine cette Britannia qui fait bien mieux son affaire, et envoyez en Angleterre cette jolie fée. Je veux être pendu si vous n'en retirez point mille guinées.

— Je n'ai pas travaillé dans l'espoir d'une récompense pécuniaire, répondit Drowne.

— Quel être singulier! pensa le peintre, il est yankee et ne tient point à l'argent. Allons, il est devenu fou sans doute, et c'est le secret de son inspiration.

Le bruit courait que Drowne donnait des signes d'aliénation; on l'avait surpris au pied de sa statue lui tendant les bras et regardant avec une ardeur passionnée ce beau visage qu'il avait tiré du néant. Les dévots de l'endroit ajoutaient même que le malin esprit avait pris cette forme pour perdre plus sûrement l'âme du sculpteur.

Grâce à ces bruits divers, la réputation de la statue se répandit rapidement, tout le monde la voulut voir; et il n'y eut bientôt plus personne dans la ville qui ne l'eût contemplée sous toutes ses faces.

Bientôt cependant le *Cynosure* dut reprendre la mer. Le jour de son départ, le commandant sortit de chez lui en grande tenue : habit bleu brodé d'or, gilet blanc, tricorne à ganse d'or, et l'épée au côté; mais eût-il été mis comme un mendiant qu'il n'eût pas davantage attiré les regards des passants. En effet, cette attention, qu'on n'eût pas manqué de lui accorder dans une autre occasion, se reportait tout entière sur la personne qu'il avait au bras. Chacun en la voyant s'arrêtait, pétrifié de surprise, et se frottait les yeux pour s'assurer qu'il ne rêvait pas.

— Voyez, voyez donc, criait l'un, c'est bien elle !

— Qui donc, elle ? demandait un nouveau débarqué, je ne vois qu'un capitaine en grand uniforme avec une jeune dame qui doit être étrangère, à en juger par son costume. Par ma foi, c'est bien la plus jolie fille que j'aie vue.

— C'est elle-même, reprenait l'autre, c'est la statue de Drowne, douée de vie et de mouvement.

Il était certainement permis de croire à un miracle, car la gracieuse apparition était l'exacte reproduction du chef-d'œuvre de Drowne, et il n'y avait point dans son ajustement un seul ornement, dans sa figure un seul trait qui ne fût connu de tout le monde.

— C'est évident, disait un puritain de la vieille roche,

Drowne s'est vendu au diable, et le capitaine Hunnewell est de moitié dans le marché.

— Eh bien, moi, s'écriait un jeune homme, je consentirais à y entrer pour un tiers, rien que pour appliquer mes lèvres sur celles de la statue.

— Moi, rien que pour faire son portrait, dit Copley, qui passait par aventure.

— Cependant l'apparition ou la statue, comme on voudra l'appeler, toujours escortée du capitaine, quitta la rue de Hanovre pour s'engager dans les ruelles qui sillonnent une partie de la ville, et passant par Dock-square, gagna l'atelier de Drowne qui donnait sur le port. A mesure qu'elle avançait, la foule grossissait à sa suite, car jamais, de mémoire d'homme, un pareil miracle ne s'était produit en plein jour et au milieu d'un aussi grand concours de peuple. La charmante personne, s'apercevant à la fin qu'elle était l'objet de la curiosité universelle, parut à la fois contrariée et presque effrayée; elle ouvrit brusquement son éventail pour cacher sa rougeur; mais elle le fit avec tant de précipitation que le fragile objet se brisa dans sa main.

Lorsque le capitaine et sa compagne furent arrivés devant la porte de l'artiste, celle-ci se retourna pour regarder la foule et, prenant l'attitude même de la statue, jeta sur les citadins émerveillés ce coup d'œil provoquant et malin qu'ils connaissaient si bien, puis franchissant la porte, elle disparut avec son cavalier.

— On dirait que le soleil s'est obscurci, s'écrièrent quelques enthousiastes.

— Dans notre pays, dirent quelques vieillards moroses, on eût cru bien agir en brûlant cette belle dame de chêne.

— Si ce n'est point un sylphe, dit Copley je vais la revoir.

Il s'élança dans l'atelier, et la première chose qu'il aperçut à sa place habituelle fut la statue de bois, près de laquelle se tenait le sculpteur occupé à réparer l'éventail dont un accident quelconque avait brisé quelques lames. Mais point de femme : l'apparition s'était évanouie et avec elle le capitaine Hunnewell, dont on entendait cependant la rude voix du côté de la porte qui donnait sur le quai.

— Placez-vous à l'arrière, madame, disait le capitaine, et vous, enfants, nagez, je voudrais être à bord.

Et l'on entendit aussitôt les avirons retomber sur l'eau qu'ils fendirent en cadence.

— Drowne, s'écria le jeune peintre en souriant, vous êtes un heureux mortel! Quel peintre, quel statuaire eut jamais un semblable modèle? Je ne m'étonne plus que cette enchanteresse vous ait doué du génie.

Mais le sculpteur, tournant son visage baigné de larmes, leva sur lui des yeux que n'éclairait plus le feu de l'inspiration. Ce n'était plus que l'humble ouvrier qu'on avait toujours connu.

— Je ne comprends pas ce que vous voulez dire, monsieur Copley, dit-il en portant la main à son front, et je ne sais vraiment comment il se fait que cette statue soit l'œuvre de mes mains. Il faut que je l'aie faite dans un moment de fièvre, pendant une sorte d'hallucination. Mais à présent que me voilà réveillé, il faut que je termine ce buste de l'amiral Vernon.

Et de suite il se mit à l'ouvrage, façonnant une de ces stupides figures dont il avait la spécialité; et depuis on n'a jamais entendu dire qu'il ait rien changé à ses anciennes habitudes. Durant plusieurs années, il continua ainsi à travailler; et, après avoir acquis une modeste fortune, il entra dans les ordres, où il occupa une position relativement élevée. Les annales de l'Église américaine conservent encore le souvenir du diacre Drowne le sculpteur. On peut encore voir à Boston un des chefs-d'œuvre de l'honorable diacre; c'est une statuette représentant son ami le capitaine Hunnewell tenant un télescope et un sextant. Il sert d'enseigne à l'opticien de la marine, dont la boutique occupe l'un des angles de Bond-street. Mais il y a bien loin de cette figurine froide et guindée à la belle étrangère, ce chef-d'œuvre éclos dans un moment d'inspiration.

Quelle était cette belle étrangère? Tout ce que nous avons appris à ce sujet, c'est que peu de temps après le départ du *Cynosure*, on parla dans les assemblées de la ville d'une jeune et riche Portugaise que les troubles politiques ou, disait-on encore, des démêlés avec sa famille avaient forcée de fuir le toit paternel et de se réfugier à bord du bâtiment, sous la protection du brave capitaine. Les causes qui l'avaient forcée de s'exiler ayant disparu, elle revint à Fayal avec son protecteur. La belle fugitive était probablement l'original de la fameuse statue de bois.

LE VOYAGE DE NOCE

Cela m'a toujours attristé de voir combien les gens les plus sensés agissent sottement lorsqu'ils songent à se marier. Ils veulent se torturer l'esprit à chercher dans celle qui doit être leur compagne des qualités de convention, mille petits avantages extérieurs qu'il est bien difficile de trouver réunis dans une seule personne, fût-elle accomplie d'ailleurs.

C'est le comble de l'absurdité. Et qu'advient-il? C'est que les hommes affamés de perfection arrivent à leur insu jusqu'au seuil de la vieillesse, sans s'être décidés à faire un choix, et que dès lors ils sont condamnés à vieillir dans la solitude.

Comme si la bienveillante Providence n'avait point fait un sexe pour l'autre, une moitié du genre humain pour l'autre moitié? Il est évident qu'à part quelques exceptions bizarres, le bonheur ne peut se trouver que dans l'état de mariage. Tenez pour certain que les objections les plus fortes en apparence, dirigées contre cette institution, s'évanouissent d'elles-mêmes quand on les passe au crible du raisonnement ; et croyez que l'amour légitime est capable d'opérer des miracles en faisant disparaître les incompatibilités les plus prononcées.

En voulez-vous un exemple personnel ? J'étais précisément tel, dans ma jeunesse, que je vous conseille de ne pas être. J'étais doué d'un tact exquis et d'une sensibilité toute féminine, et je n'exagère rien en affirmant que Thomas Bullfrog était plus femme sous ce rapport que la plus nerveuse des petites maîtresses. La finesse de mon goût était telle, et les perfections que je voulais trouver dans celle qui porterait mon nom étaient en si grand nombre qu'il y avait gros à parier que je ne trouverais jamais une femme à mon gré.

En un mot, j'étais si difficile à contenter que si quelque houri se fût donné la peine de descendre du paradis pour m'offrir sa main, il n'est pas certain que je l'eusse acceptée.

J'avais donc toutes les conditions requises pour vivre et mourir dans le célibat, lorsque, par le plus grand hasard du monde, étant allé faire un petit voyage dans les provinces, je fus engoué, ravi, captivé, saisi, marié, le tout en moins d'une quinzaine, à celle qui s'appelle aujourd'hui mistress Bullfrog.

Cette affaire avait été conclue si rapidement que je dus créditer ma fiancée des qualités qu'elle n'avait pas eu le temps de faire paraître, et fermer les yeux sur quelques légers défauts qui n'avaient pu m'échapper. J'appris bientôt, comme on va le voir, à estimer les imperfections de mistress Bullfrog à leur juste valeur.

Le jour même où nous fûmes unis, nous louâmes deux places dans le coupé d'une diligence pour nous rendre au siége ordinaire de mes affaires. Il n'y avait pas d'autres voyageurs, aussi étions-nous aussi libres que si j'avais loué une chaise pour notre voyage de noce. Ma femme était charmante, avec sa capote de soie verte et sa pelisse garnie de fourrures. Ses lèvres purpurines laissaient entrevoir, lorsqu'elle souriait, une double rangée de perles du plus bel orient. Telle était l'ardeur de ma passion que, profitant de ce que nous étions aussi seuls qu'Adam et Ève dans le paradis terrestre, à peine sortis du village, je pris la liberté de dérober à ma compagne un doux baiser, profanation dont ses yeux ne semblèrent point irrités.

Encouragé par cette indulgence, je relevais légèrement la capote verte sur son front blanc et poli, j'osai passer délicatement mes doigts dans les boucles brunes et soyeuses de ses cheveux, qui réalisaient à mes yeux ce que j'avais rêvé de plus idéal en ce genre.

— Cher ami, me dit tendrement mistress Bullfrog, vous allez me décoiffer.

— Non, ma douce Laura, répliquai-je, jouant toujours avec sa chevelure, votre main de fée n'enroulerait pas plus artistement une boucle que la mienne, et je me propose même le plaisir d'empapilloter chaque soir vos cheveux en même temps que les miens.

— Monsieur Bullfrog, répéta-t-elle, je vous prie de laisser mes cheveux tranquilles.

Cette fois, cela était dit sur un ton décidé auquel ne

m'avait pas encore accoutumé la plus douce des épouses. En même temps elle emprisonna ma main dans une des siennes pour l'éloigner du fruit défendu, et de l'autre lissa soigneusement son bandeau.

Comme je suis très-remuant et qu'il faut toujours que j'aie quelque chose dans les mains, une fois privé des boucles de ma bien-aimée, je cherchai des yeux ce qui pourrait bien me servir de jouet. Sur la banquette était un de ces élégants paniers dans lesquels les voyageuses, trop délicates pour s'asseoir à la table commune, ont l'habitude de placer de petites provisions telles que pain d'épices, biscuits, jambon froid et autres victuailles propres à soutenir l'estomac durant la route. Soulevant donc le couvercle du panier, je glissai la main sous le journal qui en recouvrait soigneusement le contenu.

— Qu'est-ce que cela, ma chère? m'écriai-je en voyant apparaître le goulot d'une bouteille.

— Une bouteille de Kalydor, répondit ma femme, en me prenant la corbeille des mains pour la replacer sur la banquette.

Il n'y avait aucun doute à émettre sur le mot que venait de prononcer ma femme, et pourtant ce kalydor sentait diablement le xérès. J'allais lui exprimer ma crainte que cette lotion ne lui gâtât le teint, lorsqu'un accident imprévu vint nous menacer inopinément de quelque chose de plus grave qu'une écorchure. Notre automédon, sans y prendre garde, était monté sur un tas de cailloux et avait culbuté si complétement la voiture que nos pieds étaient à la place qu'auraient dû occuper nos têtes. Que devint ma raison dans cette triste occurrence? Je ne saurais trop le dire, vu qu'elle a la fâcheuse habitude de toujours m'abandonner dans les moments où j'ai le plus besoin d'elle. Or il arriva que, dans le trouble où me jeta cette catastrophe, j'oubliai de la manière la plus complète qu'il y eût au monde une mistress Bullfrog. La pauvre femme, c'est un sort commun à bien d'autres, servait en ce moment-là de marchepied à son époux. Après quelques efforts, je parvins à sortir de cette boîte et je rajustais instinctivement ma cravate, lorsque j'entendis le bruit d'un soufflet tombant d'aplomb sur l'oreille du cocher.

— Tiens, gueux, attrape cela; tu m'as défigurée, goujat!

En même temps un second soufflet dirigé sur l'autre oreille fut si malheureusement envoyé qu'il tomba en plein sur le nez du pauvre diable, dont le sang jaillit avec abondance.

Qu'était-ce que cette étrange apparition, infligeant au conducteur une si rude correction? J'avoue que c'était une énigme pour moi. Les soufflets avaient été appliqués par une personne dont la tête chenue était çà et là parsemée de quelques poils grisonnants, au teint bilieux et qui pouvait aussi bien appartenir à la plus belle moitié du genre humain qu'à l'autre. Sa voix était cassée, comme enrouée par le manque de dents, et ses gencives démeublées figuraient assez bien deux pieds de veau. Quel pouvait être ce monstre?

J'omets la circonstance la plus terrible pour moi, c'est que cet être, quel qu'il fût, avait une pelisse pareille à celle de mistress Bullfrog, et de même qu'elle une capote verte, qui, s'étant détachée par suite de la violence de ses gestes, pendait sur ses épaules. Dans ma frayeur et ma confusion d'esprit, j'imaginais que le vieux Nick avait subtilisé ma femme et s'était glissé dans ses vêtements. Et cette idée prenait d'autant plus de consistance que mistress Bullfrog avait disparu sans qu'il restât la moindre trace de cette femme adorée.

— Allons, monsieur, dépêchez-vous d'aider ce misérable à redresser sa voiture, me dit l'apparition.

Puis, jetant les yeux sur trois paysans qui se tenaient à quelque distance, tranquilles spectateurs de cette scène :

— Eh bien, vous autres, qu'avez-vous à rester ainsi plantés sur vos jambes quand vous voyez une femme dans un pareil embarras?

Les paysans, au lieu de fuir comme je m'y attendais, accoururent avec empressement et commencèrent à soulever la caisse de la voiture. Je me mis également à l'œuvre malgré mon peu de force et l'exiguïté de ma taille ; enfin le conducteur suivit mon exemple, bien que le nez lui saignât encore avec abondance, dans la crainte sans doute qu'un troisième soufflet ne lui brisât le crâne. Et cependant, tout abîmé qu'était le pauvre garçon, il jetait sur moi des regards de commisération, comme si ma position avait été plus déplorable encore que la sienne. Ne pouvant m'ôter de l'idée que je rêvais tout éveillé, je guettais le moment où les roues retomberaient sur le sol pour y placer deux doigts de la main gauche ; la douleur m'eût infailliblement réveillé...

— Que faisons-nous là, puisque tout est réparé? demanda derrière moi une voix pleine de douceur; merci de votre assistance, mes amis..... Comme vous transpirez, monsieur Bullfrog, laissez-moi essuyer votre visage.... il ne faut pas prendre cet accident trop à cœur, cocher ; nous sommes encore bien heureux de n'avoir point le nez cassé.

— Il paraît que le mien compte pour rien, murmura le conducteur en se frottant l'oreille et se tâtant le nez pour voir s'il tenait encore à son visage. — Ma foi, ajouta-t-il, je crois que cette femme est sorcière.

Le lecteur ne le croira pas, et c'est cependant la plus exacte vérité. Ma femme se tenait debout, à côté de moi, avec ses belles boucles d'ébène et ses rangées de perles entre des lèvres vermeilles; mieux encore avec son céleste sourire. Elle avait sans doute réussi à reprendre au monstre sa pelisse et sa capote, et c'était bien, des pieds à la tête, l'épouse aimée que j'avais à mes côtés au moment de la culbute. Comment avait-elle disparu? par qui avait-elle été remplacée? depuis quand était-elle revenue? C'étaient là des problèmes trop embrouillés pour que mon pauvre cerveau pût les résoudre. Ma femme était là, ce fait seul était positif. Il ne me restait plus qu'à remonter avec elle dans la diligence et à continuer d'être son compagnon de route non-seulement durant ce voyage, mais encore pour toute ma vie.

Comme le cocher fermait sur nous la portière du coupé, je l'entendis crier aux trois paysans :

— Croyez-vous qu'on soit à l'aise en cage avec un chat-tigre?

Cette question ne pouvait avoir de rapport avec ma situation. Cependant, tout déraisonnable que ce fût, mon enthousiasme était loin d'être le même que lorsque pour la première fois j'appelai mienne la chère mistress Bullfrog. C'était bien la plus douce des femmes, l'ange du bonheur conjugal; mais je craignais qu'au beau milieu d'un amoureux transport la tête de l'ange ne fît place à celle du fantôme. Je me rappelais involontairement ce conte dans lequel une fée paraît tantôt sous la figure d'une belle femme, tantôt sous les traits d'un monstre hideux; et je regardais mistress Bullfrog dans l'attente de quelque effroyable transformation.

Pour distraire mon esprit de cette affreuse pensée, je ramassai le journal qui couvrait les provisions et sur lequel, en se brisant, la bouteille de kalydor avait laissé des traces non équivoques du liquide qu'elle contenait. Ce journal avait deux ou trois ans de date, cependant j'y découvris, en le parcourant, un article de plusieurs colonnes qui attira singulièrement mon attention.

C'était un procès, et il s'agissait d'une promesse de mariage dont on demandait la nullité. Au nombre des preuves à l'appui et autres documents, se trouvaient de brûlants extraits d'une correspondance amoureuse. La fille abandonnée avait comparu en personne devant la cour pour montrer aux juges quelle était l'ingratitude de son amant, eu égard aux preuves d'amour qu'il avait reçues d'elle; elle concluait à des dommages-intérêts que sa partie aimait mieux payer que de supporter, sa vie durant, l'affreux caractère de la plaignante. En lisant le nom de cette dernière un horrible soupçon traversa mon esprit.

— Madame, dis-je en plaçant le papier sous les yeux de mistress Bullfrog, — et en ce moment je dus avoir l'air terrible, — madame, répétai-je les dents serrées, étiez-vous la demandeuse en cette cause?

— Comment, mon cher Bullfrog, mais je croyais que tout le monde connaissait cette affaire?

— Horreur! horreur! m'écriai-je en me laissant aller sur les coussins de la voiture.

Et, couvrant mon visage de mes deux mains, je me mis à gémir comme si j'allais rendre l'âme. Moi, l'homme du monde le plus délicat et le plus difficile, moi dont l'épouse devait être la plus idéale et la plus accomplie des femmes; moi qui voulais m'enivrer de l'étincelante rosée de ce bouton de rose qu'on appelle le cœur d'une vierge! tout me revint alors à l'esprit, et les boucles d'ébène, et les dents de perle, et le kalydor, et le nez du cocher, et ses tendres secrets d'amour qu'elle était allée divulguer à plaisir devant les juges, le jury et des milliers d'assistants. Mes gémissements redoublèrent.

— Monsieur Bullfrog! me dit ma femme.

Et comme je gardais le silence, elle me prit gentiment les mains dans les siennes et me regarda bien en face.

— Monsieur Bullfrog, reprit-elle avec douceur, mais cependant avec toute la décision dont elle était susceptible, laissez-moi chasser ce nuage de votre esprit et vous prouver qu'il est de votre intérêt d'être aussi bon mari que j'ai l'intention d'être pour vous une bonne femme. Vous avez découvert dans votre compagne quelques légères imperfections. Soit; mais qu'aviez-vous donc espéré? Les femmes ne sont pas des anges; s'il en était ainsi, elles ne se marieraient qu'au ciel, ou tout au moins elles se montreraient plus difficiles dans leur choix.

— Pourquoi donc alors cacher ces imperfections? dis-je convulsivement.

— Oh! que vous êtes un naïf petit homme, répondit-elle en me donnant une légère tape sur la joue. Où avez-vous vu qu'une femme découvrait ses défauts avant la noce? Savez-vous que vous êtes fort amusant?

— Mais ce procès? grommelai-je.

— Eh bien, qu'a-t-il de déshonorant pour moi? s'écria mistress Bullfrog, est-il possible que vous jugiez cette affaire à un point de vue aussi faux? je vous avoue que je ne m'attendais pas à cela de votre part. Comment? vous m'accusez parce que je me suis défendue d'une manière triomphante contre la calomnie, et que j'ai obligé la cour à venger l'offense faite à mon honneur.

— Mais, continuai-je en me reculant un peu, dans la crainte que tant de contradictions n'exaspérassent ma chère moitié, mais, ma chère amie, n'aurait-il pas été plus digne de garder le silence et d'accabler cet homme de votre dédain?

— Bien jugé, monsieur Bullfrog, fit ironiquement ma femme; et si j'avais agi de cette manière, dites-moi, je vous prie, où seraient les cinq mille dollars qui vont approvisionner vos magasins?

— Sur votre honneur, mistress Bullfrog, demandai-je haletant comme si ma vie eût été suspendue à ses lèvres, ne faites-vous pas erreur? C'est bien cinq mille dollars que vous avez dit?

— Sur mon nom et sur mon honneur, répliqua-t-elle, le jury m'alloua tant pour cent sur la fortune de ce coquin, et j'ai gardé tout cela pour mon cher Bullfrog.

— Alors, chère femme, m'écriai-je au paroxysme de la joie, laisse-moi te serrer sur mon cœur! la paix du ménage est désormais assurée et j'oublie tes imperfections, puisqu'elles ont produit un si beau résultat. Bien plus, je me réjouis à présent de l'injustice qui a causé ce procès béni. Oh! heureux Bullfrog que je suis!

M. WAKEFIELD

C'est dans quelque revue, ou dans un vieux numéro de journal que j'ai lu cette histoire, soi-disant véritable, d'un homme, appelons-le Wakefield, qui avait abandonné sa femme pendant de longues années. Ce fait, en lui-même regrettable, n'a rien d'extraordinaire. Cependant, bien que celui dont il est ici question ne soit pas des plus graves, c'est peut-être le plus étrange exemple que l'on puisse rapporter touchant ce genre de délit matrimonial, et la manie la plus curieuse dans la liste des bizarreries humaines. Le couple habitait Londres. Un beau jour, sous le prétexte de s'aller promener, le mari prit un logement dans une rue voisine de son domicile légal, et, sans l'ombre d'un motif, vécut là, séparé de sa femme et de ses amis, pendant plus de vingt années. Chaque jour, durant cette longue période, il aperçut sa maison, et souvent même mistress Wakefield la pauvre délaissée. Puis, après une semblable lacune dans sa félicité conjugale, lorsque sa mort parut un fait acquis, son nom presque sorti de la mémoire de ses amis et sa femme depuis longtemps résignée au veuvage, il franchit un soir le seuil de sa maison, tranquillement, comme s'il se fût absenté la veille, et devint jusqu'au jour de sa mort le modèle des époux.

C'est tout ce que je me rappelle de l'histoire. Mais, outre l'originalité de cet incident sans précédent jusque-là et qui ne se renouvellera sans doute point, il y a là un fait qui sollicite instamment l'intelligente curiosité du penseur. Pour moi, lorsque j'ai réfléchi sur cette aventure, après l'avoir considérée d'abord comme très-merveilleuse et singulière, en l'examinant avec plus d'attention, j'ai compris, par l'étude approfondie du caractère de l'acteur principal, qu'elle devait être vraie. Or, lorsqu'il arrive qu'un sujet s'empare ainsi de votre esprit, on ne pourrait mieux faire que de le creuser. Le lecteur est donc libre de se livrer à ses propres méditations, ou, s'il le préfère, et il sera le bienvenu, de parcourir avec moi les vingt années que dura l'exil volontaire de M. Wakefield. J'ai la confiance qu'au fond de tout cela nous trouverons une moralité qu'il nous sera loisible après de condenser dans un aphorisme final. Chaque événement, le plus futile en apparence, a sa raison d'être, et les réflexions qu'il suggère ne sauraient être inutiles.

Quel homme était ce Wakefield? nous sommes libres d'avoir notre sentiment sur ce sujet, aussi bien que nous l'avons été de lui donner un nom de fantaisie.

Il devait être dans la force de l'âge; son affection pour sa compagne, jusque-là rien moins que passionnée, s'était encore refroidie par l'accoutumance; cependant il était de tous les époux peut-être le plus fidèle, à cause d'une certaine apathie naturelle. Ce n'était pas qu'il manquât d'intelligence, mais l'activité lui faisait défaut : il s'abîmait souvent en de longues et paresseuses méditations dont il ne voyait pas lui-même le but, ou, s'il l'entrevoyait, qu'il n'avait pas l'énergie d'atteindre. Le sens des mots échappait souvent à son esprit errant.

L'imagination, cette folle du logis, ne lui avait départi aucun de ses dons. Avec un cœur froid, mais non dépravé, un esprit calme et cependant accessible aux pensées les plus originales et même les plus déréglées, nous pouvons dès à présent avancer qu'on le pouvait classer parmi les plus grands excentriques de son époque.

Un de ses amis voulait-il citer l'homme de Londres le plus certain de ne rien faire le jour qu'il ne l'ait oublié le lendemain, soyez certain que le nom de Wakefield était le premier qui se présentât à son esprit. Sa femme elle-même ignorait ce qui se passait au fond de son cœur. Elle le savait bien un peu enclin à l'égoïsme, maladie ordinaire des gens inoccupés; elle connaissait aussi sa secrète propension à la vanité, sa manière d'avoir ses petits secrets à lui; mais en somme, tous ces légers défauts paraissaient à la bonne dame les imperfections d'un brave et honnête homme. Bref, c'était un caractère indéfinissable que celui de Wakefield, et probablement le seul de son espèce.

Nous nous imaginerons, si vous le voulez, que Wakefield vient de faire ses adieux à sa femme. C'est à l'heure du crépuscule, un soir d'octobre. Son équipement consiste en une grande redingote de drap gris, un chapeau recouvert d'une toile cirée, des bottes fortes; d'une main il tient son parapluie, et de l'autre un porte-manteau. Il a dit à mistress Wakefield qu'il allait prendre la diligence de nuit, et l'excellente femme, bien que désireuse de savoir où il va passer la journée du lendemain, ainsi que l'époque de son retour, retient les questions qu'elle brûle de lui adresser. Indulgente pour ses cachotteries, elle se contente de l'interroger du regard. Wakefield lui répond de ne pas compter sur lui par le retour de la diligence, qu'elle ait à ne pas s'alarmer si son absence se prolongeait plus de trois ou quatre jours, et qu'à tout événement, elle l'attende pour le vendredi suivant à l'heure du souper. Il est probable qu'il ne sait pas encore en ce moment le parti qu'il va prendre. Il serre la main de sa femme, y dépose un baiser qui se ressent un peu de dix années de mariage, et seulement alors prend la résolution d'inquiéter la bonne dame en restant huit jours absent.

La porte se ferme, puis s'entr'ouvre de nouveau pour laisser voir à mistress Wakefield la figure de son mari qui sourit avant de s'éloigner.

Ce léger incident, auquel elle accorda peu d'attention, vint plus tard s'offrir à son esprit, durant son pseudo-veuvage; elle revit ce sourire stéréotypé sur les lèvres de Wakefield, toutes les fois qu'elle évoquait son image, et seulement alors, l'imagination aidant, il lui parut étrange et presque terrible. Qu'elle le rêvât étendu livide dans un cercueil, ou qu'elle se vît réunie à lui dans un monde meilleur, elle retrouvait sur ses traits ce même sourire froid et railleur. Aussi, lorsque personne ne doutait plus de la mort de son mari, seule elle s'obstinait à penser qu'elle ne pouvait être venue encore.

Mais c'est ce dernier qui nous doit occuper, poursuivons-le donc avant qu'il n'égare dans les rues tortueuses son étonnante individualité et qu'elle ne devienne un des atomes constitutifs de ce béhémeth que l'on appelle Londres.

Ce serait folie que de chercher à le retrouver dans une semblable cohue ; laissons-le poursuivre sa route à travers un dédale de rues détournées, se retournant de temps à autre pour voir s'il n'est point suivi, et nous ne tarderons pas à le surprendre assis auprès du foyer de sa chambre dans un petit appartement qu'il a retenu d'avance.

Il habite maintenant dans une rue voisine de sa maison. La nuit s'approche : il n'ose pourtant se féliciter de n'avoir point été aperçu. Il se rappelle que la lumière d'une lanterne a frappé son visage dans un endroit très-passager ; il lui a semblé qu'on prononçait son nom derrière lui ; bien probablement des gamins du voisinage, dont il a fait la rencontre, vont aller dévoiler tout le mystère à sa femme.

Pauvre Wakefield! tu ne sais donc pas combien ta chétive personne est insignifiante dans ce monde, et le peu de place qu'elle y occupe? Aucun œil autre que le mien ne t'a suivi ; gagne paisiblement ta couche, pauvre insensé, et si demain la raison t'est venue, tu retourneras chez toi, où tu retrouveras cette bonne mistress Wakefield, à qui tu raconteras la vérité. Va, même pour une semaine ne t'éloigne point de ce cœur si chaste ; il est parfois dangereux de soumettre à de trop rudes épreuves les affections d'ici-bas, et tu pourrais retrouver changé le cœur de cette chère femme, qui ne pense qu'à toi.

Cependant, honteux déjà de son escapade, Wakefield, après avoir éteint sa lumière, pense en ramenant sur lui ses draps, que son lit est bien froid et tristement solitaire.

— Ma foi! non, se dit-il en s'enveloppant le mieux qu'il peut, je ne coucherai pas seul une seconde nuit.

Dès le matin, notre homme se lève plutôt qu'il n'en a l'habitude, et, la tête dans ses mains, réfléchit sur sa bizarre situation. Tel est le vagabondage de sa pensée, qu'il a pris ce singulier parti sans dessein arrêté et sans qu'il puisse seulement se rendre compte de ce qu'il a prétendu faire. Le vague de son projet et la précipitation fébrile avec laquelle il l'a mis à exécution sont également l'indice certain de la faiblesse de son esprit. Cependant Wakefield se livre aussi scrupuleusement qu'il lui est possible à l'examen de ses propres idées, et le résultat de cette investigation est qu'il éprouve une certaine curiosité de savoir ce qui se passe chez lui, comment son excellente femme endurera son veuvage d'une semaine; enfin comment la sphère de créatures et de circonstances qui l'entoure en temps ordinaire peut être impressionnée par son absence, toutes conjectures produites par un sentiment maladif de vanité.

Mais comment pouvait-il atteindre ce but?

Ce n'était certes pas en s'enfermant dans son nouveau logement; bien qu'une seule rue le séparât de sa maison, il en était aussi loin que s'il eût réellement pris la diligence et voyagé toute une nuit. Sa pauvre cervelle retourna vingt projets avant d'en trouver un qui lui parût convenable. Enfin il prit un moyen terme et décida qu'il irait jusqu'à l'angle de sa rue, jeter un furtif coup d'œil sur le toit abandonné. L'habitude — car il était homme d'habitude par excellence — le prit par la main et le guida, sans qu'il s'en aperçût, jusqu'à sa porte, où il se surprit la main sur le bouton. Wakefield! où alliez-vous?

A cet instant, sa destinée tourna sur le pivot du hasard. Un caprice du sort le fit reculer d'un premier pas, d'un second, puis s'enfuir comme un larron, sans oser tourner la tête, jusqu'à ce qu'il eût dépassé le coin de la rue. L'avait-on vu? Est-ce que toute sa maison, mistress Wakefield, la servante et le petit domestique n'allait pas se mettre à la poursuite de son maître et seigneur? Il recueillit tout son courage pour s'arrêter et regarder son ex-domicile.

Étrange phénomène de l'esprit! il lui sembla qu'il s'était opéré dans l'édifice un changement analogue à celui qui nous frappe dans une montagne, un lac, un monument, que nous n'avons pas vus depuis longtemps. Dans les cas ordinaires, cette impression est causée par le contraste qui existe entre l'infidélité de nos souvenirs et la réalité. Chez Wakefield, il avait suffi d'une seule nuit pour causer cet affaiblissement des facultés mnémoniques, parce que, à son insu, il s'était opéré dans son être un grand changement moral.

Au moment où il allait se retirer, il aperçut sa femme, qui jeta, en passant devant sa fenêtre, un regard distrait sur la rue, et notre imbécile prit une seconde fois ses jambes à son cou, poursuivi par l'idée qu'au milieu de tant de personnes, l'œil de mistress Wakefield était parvenu à le distinguer. Il ne fut rassuré que lorsqu'il se retrouva seul devant le foyer éteint de son nouveau logement.

Quelque temps après, nous retrouvons notre héros qui, après plusieurs jours de solitaires et laborieuses réflexions, achète une perruque rousse et fait emplette chez un juif de vêtements d'occasion; le tour est fait, Wakefield est un autre homme à présent. Depuis qu'il a accompli cette transformation, il lui semble qu'il ne pourrait plus revenir sur les faits accomplis. Il a de l'humeur en pensant au chagrin qu'il cause à sa brave femme, et cette humeur le confirme pourtant dans son obstination. Il ne retournera pas chez lui, à moins que la pauvre dame ne soit à l'article de la mort. Hélas! deux ou trois fois il l'a vue passer, et chaque fois avec une démarche plus lente, un air plus languissant, une pâleur plus mate.

Trois semaines après sa fuite, un jour qu'il considérait sa maison, il voit avec frayeur entrer un pharmacien: le lendemain, le marteau de la porte est enveloppé pour en assourdir les coups retentissants; à la nuit, la voiture du médecin s'arrête, l'homme noir en descend, frappe discrètement, la porte s'ouvre et se referme sur lui. Il sort après une visite qui n'a pas duré moins d'un long quart d'heure; peut-être va-t-il prévenir l'entrepreneur des funérailles? Ah! chère femme, serait-elle morte? Wakefield sent son cœur s'amollir; il a donc un cœur? Cependant il s'éloigne, il a sagement réfléchi que la pauvre dame n'a pas besoin en ce moment d'une émotion violente, et qu'il ne faut pas qu'elle le voie encore. Quelques semaines s'écouleront, elle ira mieux, elle aura pris le dessus, son cœur se sera raffermi, elle sera plus tranquille et, un peu plus tôt ou un peu plus tard, il vaut mieux ne retourner auprès d'elle que lorsque la fièvre sera passée.

Cette idée, en s'enracinant dans son esprit, y creuse, à son insu, un abîme entre sa femme et lui.

— Je demeure pourtant à côté d'elle, se dit-il quelquefois.

Insensé! ces deux pas qui vous séparent sont les frontières de deux mondes. Cependant il fixe son retour à une certaine époque qu'il ne peut encore préciser, mais qui ne peut manquer d'être prochaine, « pas demain, mais probablement la semaine prochaine, bientôt ». Pauvre homme! la mort peut venir aussi bientôt te surprendre, loin de la pauvre abandonnée!

Ce n'est pas en quelques pages, mais dans un in-folio, qu'il faudrait consigner les excellentes raisons que Wakefield trouvait chaque jour pour retarder son retour auprès de sa chère compagne. Dix ans plus tard, nous le retrouvons encore dans le même appartement; seulement, il y a longtemps qu'il a perdu la conscience de sa conduite excentrique. Son genre de vie lui semble actuellement tout naturel, et il ne lui vient pas à l'idée qu'il en pourrait être autrement.

C'est vers cette époque que se place une nouvelle scène dans notre récit. Dans une des rues les plus passagères de Londres, nous pouvons voir un homme, déjà vieux, porteur d'une physionomie singulière qui le désigne aux regards de l'observateur : il est maigre, sa figure effilée penche sur sa poitrine; ses yeux sans éclat sont doués d'une étrange mobilité, et son cou semble muni d'un mécanisme analogue à celui d'une lampe à roulis; il jette autour de lui des regards inquiets, comme s'il s'attendait à voir paraître quelque effrayant objet. Observons-le avec attention, et nous reconnaîtrons bientôt que les circonstances ont fait un type des plus originaux d'un homme sorti fort ordinaire des mains de la nature. Si nous abandonnons ce promeneur nous verrons venir à sa rencontre une femme encore dans la fleur de l'âge, douée d'un certain embonpoint, se dirigeant vers le temple, un livre de prières à la main. Elle a l'extérieur placide et froid d'une veuve décidée à ne pas convoler à de secondes noces. Ses regards ne sont point éteints, mais adoucis; elle vit dans le passé, et ne changerait pour aucun plaisir cette quiète mélancolie.

Au moment où les deux promeneurs vont se rencontrer ils lèvent instinctivement la tête, leurs mains se touchent presque, leurs regards se croisent, la foule qui les presse les maintient ainsi quelques secondes face contre face.

C'est ainsi qu'après dix années de séparation Wakefield rencontre sa femme.

Il se jette en arrière, bouscule les passants, et s'enfuit. La tranquille veuve, reprenant son pas accoutumé, se dirige vers le temple; mais elle s'arrête sur le seuil et jette un regard inquiet vers la foule. Elle franchit cependant le portail et disparaît, pendant que notre homme, la figure bouleversée, les yeux égarés, regagne en toute hâte son logement, en ferme la porte à clef, se jette sur son lit, et comme si toute sa vie se déroulait devant lui d'un seul coup, s'écrie d'une voix déchirante : « Malheureux Wakefield, tu es fou ! »

Peut-être n'avait-il pas tout à fait tort. La singularité de sa situation, si on la compare à celle des autres hommes, pouvait bien laisser croire qu'il n'était rien moins que raisonnable. Sans motif, il s'était volontairement séparé du monde, de sa femme, de tout ce qu'il possédait librement au soleil. Seule, la vie d'un ermite pouvait se comparer à la sienne. Encore sa destinée avait-elle cela de particulier, qu'il avait conservé le désir des sympathies humaines, et qu'il n'était nullement détaché des biens de ce monde, avec lequel il avait pourtant assez complétement rompu pour ne conserver aucun droit à sa sollicitude ni même à son souvenir. Ce serait une curieuse étude que de pousser plus avant cette analyse psychologique. Pour Wakefield, il avait depuis longtemps renoncé à tout travail de cette nature sur son propre esprit, si tant est qu'il l'eût jamais essayé. Il en était arrivé à n'avoir plus aucune conscience de son état, et lorsqu'il répétait quelquefois par routine : « J'y retournerai bientôt », il ne réfléchissait pas que depuis vingt ans il en disait autant.

On comprend cependant que ces vingt années maintenant écoulées ne semblaient guère plus longues à Wakefield que cette fameuse semaine à laquelle il avait, dans le principe, limité son absence. Il se surprenait encore pensant aux sauts de joie que ne manquerait pas de faire mistress Wakefield en le voyant arriver, comme elle battrait des mains et sauterait au cou de son cher mari. Il n'oubliait qu'une chose, c'est que le temps des folies conjugales était passé pour eux.

— Bah! nous serons tous deux jeunes jusqu'au jour du jugement », pensait ce pauvre cerveau fêlé de Wakefield.

Un soir de sa vingtième année d'absence, notre exilé sort pour accomplir sa promenade accoutumée aux abords de cette demeure qu'il nomme encore la sienne. C'est une orageuse nuit d'automne, dont les fréquentes ondées tombent avec tant de promptitude que l'on n'a pas le temps d'ouvrir son parapluie. Le pavé semble celui d'une cuisine hollandaise. Arrêté devant sa maison, Wakefield distingue, au second étage, à travers les fenêtres du parloir, la lueur incandescente d'un feu de charbon de terre. De temps à autre apparaît sur la tapisserie la respectable silhouette de mistress Wakefield, dont la coiffe, le nez se rapprochant, hélas! du menton, et les amples vêtements composent une caricature digne du crayon d'Hogarth, et qui, suivant qu'elle s'approche ou s'éloigne de la lumière, prend les formes les plus fantastiques.

A ce moment, une ondée tombe à l'improviste sur Wakefield, qu'elle transperce littéralement jusqu'aux os, et un léger frisson avertit le promeneur qu'en cette saison les ondées sont froides.

Voyons, est-ce qu'il va s'amuser à grelotter là, tandis qu'il a chez lui, à deux pas, un excellent feu, et que sa bonne femme va se précipiter pour lui apporter sa robe de chambre et son grand gilet de laine tricotée, avec les pantoufles qu'elle a certainement eu le soin de serrer dans le cabinet vitré de sa chambre à coucher? Eh bien, non! Wakefield n'est pas si sot. Il monte son escalier, lentement, car le poids de vingt années a quelque peu alourdi ses jambes, bien qu'il n'y pense guère en ce moment.

Wakefield! arrêtez un moment, mon ami, est-ce que vous allez ainsi rentrer dans cette maison depuis si longtemps solitaire? — Pourquoi non? — Soit; en ce cas sortez du tombeau de l'oubli. La porte s'ouvre, il la franchit, et je vois renaître sur son visage le sourire précurseur de la petite plaisanterie qu'il devait faire à sa femme. Il l'a cruellement éprouvée, la bonne dame! Dieu veuille qu'elle soit heureuse maintenant. Quant à vous, Wakefield, vous achèverez mieux la nuit que vous ne l'avez commencée! Nous quitterons ici notre héros.

Et la moralité, car j'en ai promis une, la voici : C'est qu'il n'est pas bon d'être sans but dans la vie ; si l'on reste trop longtemps seul avec d'inutiles rêveries, elles dégénèrent en divagations.

LA CATASTROPHE

DE M. HIGGINBOTHAM

Un jeune marchand ambulant revenait de Morristown, où il avait conclu un marché assez important avec l'économe de l'établissement des Trembleurs, et se dirigeait vers le village de Parker'sfall sur la rivière du Saumon. Sur chacun des panneaux de sa jolie petite voiture verte était peinte une boîte à cigares, et l'on voyait derrière la caisse un chef indien, tenant d'une main son calumet, de l'autre un magnifique plant de tabac. Le colporteur conduisait une vigoureuse petite jument; c'était un garçon jovial, mais âpre au gain. Les Yankees l'aimaient assez, parce que, disaient quelques-uns, ils préféraient qu'on leur fît la barbe avec un rasoir bien tranchant qu'avec un rasoir émoussé; mais il était surtout le bienvenu auprès des jeunes filles du Connecticut, auxquelles il faisait la cour en leur offrant son plus fin tabac; les paysannes de la Nouvelle-Angleterre ne dédaignent point la pipe, et le rusé marchand le savait mieux que tout autre. Il était en outre, comme nous le verrons plus loin, très-curieux et quelque peu bavard, avide d'apprendre des nouvelles pour avoir le plaisir de les répéter.

Après un modeste déjeuner pris à la hâte près de Morristown, notre marchand de tabac, qui répondait au nom de Dominique Pike, avait fait environ six milles à travers une forêt solitaire sans échanger une parole avec d'autres que sa petite jument grise. Sept heures allaient sonner et Dominique éprouvait un vif désir d'atteindre quelque buvette pour adresser la parole à un être capable de lui répondre. Une occasion favorable sembla justement se présenter, comme il venait d'allumer un cigare au foyer d'une lentille de cristal. En levant les yeux, il aperçut un voyageur qui atteignait le sommet de la colline au pied de laquelle il avait arrêté sa voiture. Dominique le regarda descendre et il observa que l'inconnu portait sur l'épaule un paquet suspendu à son bâton de voyage. Il paraissait fatigué, bien qu'il marchât d'un pas rapide, et semblait non-seulement avoir marché toute la nuit, mais devoir encore en faire autant tout le jour.

— Bonjour, monsieur, dit Dominique, quand l'autre put l'entendre; savez-vous que vous marchez d'un bon pas. Quelles nouvelles à Parker'sfall?

L'inconnu abaissa sur ses yeux la visière d'un grand chapeau de feutre et répondit d'un ton rogue qu'il ne venait pas de Parker'sfall.

Le colporteur n'avait cité cet endroit que parce qu'il comptait s'y reposer le même jour.

— Eh bien! dit-il, alors donnez-moi des dernières nouvelles de l'endroit que vous venez de quitter. Je ne tiens pas plus à celles de Parker'sfall qu'à celles d'un autre pays. Qu'allez-vous m'apprendre? j'écoute.

Ainsi pressé par Dominique, le voyageur, qui paraissait aussi peu soucieux de rencontrer un compagnon dans ce bois isolé que d'autres en auraient été satisfaits, hésita comme s'il cherchait ce qu'il allait répondre; puis montant sur le marchepied de la voiture, il murmura à l'oreille du colporteur les paroles suivantes qu'il eût pu crier de toutes ses forces, sans crainte d'être entendu par un autre que lui :

— Je me souviens d'une nouvelle assez insignifiante. Le vieux M. Higginbotham, qui habite Kimbalton, a été assassiné dans son verger hier soir, vers huit heures, par un Irlandais et un nègre; ils l'ont pendu à un poirier de Saint-Michel et on ne l'a trouvé que ce matin.

Après avoir débité cette horrible histoire, l'étranger se remit à marcher avec plus de célérité que jamais, sans même tourner la tête à l'offre que lui fit Dominique de fumer un cigare espagnol, en lui racontant les particularités de ce tragique accident. Le colporteur siffla sa jument et se mit à gravir la colline en réfléchissant au malheureux sort de M. Higginbotham, auquel il avait vendu quelquefois du tabac en feuilles ou en carotte. Une chose l'étonnait surtout, c'était le peu de temps que la nouvelle avait mis à se répandre, Kimbalton étant environ à soixante milles en droite ligne, le meurtre avait été commis seulement la veille à huit heures du soir, et cependant Dominique l'avait appris à sept heures du matin alors que, selon toute probabilité, la famille du pauvre M. Higginbotham venait seulement de trouver son cadavre pendu au poirier. L'inconnu, qui voyageait à pied, avait dû chausser au moins des bottes de sept lieues pour avoir franchi si rapidement une telle distance.

— Les mauvaises nouvelles vont vite, pensa Dominique, mais celle-là enfonce les chemins de fer. On devrait engager ce gaillard-là pour porter les messages du président.

Néanmoins tout s'expliquait, par cette supposition que le voyageur s'était trompé d'un jour dans l'événement; de sorte que notre ami n'hésita pas à transmettre la fameuse nouvelle dans toutes les tavernes et les boutiques qui se trouvèrent sur sa route. Dieu sait ce qu'il lui en coûta de cigares espagnols dans ces diverses narrations. Comme il était le premier à mettre cette histoire en circulation, on l'accablait de tant de questions qu'il ne put faire autrement que d'ajouter quelques traits au récit primitif pour composer un ensemble satisfaisant.

Une circonstance imprévue vint corroborer les faits qu'il rapportait.

M. Higginbotham était négociant, et un de ses anciens commis à qui Dominique racontait l'événement attesta que le vieux gentleman avait coutume de retourner chez lui en traversant son verger, vers la tombée de la nuit, avec de l'argent et des valeurs de commerce dans sa poche. Le commis parut du reste médiocrement chagrin du malheur arrivé à son ancien patron, donnant à entendre — ce que le colporteur savait de longue date — que le défunt était d'un caractère difficile, et plus serré qu'un étau. La fortune revenait, disait-on, à sa nièce, charmante personne, qui dirigeait un pensionnat à Kimbalton.

Tout en débitant ces nouvelles au bon public, sans oublier pour cela le soin de ses affaires, Dominique se trouva tellement en retard qu'il résolut de s'arrêter dans une taverne distante d'environ cinq milles de Parker'sfall. Après le souper, il s'assit dans la salle commune, alluma un excellent cigare et entama son histoire en l'accompagnant de circonstances si intéressantes que le récit n'en dura pas moins d'une demi-heure.

L'auditoire se composait d'une vingtaine de personnes sur lesquelles il y en eut dix-neuf qui acceptèrent cette nouvelle comme parole d'évangile; mais le vingtième assistant était un vieux fermier qui venait d'arriver à cheval et s'était assis dans un coin, où il fumait silencieusement sa pipe. Le récit terminé, il se leva d'un air délibéré, posa résolûment sa chaise en face du colporteur et le regarda dans le blanc des yeux, en lui lançant au nez des bouffées d'un exécrable tabac.

— Affirmeriez-vous par serment, dit-il du ton d'un juge de paix qui procède à son interrogatoire, voudriez-vous jurer que le vieux M. Higginbotham de Kimbalton a été assassiné dans son verger l'avant-dernière nuit, et qu'il a été trouvé pendu hier matin?

— Ma foi, mon cher monsieur, répondit Dominique, je raconte le fait tel que je l'ai appris, mais je ne puis dire que j'aie assisté au meurtre. Il m'est donc impossible de faire le serment que vous me demandez.

— C'est que, reprit le fermier, je puis jurer, moi, que si M. Higginbotham a été assassiné l'avant-dernière nuit, j'ai bu ce matin un verre de bitter avec son ombre. Nous sommes voisins, et comme je passais devant son magasin, il m'a appelé et m'a fait entrer chez lui pour me charger d'une petite commission. Il ne semblait pas se douter plus que moi qu'il avait été assassiné la veille.

— C'est impossible, dit Dominique, le meurtre serait donc controuvé?

— Dame, il est au moins probable qu'il m'en aurait parlé, fit le fermier, qui retourna dans son coin, laissant le marchand de tabac muet de stupéfaction.

En effet, la déposition du fermier impliquait une véritable résurrection du vieux Higginbotham. Cette supposition coupa court au bavardage de notre ami qui, après s'être réconforté d'un grog au gin, alla gagner son lit où, durant la nuit entière, il rêva de pendus accrochés à des poiriers.

Pour éviter le caustique fermier — qu'il détestait si cordialement qu'il eût voulu le savoir pendu à la place de M. Higginbotham, — Dominique sortit au point du jour, attela la petite jument et partit au grand trot dans la direction de Parker'sfall. La fraîcheur de l'air, le sol chargé de rosée, les premières émanations du printemps l'eurent bientôt remis dans son assiette ordinaire, et il eût volontiers recommencé sa fameuse histoire s'il eût rencontré quelqu'un pour l'écouter. Par malheur il ne se trouva personne sur sa route, aucune voiture, aucun cavalier, pas même un malheureux piéton jusqu'au moment où, traversant la rivière du Saumon, il vit un homme qui marchait à sa rencontre, portant sur l'épaule un paquet attaché à son bâton.

— Bonjour, monsieur, fit le colporteur en arrêtant sa jument, si vous venez de Kimbalton ou des environs, pourriez-vous me dire ce qu'il y a de vrai dans l'affaire de M. Higginbotham. A-t-il été, oui ou non, assassiné, il y a deux ou trois nuits, par un nègre et un Irlandais ?

Dans son empressement à lui adresser cette question, Dominique n'avait pas remarqué que celui auquel il s'adressait était lui-même un homme de couleur. De jaune il devint blême en entendant ces mots; cependant il répondit :

— Non, il n'y avait pas de nègre, c'est un Irlandais qui a fait le coup la nuit dernière, et c'est tout au plus si maintenant on a trouvé son corps.

A peine le mulâtre eut-il achevé qu'il reprit sa route d'un pas si rapide que Dominique aurait eu de la peine à le suivre, même en faisant trotter sa petite jument. Notre colporteur se trouvait cependant dans une grande perplexité. Si le meurtre n'avait été commis que le mardi soir, quel était le prophète qui l'avait annoncé le mardi matin en l'entourant de toutes ses circonstances? D'un autre côté, si le corps de M. Higginbotham n'était pas encore découvert par sa famille, comment le mulâtre avait-il fait savoir à trente milles de distance qu'il avait été pendu, surtout ayant dû quitter Kimbalton avant la perpétration du crime? Ces circonstances équivoques, jointes à la crainte qu'avait témoignée le mulâtre, éveillèrent dans l'esprit de Dominique la pensée de le poursuivre et de le faire arrêter comme complice du meurtre, puisque décidément il y en avait un de commis.

— Bah! se dit le colporteur, laissons-le s'en aller, je ne veux pas que ce sang noir retombe sur ma tête, et pendre ce mulâtre ne dépendrait pas M. Higginbotham. Dépendre le pauvre gentleman, c'est mal ce que je vais dire, mais je n'aimerais pas le voir ressusciter pour me donner un démenti.

Tout en faisant ces réflexions, Dominique entra dans la grande rue de Parker'sfall, gros village qui doit sa prospérité à trois filatures et à une fonderie.

Les machines étaient arrêtées et peu de boutiques étaient ouvertes lorsqu'il entra dans la cour de la taverne. Son premier soin fut de faire donner à sa jument quatre mesures d'avoine, et le second d'apprendre à l'hôtelier la catastrophe de M. Higginbotham, en remarquant toutefois que la date en était incertaine et que l'on ignorait encore si le crime avait été commis par un Irlandais et un mulâtre, ou seulement par le fils de la verte Érin. Il déclara qu'il n'endossait point du reste la responsabilité de la nouvelle, qu'il donnait simplement comme un bruit généralement répandu.

L'histoire eut bientôt couru toute la ville avec la rapidité du feu dévorant des sarments, et elle devint le sujet d'un si grand nombre de conversations qu'il n'était déjà plus possible de remonter à la source. M. Higginbotham était très-connu à Parker'sfall comme propriétaire d'une part importante de la fonderie et comme actionnaire principal des filateurs, de façon que la prospérité des habitants de cette localité reposait en quelque sorte sur la tête du vieux gentleman. L'émoi causé par cet événement fut si grand et si général que la gazette de Parker'sfall, anticipant sur le jour habituel de son apparition, fit tirer une demi-feuille à part, imprimée en double cicéro, entremêlé de capitales, sous ce titre effrayant : *Horrible assassinat de M. Higginbotham!* Entre autres détails lugubres, l'imprimé parlait de l'empreinte laissée par la corde sur le cou de la victime, et portait à mille dollars le montant de la somme volée. Suivait une longue tartine sur la douleur de la nièce qui ne faisait que s'évanouir depuis qu'on avait trouvé son cher oncle pendu au poirier de Saint-Michel, avec ses poches retournées et tirant la langue d'un pied. Le poëte de l'endroit chanta les plaintes de la jeune dame dans une ballade qui n'avait pas moins de dix-sept strophes. Enfin les édiles tinrent un meeting où, en considération du dommage que ce funeste trépas causait au pays, on vota une récompense de cent dollars pour l'arrestation d'un des assassins et la découverte de l'argent volé.

Durant cette délibération, la population de Parker'sfall, composée de marchandes, de maîtresses d'hôtels, d'ouvrières de la filature, de fondeurs et d'écoliers, se rua dans la grande rue, où bientôt le bruit des conversations fut tel qu'il put compenser et au delà le silence des machines. Si jamais défunt Higginbotham avait été soucieux de renommée, sa vieille âme devait tressaillir d'aise de tout ce tumulte.

Cependant, sortant de la réserve qu'il avait observée jusque-là, notre ami Dominique, mordu par le démon de la vanité, grimpa sur une fontaine publique et annonça à la foule qu'il était le propre messager de la nouvelle qui causait tant d'émotion. Aussitôt Dominique fut l'homme du moment : et il venait de recommencer son récit sur le ton larmoyant d'une prédication, lorsque la malle-poste entra au galop dans la grande rue. Elle avait roulé toute la nuit et avait dû relayer à Kimbalton vers trois heures du matin.

— Ah! nous allons enfin avoir des détails, cria-t-on de toutes parts.

La voiture s'arrêta devant la porte de la taverne, suivi d'un immense concours de population; car ceux qui jusque-là s'occupaient encore de leurs affaires n'hésitèrent point à les quitter pour courir aux nouvelles. Du haut de sa tribune improvisée, le colporteur aperçut deux voyageurs qui, sortant d'un profond sommeil, se frottaient les yeux en voyant la foule qui les entourait.

Au même instant, un déluge de questions commença de pleuvoir sur eux si dru et si serré que les deux personnages demeurèrent cois, bien que l'un fût un avocat et l'autre une jeune femme.

— M. Higginbotham! M. Higginbotham! racontez-nous les détails de l'affaire, cria la foule. Quel est le verdict du coroner? Les assassins sont-ils pris? La nièce de M. Higginbotham tombe-t-elle toujours en syncope? M. Higginbotham! M. Higginbotham!

Le cocher ne répondait que par jurons adressés au garçon d'écurie, qui tardait trop à lui amener son relais. Quant à l'avocat, qui n'était pas encore tout à fait réveillé, dès qu'il eut appris la cause de ce tumulte, il s'empressa de tirer de sa poche un portefeuille en maroquin rouge. De son côté, Dominique, qui passait pour galant et se fiait plus à la volubilité féminine qu'à la stérile redondance d'un homme de loi, s'empressa d'aller offrir la main à la jeune dame, pour l'aider à descendre de voiture. C'était une charmante jeune fille, rose comme la fleur du pêcher, une si jolie petite bouche que Dominique, qui était connaisseur, eût préféré, je crois, entendre de ces lèvres si fraîches tout autre chose qu'une histoire de meurtre.

— Messieurs et mesdames, dit l'avocat en s'adressant aux marchands, aux fondeurs et aux ouvrières, je puis vous affirmer qu'il y a dans tout cela quelque incompréhensible méprise ou bien un complot diabolique pour ébranler le crédit de M. Higginbotham. Nous sommes passés à Kimbalton vers trois heures du matin et nous aurions certainement entendu parler de cet assassinat; au reste, j'ai pour le nier une preuve qui vaut le propre témoignage de M. Higginbotham. Voici une note qu'il m'a confiée pour suivre une affaire qui le concerne devant le tribunal du Connecticut; lui-même me l'a remise, et elle porte, comme vous pouvez le voir, la date d'hier au soir.

Et, en disant ces mots, l'avocat exhiba la date et la signature de la note, preuve irréfragable que M. Higginbotham était vivant lorsqu'il l'avait écrite, ou bien, ce qui semblait probable à quelques-uns et certain à d'autres, que le défunt gentleman était tellement absorbé par ses affaires qu'il s'en occupait encore après sa mort.

Mais un fait encore plus décisif allait se produire.

La jeune dame, après avoir écouté les explications données par le colporteur, ayant pris seulement le temps de lisser ses cheveux et de défriper sa robe, parut sur le seuil de la porte et fit signe qu'elle allait parler.

— Braves gens, dit-elle d'un ton modeste mais assuré, je suis la propre nièce de M. Higginbotham.

Un murmure de surprise parcourut la foule lorsqu'on vit si rose et si gaie celle que la gazette de Parker'sfall donnait comme touchant aux portes du tombeau, bien que des mauvaises langues prétendissent qu'une jeune femme ne devait pas être si désespérée de la mort d'un oncle vieux et riche.

— Vous voyez, continua miss Higginbotham en souriant, que cette histoire n'a aucun fondement en ce qui me concerne, et je puis affirmer qu'il en est de même pour ce qui regarde mon cher oncle. Il a la bonté de me donner un logement dans sa maison, quoique je tienne une école dont le produit suffit à mes dépenses. J'ai quitté ce matin Kimbalton pour aller passer mon jour de congé chez une amie qui demeure à cinq milles de Parker'sfall. Mon généreux oncle, en m'entendant partir, m'a appelée pour me donner le prix de mon voyage et un dollar pour mes dépenses de route. Ensuite, comme il était encore couché, il a remis son portefeuille sous son oreiller, et m'a serré la main en me recommandant de prendre du biscuit dans mon sac pour n'être pas obligée de déjeuner en route. Je suis donc bien certaine d'avoir laissé M. Higginbotham en parfait état de santé, comme j'espère le retrouver à mon retour.

Ainsi parla cette jeune dame, dont le récit avait été débité avec tant de grâce et un si heureux choix d'expressions, que tout le monde la jugea capable de diriger la meilleure institution des États-Unis. Mais un étranger aurait pu supposer que M. Higginbotham était abhorré à Parker'sfall et qu'on avait chanté un *Te Deum* en l'honneur de sa mort, tant fut vif le désappointement des habitants en s'apercevant de leur méprise. Les fileurs parlèrent de décerner des honneurs publics à Dominique; seulement ils balançaient s'ils l'enduiraient de goudron pour le rouler dans la plume et le promener triomphalement sur une perche, ou s'ils lui feraient faire un plongeon dans la fontaine publique du haut de laquelle il avait annoncé cette fausse nouvelle. La roche Tarpéienne est près du Capitole ! D'après le conseil de l'homme de loi, les édiles furent d'avis de le poursuivre comme coupable d'avoir répandu le trouble et la consternation dans la cité par un insigne mensonge. Rien n'aurait pu le sauver des fureurs de la foule ou de la rigueur des lois, si la jeune dame ne s'était interposée en sa faveur. Ah! l'éloquent plaidoyer que deux beaux yeux!

Après quelques paroles de gratitude rapidement adressées à sa bienfaitrice, Dominique sauta dans sa carriole verte et s'éloigna au grand trot, assailli au passage par une grêle de projectiles que lui lancèrent les gamins de cette ville inhospitalière. Pour comble de malheur, au moment où il se retournait pour jeter un regard d'adieu à miss Higginbotham, une boule de terre glaise délayée, de la grosseur et de la consistance d'un pudding ordinaire, couvrit sa figure du plus désobligeant des emplâtres, et le mit dans un tel état qu'il songeait presque à solliciter comme une faveur l'immersion dont il avait été menacé; mais, se défiant avec quelque raison des habitants de Parker'sfall, il poursuivit sa route.

Toutefois le soleil, en séchant la boue dont il était couvert, la fit tomber par écailles, et Dominique, en secouant un peu ses habits, réussit à en faire disparaître tant bien que mal les taches. Puis, comme il avait un caractère naturellement gai, il ne put s'empêcher de rire, en se rappelant l'émoi causé par son récit. L'arrêté des édiles allait causer l'arrestation de tous les vagabonds du pays; l'article de la gazette de Parker'sfall allait être reproduit depuis l'État du Maine jusqu'à la Floride, et peut-être même inséré dans les faits divers des journaux de Londres. Que de gens allaient trembler pour leur argent en apprenant la catastrophe de M. Higginbotham! Ensuite le galant colporteur se mit à rêver aux charmes de la jeune maîtresse d'école, et jura mentalement que jamais le célèbre prédicateur Daniel

Webster n'avait parlé avec autant d'onction, levé au ciel des regards plus angéliques que miss Higginbotham, lorsqu'elle avait pris sa défense contre la populace de Parker's-fall.

Dominique venait d'atteindre l'octroi de Kimballon, car il s'était mis en tête de se détourner de son chemin pour traverser cette localité, bien que ses affaires l'appelassent à Morristown. Comme il approchait du théâtre du prétendu meurtre, il se mit à repasser dans son esprit toutes les circonstances de cette histoire, et voulut se rappeler l'aspect général des lieux. Si rien n'était venu corroborer le récit du premier voyageur, on aurait pu le considérer comme une mystification ; mais le mulâtre avait eu, lui aussi, connaissance du meurtre, et là était le mystère incompréhensible. Si, à ces circonstances, on ajoutait que la rumeur publique confirmait ce qui avait été dit sur les habitudes et le caractère de M. Higginbotham, savoir qu'il avait un verger dans lequel était justement un poirier de Saint-Michel, et que chaque soir il passait auprès de cet arbre nanti de valeurs considérables, on comprendra quelle devait être la perplexité de Dominique, qui en arrivait insensiblement à douter de l'autographe de l'avocat et du témoignage de la nièce. Tout en continuant la série de ses investigations, le colporteur apprit que M. Higginbotham avait à son service un Irlandais d'un caractère assez hypocrite, et qu'il avait pris depuis peu par raison d'économie.

— Je veux être pendu moi-même, s'écria Dominique, si M. Higginbotham ne l'est pas ; et je ne croirai à son existence que lorsque je le verrai de mes propres yeux, et que je l'entendrai parler de mes propres oreilles. Et comme faut un endosseur à cette mystification, j'en veux trouver l'auteur ou l'éditeur responsable.

La nuit commençait à tomber lorsqu'il atteignit le bureau de perception de l'octroi de Kimbalton, situé à un quart de mille du village de ce nom.

Tout en recevant sa monnaie, Dominique échangea quelques mots avec le péager.

— Je suppose, dit le colporteur, caressant avec la mèche de son fouet la croupe de sa jument, que vous n'avez pas vu M. Higginbotham depuis un jour ou deux.

— Pardon, répondit le receveur, il vient de passer un moment avant que vous arriviez ; comme il est monté sur son cheval, peut-être pourrez-vous le distinguer dans l'ombre. Il a été cette après-midi à Woodfiels pour toucher un quartier de rente. Ordinairement le vieux gentleman ne passe jamais sans me donner une poignée de main ; mais ce soir il m'a fait un signe qui voulait dire : « Je vous devrai mon passage. » Puis il s'est éloigné tranquillement ; au train dont il marche, il ne sera pas rentré chez lui avant huit heures.

— L'heure de l'assassinat, pensa Dominique.

— Je n'ai jamais vu ce brave homme si triste et si pâle, continua l'homme de l'octroi ; ce soir il avait plutôt l'air d'un revenant ou d'une momie que d'un homme en bonne santé.

Le colporteur, en cherchant à pénétrer les ténèbres qui l'environnaient, distingua dans le lointain la forme d'un cavalier trottant sur un des bas côtés de la route ; il lui sembla que c'était le fantôme de M. Higginbotham, et il se sentit frissonner.

— Le vieux m'a tout à fait l'air de revenir de l'autre monde, se dit-il; puis, lâchant les rênes à sa jument, il poursuivit sa route en conservant à peu près la même distance entre lui et le fantôme, quand tout à coup celui-ci disparut au tournant de la route; en atteignant ce point, le colporteur vit son cavalier fantastique s'engager dans la rue principale du village, et côtoyer un long mur, puis un bouquet de bois, un terrain vague et enfin une maison d'habitation qui était justement celle de M. Higginbotham, près de laquelle il disparut.

En arrivant au mur du verger, la petite jument s'arrêta d'elle-même, car Dominique était si troublé que c'était à peine s'il était en état de tenir les rênes.

— Sur le salut de mon âme, se dit-il, je ne serai content que lorsque je saurai si M. Higginbotham est oui ou non pendu à son poirier.

Puis il sauta de la voiture, tourna ses rênes autour du montant de la porte et s'enfonça dans le petit bois en courant aussi vite que s'il était poursuivi par le vieux Nick. En ce moment l'horloge du village sonna huit heures, et Dominique, après avoir traversé le verger en quelques bonds, se trouva tout à coup au pied du fatal poirier, dont une maîtresse branche s'étendait de son côté, découpant sur le ciel sa noire silhouette. Il lui sembla voir remuer le feuillage.

Le colporteur n'avait pas la prétention d'être un héros, cependant il n'hésita pas à se précipiter en avant, fit tomber d'un coup du manche de son fouet un vigoureux Irlandais qui lui barrait le passage, trouva non pas tout à fait pendu, mais tremblant, à demi mort au pied de l'arbre, M. Higginbotham en personne!

— Monsieur Higginbotham, s'écria Dominique, j'ai foi en vous : franchement, avez-vous été pendu ?

Si l'on n'a pas encore deviné l'énigme, quelques mots vont l'expliquer : trois hommes avaient formé le complot de voler et d'assassiner le vieux négociant, deux d'entre eux s'étaient enfuis et avaient retardé de deux jours la perpétration du crime. Le troisième allait le commettre lorsque Dominique, en vaillant champion, conduit par le destin comme un héros des anciens romans, était venu délivrer le gentleman.

Ajoutons que M. Higginbotham prit en amitié son libérateur, qu'il encouragea ses assiduités auprès de sa jolie nièce, les unit, et légua son bien à leurs enfants en leur en laissant l'usufruit. Enfin, au temps convenable, il mit le comble à ses bontés pour eux en faisant dans son lit une tranquille fin.

Et l'Irlandais ?

Je crois que, moins heureux que M. Higginbotham, il a été bel et bien pendu.

LA GRANDE ESCARBOUCLE

Une fois, il y a longtemps de cela, une petite troupe de voyageurs se reposait, à la tombée de la nuit, sur le versant aride d'un contre-fort des montagnes Blanches, après avoir infructueusement cherché durant tout le jour la pierre mystérieuse connue sous le nom de la grande escarboucle.

Ce n'était ni l'amitié, ni l'esprit d'association qui les avait rassemblés dans ce lieu sauvage, mais simplement le hasard; et chacun cherchait ce trésor pour son compte personnel. Cependant le sentiment de la solidarité humaine fut assez puissant pour les engager à s'entr'aider dans la construction d'une hutte qu'ils fermèrent au moyen de branches d'arbre couvertes de feuillage. Puis ils préparèrent un grand feu avec les éclats de pins que charriait la petite rivière auprès de laquelle ils s'étaient établis pour passer la nuit.

Un seul d'entre eux, peut-être, restait assez étranger au charme de cette sympathie si facile à naître entre voyageurs. Il était trop absorbé par l'objet de sa recherche pour ne pas voir sans indifférence des visages humains, même au milieu de l'effroyable solitude où il les avait rencontrés.

Cet endroit était séparé de toute habitation par un vaste désert; d'un côté se dressait une sombre chaîne de montagnes, revêtue de pins jusqu'au tiers environ de son altitude, et dont les pics hérissés, s'enfonçant dans les nuages, semblaient menacer le ciel; de l'autre on voyait follement bondir dans son lit encaissé la torrentueuse rivière, dont les mugissements se mêlaient aux sourdes rafales du vent.

Lorsqu'ils eurent achevé de construire la cabane, nos chercheurs d'aventures étalèrent leurs provisions sur une petite plate-forme de granit et se les partagèrent dans une fraternelle agape, en attendant l'heure où, de nouveau rendus à leur préoccupation personnelle, ils redeviendraient étrangers l'un à l'autre.

Ils étaient là sept hommes et une jeune femme. Engourdis par le froid humide de la nuit, ils se pressaient autour d'un feu pétillant dont la flamme éclairait en plein leur wigwam improvisé, se jouait capricieusement sur leurs visages, reflétant sur la paroi du rocher leurs silhouettes amplifiées, et qui semblaient de gigantesques caricatures.

Le plus âgé de la troupe était un homme de haute taille, très-maigre, vêtu de peaux d'animaux et qui portait avec tant d'aisance ce sauvage costume que l'on comprenait à première vue qu'il n'avait dû longtemps avoir d'autre compagnie que celle des loups, des daims et des ours. Il était du nombre de ces infortunés qui, au dire des Indiens, sont dès l'enfance atteints d'une folie particulière, qui consiste dans une perpétuelle recherche de la grande escarboucle. Tous ceux qui avaient eu l'occasion de visiter cette région le connaissaient sous le nom de Chercheur; personne ne se souvenait de l'avoir vu commencer son éternelle exploration, et on en avait fait le héros d'une légende qui prétendait qu'en punition de son avarice il avait été condamné à chercher éternellement la pierre mystérieuse, errant dans ces montagnes jusqu'à la fin des temps, enfiévré d'espérance au lever du soleil et plongé chaque soir dans le désespoir.

Près de ce malheureux était assis un petit vieillard dont le chef était couvert d'un chapeau rond de forme élevée, ressemblant assez à un creuset. Né sur l'ancien continent, le docteur Cacophodel, c'est ainsi qu'on l'appelait, était devenu plus sec et plus ridé qu'un parchemin, à force de rester exposé aux vapeurs délétères qu'exhalaient ses fourneaux et ses cornues, alors qu'il consumait sa vie dans les stériles recherches de l'alchimie. On prétendait, je ne sais si c'était vrai, qu'il avait, dans l'ardeur d'une suprême expérience, mélangé le plus pur de son sang à des ingrédients d'un prix inestimable, et qu'il fallait attribuer à ce sacrifice étrange la décoloration de sa peau.

Après lui venait maître Ichabod Pigsnort, gros marchand de Boston et l'un des premiers adeptes de l'église de Norton. Ses ennemis faisaient courir sur son compte un bruit singulier; on prétendait que chaque matin, après la prière, maître Pigsnort avait coutume de se rouler tout nu sur un monceau de vieux shillings du Massachusetts.

Le quatrième personnage ne disait son nom à personne.

Un rire sarcastique et silencieux plissait à tout moment sa joue à moitié cachée par une énorme paire de lunettes.

On ne connaissait pas davantage le nom de son voisin, et c'était fâcheux, car il avait toute l'allure d'un poëte. Ses yeux brillaient sur un visage hâve, et il n'avait que la peau sur les os; ce qui n'avait rien d'étonnant si, comme on le prétendait, il ne se nourrissait que de brouillard étendu sur une épaisse tranche de nuage et assaisonné d'un rayon de lune. Ce qu'il y avait de certain, c'est que sa poésie se ressentait de ce régime.

Un peu plus loin, et à l'écart, se tenait le sixième voyageur. C'était un jeune homme de fière mine, porteur d'un superbe chapeau à plumes et d'un habit dont les riches broderies étincelaient au moins autant que la poignée de son épée enrichie de pierreries. Le lord de Vère, tel était son nom, avait dépensé sa vie et une grande partie de sa fortune à rechercher dans les parchemins poudreux de ses ancêtres et dans mille autres endroits tout ce qui pouvait flatter l'orgueil et la vanité qu'il tenait en héritage de ses pères.

En dernier lieu, se tenaient côte à côte un beau garçon et sa compagne, tous deux en habits villageois. La jeune femme, fraîche et délicate personne, joignait au doux abandon d'une nouvelle épousée la chaste réserve des vierges. Son nom était Anna et celui de son mari Mathieu : deux noms simples comme ceux qui les portaient.

Donc cette réunion de personnages si différents les uns des autres, sous un toit unique et autour du même feu, était si préoccupée de l'objet de la recherche commune, que tous les sujets de conversation qu'ils abordèrent y furent insensiblement ramenés, et que la grande escarboucle finit par accaparer entièrement leur attention.

Plusieurs racontèrent quelles circonstances les avaient amenés là ; l'un, qui venait d'un pays fort éloigné, avait entendu les récits d'un voyageur ardent de la contempler, il était parti bien résolu à ne revenir qu'après avoir contenté son envie ; l'autre avait été pris de la même fièvre en lisant la relation du capitaine Smith, témoin oculaire des splendeurs de la grande escarboucle ; un troisième, étant campé à plus de quatre milles des montagnes Blanches, avait vu en songe le colossal diamant lui apparaître, semblable à un météore, si brillant que l'ombre des grands pins fuyait devant lui. Ils parlèrent ensuite des innombrables tentatives qui avaient été faites, toujours sans succès, pour découvrir le lieu de son gisement. Un observateur quelque peu attentif eût pu remarquer cependant que chacun, en souriant à la folie de ses prédécesseurs, et paraissant encourager les espérances de ses voisins, nourrissait le secret espoir qu'il serait le seul favorisé par le sort dans cette aventureuse recherche.

Quelques-uns, pour attiédir leurs concurrents, se faisaient l'écho des traditions indiennes qui rapportaient qu'un malin esprit veillait sur la pierre merveilleuse, et ensorcelait tous ceux qui tentaient de s'en approcher, soit en les transportant de pic en pic jusque sur les sommets les plus élevés des montagnes Blanches, soit en faisant surgir d'un lac d'épaisses vapeurs qui les enveloppaient et les forçaient d'errer au hasard. Mais ce conte n'obtenait aucune créance. Ils étaient tous trop intimement persuadés que la véritable cause de l'inutilité des recherches tentées jusque-là ne provenait que du manque de sagacité et de persévérance de ceux qui avaient tenté l'entreprise.

Durant un moment de silence, l'homme aux grandes lunettes, après avoir promené sur ses compagnons le sourire railleur qui semblait stéréotypé sur sa vilaine figure :

— Chers camarades, leur dit-il, nous sommes ici sept hommes doués de raison, plus une charmante personne, non moins raisonnable qu'aucun de nous, je suppose; tous nous sommes animés de la même convoitise; ne serait-il pas intéressant que chacun de nous déclarât ce qu'il se propose de faire de la grande escarboucle, s'il a le bonheur de la trouver, et, pour commencer, quels sont les projets qu'a formés notre ami la peau d'ours, depuis le temps qu'il la cherche dans les moindres anfractuosités des montagnes Blanches?

— Ce que j'en ferais? s'écria le vieux chercheur avec amertume; allez, je ne songe point à en tirer de puériles jouissances. Il y a longtemps que cette folle idée m'est passée. Mais je reste fidèle à la recherche de cette pierre maudite, parce que cette ambition de ma jeunesse est devenue pour mon âge mûr une nécessité. Grâce à elle, j'ai conservé ma force, mon énergie, la vigueur de mes membres et la chaleur de mon sang. Si je l'abandonnais un seul jour, je tomberais pour ne plus me relever. Aussi, pour n'avoir pas sans motif gaspillé mes beaux jours, je conserve intacte ma foi dans le succès, et si je la trouve, la grande escarboucle, je l'emporterai dans une caverne dont seul je connais le secret; et là, je mourrai la tenant dans mes bras, lui faisant de ma dépouille un éternel linceul.

— Malheureux, tu n'as donc aucun souci de la science?

repartit le docteur Cacophodel avec une indignation véritablement comique; va, tu n'es pas digne de contempler, même de loin, l'éclat éblouissant de la pierre la plus précieuse qui soit jamais sortie du mystérieux laboratoire de la nature. L'amour de la minéralogie est le seul but pour lequel un homme sensé puisse désirer la possession de la grande escarboucle. Pour moi, cette trouvaille doit être le couronnement de ma carrière scientifique. Je retournerai de suite en Europe, et j'emploierai le reste de mes jours à l'analyser pour obtenir le secret de sa formation. J'en réduirai une partie en poudre impalpable, une autre sera mise en dissolution dans plusieurs acides, et ce qui restera sera déposé dans des creusets ou sous des chalumeaux pour être traité par la chaleur et par l'électricité. C'est bien le moins qu'avec ces divers moyens j'arrive à une analyse exacte dont je consignerai les moindres détails dans un énorme in-folio.

— Bravo! s'écria l'homme aux lunettes, voilà qui est bien parlé. Aussi ne devez-vous pas hésiter, savant docteur, à pulvériser, dissoudre et fondre cette pierre merveilleuse, pour que vos petits-neveux apprennent dans votre grand ouvrage comment on élabore une escarboucle.

— Cependant, dit maître Ichabod Pigsnort, j'objecterai pour ma part que la pierre ainsi traitée n'aurait plus aucun prix. Or je vous avouerai franchement, messieurs, que mon intention n'est pas de diminuer sa valeur marchande. J'ai quitté, pour venir ici, ma maison de commerce, dont j'ai laissé la conduite à mes commis, livrant ainsi mon crédit à tous les hasards. Bien plus, j'expose chaque jour ma vie au milieu des peuplades indiennes, et le salut de mon âme en poursuivant un but que ma congrégation ne considère pas comme très-orthodoxe; eh bien, pensez-vous que je fasse volontairement un tort si grave à ma réputation, à mes affaires; que je risque d'être tué et, qui pis est, damné, sans la chance d'un profit raisonnable?

— Non, pieux Pigsnort, fit l'homme aux lunettes, je ne vous crois point capable d'une si grande folie.

— Vous pouvez en être assuré, reprit le marchand; aussi, si je trouve la grande escarboucle et qu'elle ait seulement la centième partie de la grosseur et de l'éclat qu'on lui attribue, elle sera encore bien supérieure au fameux diamant du Grand Mogol, dont le prix est inestimable! Or je m'embarquerai alors pour l'Europe : j'irai en Angleterre, en France, en Espagne, en Italie, en Turquie, et je vendrai ma pierre au potentat qui mettra la plus forte enchère. Tel est mon plan; si quelqu'un de vous en a un meilleur, qu'il l'expose.

— Ainsi ferai-je, s'écria le poëte, homme sordide qui ne connais d'autre éclat que celui de l'or, et qui ne rêves de posséder cette merveilleuse pierre que pour l'échanger contre un monceau de guinées. Moi, si je la trouve, je la cacherai soigneusement sous mon manteau, puis je retournerai toujours courant jusque dans ma petite chambre de Londres. Là, jour et nuit, je la couverai de l'œil, mon âme s'épanouira dans sa contemplation, et son doux éclat se reflétera dans chacun de mes vers, si bien que, lorsque depuis longtemps j'aurai disparu de ce monde, il entourera mon nom comme d'une auréole.

— Bien dit, poëte! s'écria le porteur de lunettes; mais songes-y bien, si tu la caches sous ton manteau, elle brillera à travers les trous nombreux et le fera ressembler, durant la nuit, à un feu follet.

— Quelle pitié! murmura le lord de Vère se parlant à lui-même, comme s'il eût dédaigné de s'adresser à ses humbles compagnons; penser que cet être déguenillé parle d'emporter la grande escarboucle dans une mansarde de Grub-street! n'est-il pas plus convenable que ce beau diamant aille orner la grande salle du château de mes ancêtres? Là, durant des siècles, il resplendira, faisant de la nuit le jour, sur les armures, les bannières, les écussons appendus aux murailles. Inutile à ces chercheurs d'aventures, la grande escarboucle éternisera la mémoire des héros de ma race, et sur le diadème des plus puissants souverains elle ne fera pas si bonne figure que dans la grande salle des lords de Vère!

— C'est là penser avec noblesse, dit obséquieusement le railleur; cependant, si je puis me permettre une observation, il me semble que cette pierre unique ferait mieux suspendue en guise de lampe sépulcrale dans le caveau des ancêtres de votre seigneurie, que dans la grande salle du château.

— Eh bien; moi, interrompit Mathieu, le jeune campagnard qui était assis auprès de la jeune femme et tenait sa main dans les siennes, moi je suis d'avis que le gentilhomme a trouvé le véritable emploi de la grande escarboucle. Anna et moi, nous sommes à sa recherche précisément dans l'intention de la faire servir au même usage.

— Oh! fit sa seigneurie surprise, et dans quel château la placeras-tu?

— Si ce n'est dans un château, ce sera dans une chaumière, mais une chaumière aussi plaisante qu'aucun château du monde. Vous saurez, mes amis, qu'il y a huit jours à peine que nous sommes époux, et que dès le lendemain nous nous sommes mis à la recherche de la grande escarboucle, parce que sa lumière nous sera précieuse durant les longues veillées d'hiver. Puis, ce serait une si belle chose à montrer à nos voisins! elle éclairerait toute notre maison, de sorte que nous pourrions trouver une épingle dans les coins les plus éloignés, et que du dehors on verrait resplendir nos fenêtres comme si notre foyer était perpétuellement bourré de pommes de pin. Enfin si l'un de nous vient à se réveiller la nuit, au lieu d'être plongé dans l'ombre, il pourra contempler la figure de ce qu'il aime le mieux au monde.

Les chercheurs d'aventures ne purent se défendre d'un sourire, à l'exposé des naïfs projets que faisait le jeune couple sur cette pierre inestimable, dont les plus grands monarques de la terre eussent été fiers d'orner leur bandeau. Mais l'homme aux lunettes avait jeté sur les nouveaux époux un regard si ironiquement malveillant que Mathieu impatienté de l'expression du vieillard, lui demanda, non sans un peu de brusquerie, ce qu'il comptait faire à son tour de l'objet de ses recherches.

— La grande escarboucle! répondit le cynique d'un ton méprisant, mais, imbéciles que vous êtes! est-ce qu'il existe une pareille merveille dans la nature? J'ai marché plus de trois cents milles, j'ai résolu de poser le pied sur chacun des pics des montagnes Blanches, de passer ma tête dans la moindre anfractuosité, de pénétrer dans toutes les cavernes, dans l'unique but de prouver à tous les hommes que cette fameuse pierre n'est qu'une immense mystification.

Les motifs allégués par nos chercheurs d'aventures étaient pour la plupart bien vains et bien futiles, mais ne valaient-ils pas mieux, après tout, que l'amère raillerie de l'homme aux grandes lunettes? C'était un de ces êtres malheureux qui, méprisant toutes les belles aspirations de l'humanité, changeraient, s'ils le pouvaient, les divines clartés des cieux en une obscurité profonde, comme celle dont leurs âmes sont enveloppées. Triste condition que celle de ces êtres qui, prétendant ramener l'homme au niveau de la brute, sont les éternels contempteurs de tout ce qui dépasse les bornes de leur froide imagination!

Cependant les dernières lueurs du feu qui commençait à s'éteindre faute d'aliment avertirent les voyageurs qu'il était temps de profiter du reste de la nuit et de chercher dans un sommeil réparateur de nouvelles forces pour leurs pérégrinations du lendemain. Chacun s'accommoda le mieux qu'il put sur sa couche improvisée, et ferma les yeux pour contempler, au moins en songe, les fulgurants rayons de la grande escarboucle.

Le jeune couple avait élu domicile dans le coin le plus retiré de la hutte, séparé du reste de la compagnie par un rideau de feuillage artistement entrelacé par la jeune femme. C'était une chambre nuptiale digne de nos premiers parents, et dans laquelle ils s'endormirent bientôt d'un profond et paisible sommeil, leurs mains unies en une tendre étreinte.

Le lendemain matin, tous deux s'éveillèrent en même temps, se souriant l'un à l'autre, et, se souvenant du lieu où ils se trouvaient, ils regardèrent à travers les interstices du feuillage pour voir leurs compagnons; mais la cabane était déserte, et ceux-ci étaient sans doute partis depuis longtemps.

— Debout, mon cher Mathieu, cria la petite femme, ces étrangers sont déjà loin. Levons-nous vite, si nous ne voulons perdre la grande escarboucle.

En effet, les vapeurs du matin, combattues par l'influence bienfaisante du soleil, s'ébranlaient lentement et commençaient à fuir en longues traînées blanchâtres tout le long de la vallée. Les deux jeunes gens, après une toilette sommaire faite à la hâte dans les ondes limpides et fraîches du torrent, prirent un frugal repas assaisonné par la bonne humeur, et se levèrent simultanément pour se préparer à gravir la montagne, légers et dispos comme deux jeunes daims.

Doux emblème de l'amour conjugal, ils escaladaient péniblement les rochers en se prêtant un mutuel appui; enfin, après quelques petits accidents qui signalent d'ordinaire ces sortes d'ascensions, tels qu'une robe déchirée, un soulier fendu, les longs cheveux d'Anna pris dans un buisson, ils atteignirent la dernière limite de la forêt, et dès lors leur montée devint plus pénible et plus périlleuse. Jusque-là leurs regards s'étaient arrêtés avec complaisance sur les arbres, dont le feuillage les récréait et dont l'ombre protectrice les garantissait de la trop grande clarté du jour; aussi s'arrêtèrent-ils avec découragement en mesurant de l'œil cette vaste région qui leur restait à parcourir, hérissée de rochers entièrement nus, livrée au choc de tous les vents contraires et brûlée par les rayons ardents du soleil. Ils jetèrent un regard désolé sur la route ombreuse qu'ils avaient suivie, hésitant à s'engager dans ces solitudes désolées.

— Irons-nous plus loin? demanda Mathieu, passant son bras autour de la taille d'Anna, autant pour la soutenir que pour raffermir son courage.

La jeune épouse, toute simple qu'elle fût, était trop femme cependant pour sitôt renoncer à l'espoir de posséder le plus beau des diamants; le tout pour quelques périls à affronter.

— Montons toujours, murmura-t-elle résolue, quoiqu'un peu tremblante et tournant vers le ciel des yeux qui semblaient l'implorer.

— Viens alors, dit Mathieu, faisant appel à toute sa résolution et la soutenant de son mieux, car au dernier moment la jeune femme sentait le courage lui manquer.

Ils traversèrent d'abord une zone stérile dans laquelle croissaient çà et là quelques pins rabougris aux troncs moussus, et qui, malgré les années accumulées sur leurs têtes, n'atteignent jamais plus de trois ou quatre pieds. Ensuite ils s'aventurèrent au milieu d'un amas de fragments granitiques amoncelés les uns sur les autres, à l'instar des monuments tumulaires élevés par les peuples primitifs. L'atmosphère était devenue beaucoup plus froide, et rien de vivant n'égayait cette région, comme si la nature, lassée de les accompagner, eût refusé de leur tenir plus longtemps compagnie. Réfugiée dans les derniers arbustes de la forêt, cette mère des humains semblait jeter de loin un dernier adieu à ses aventureux enfants; mais bientôt elle disparut même à leurs regards dans la personne d'un maigre buisson, et ils ne virent plus qu'un léger brouillard qui s'étendait au dessous d'eux, montant lentement des profondeurs de la vallée, jusqu'à ce qu'il eût atteint leurs pieds, où, se condensant alors en une épaisse et large nappe, il prit l'apparence d'un terrain mouvant sur lequel ils semblaient marcher. Puis, montant toujours, la brume les enveloppa tous deux, dépassa leurs fronts, et s'enroulant autour des pics cacha presque aussitôt à leurs regards le faîte de la montagne et le ciel vers lequel ils tournaient vainement les yeux pour s'orienter.

Leur courage n'était point abattu, mais les forces d'Anna commençaient à s'épuiser et sa respiration devenait de plus en plus pénible. Elle ne voulait point que son mari la soutînt, et deux ou trois fois elle chancela et ne se retint que par un effort de suprême énergie. Enfin, vaincue par la fatigue, elle s'affaissa sur un quartier de roc.

— Nous sommes perdus, ami, dit-elle tristement, jamais plus nous ne retrouverons le chemin de la vallée. Nous aurions été si heureux dans notre petite chaumière !

— Cher cœur, nous pouvons l'être encore, dit Mathieu. Tiens, vois de ce côté, le soleil qui perce le brouillard va nous permettre de nous diriger. Retournons sur nos pas et ne songeons plus à la grande escarboucle.

— Tu te trompes, répondit Anna découragée, le soleil ne doit pas se trouver de ce côté, il ne peut être plus de midi, et si nous pouvions apercevoir le soleil, ce serait au-dessus de nos têtes et non dans cette direction.

— Mais regarde, fit Mathieu d'une voix légèrement altérée, cela brille comme du feu à certains moments. Si ce n'est le soleil, qu'est-ce que cela peut être ?

La jeune femme, obligée de se rendre à l'évidence, aperçut alors une lueur rougeâtre et très-intense qui perçait le brouillard. En même temps, le sommet de la montagne commença à se dégager des nuages qui l'entouraient ; puis, comme si la création fût sortie pour la seconde fois du chaos, chaque objet, sortant peu à peu de l'épaisseur des brumes environnantes, prit insensiblement une forme plus arrêtée. Un scintillement à leurs pieds leur fit apercevoir un petit lac calme et limpide qui semblait une large piscine creusée dans le rocher par la main de l'homme, tant ses bords étaient unis et réguliers. Ce scintillement se changea presque aussitôt en un éblouissant reflet qui, les forçant de relever la tête, les mit face à face avec le splendide rayonnement d'un astre mystérieux et terrible, placé sur le sommet d'une colline arrondie, et dont le miroir des eaux reflétait les feux étranges. C'était la grande escarboucle que le hasard livrait à leur naïve admiration.

Ils se jetèrent dans les bras l'un de l'autre, effrayés du succès de leur entreprise ; car, au souvenir de la légende, ils comprirent qu'ils étaient les élus du destin, et leur naïve conscience fut troublée de ce bonheur.

Combien de fois, dans leurs rêves juvéniles, avaient-ils vu briller comme un phare lointain cette pierre magique ! et voilà que tout à coup elle faisait jaillir ses rayons sur eux dans toute l'intensité de son éclat, se reflétant sur leur visage, sur la surface du lac tranquille et jusque sur le brouillard matinal qui fuyait devant sa puissante lumière.

Quand le premier moment de la surprise fut passé, ils regardèrent autour d'eux, et un nouvel objet détourna leur attention : c'était un homme à genoux au pied de la colline et les deux bras étendus vers elle, comme s'il eût voulu l'embrasser tout entière; ses yeux tournés vers la pierre semblaient s'enivrer de ses rayons, mais il était immobile comme une statue.

— C'est le Chercheur, dit tout bas Anna, serrant involontairement le bras de son mari; Mathieu, je crois qu'il est mort.

— C'est la joie qui l'a tué, répondit le jeune homme en tremblant de tous ses membres; peut-être que l'éclat de la grande escarboucle donne la mort à ceux qui l'approchent.

— La grande escarboucle, fit derrière eux une voix moqueuse, la grande blague, vous voulez dire; eh bien, si vous l'avez trouvée, montrez-la-moi.

Ils se retournèrent et virent l'homme aux prodigieuses lunettes regardant fixement le lac, la colline et la merveilleuse pierre elle-même, sans plus l'apercevoir que si la brume épaisse qui tout à l'heure les environnait s'était interposée entre elle et lui. Placé en face de l'évidence, il la niait de la meilleure foi du monde.

— Voyons, répéta-t-il, où est-elle votre grande blague? je vous défie de me la faire voir.

Probablement la couleur de ses lunettes remplissait pour lui l'office de ces verres noircis au moyen desquels on a coutume d'observer les éclipses de soleil, car, sur l'observation que lui en fit Mathieu, il les ôta brusquement et, fixant résolûment la flamme incandescente de la grande escarboucle, il poussa tout à coup un douloureux gémissement et porta vivement les mains sur ses deux yeux, morts désormais à toute lumière. Depuis longtemps habitué à ne voir tous les objets que par l'intermédiaire de ses lunettes, un seul rayon de ce glorieux phénomène l'avait à tout jamais aveuglé !

— Mathieu, fit la jeune femme en se cramponnant à lui, Mathieu, partons d'ici.

Son mari la soutint, et voyant qu'elle était évanouie, s'agenouilla près d'elle et, trempant ses doigts dans l'eau bienfaisante du lac, la fit revenir à elle en rafraîchissant son visage décoloré.

— Oui, ma bien-aimée, s'écria-t-il en la pressant tremblante sur son cœur, nous allons partir et retourner dans notre humble maison. La lumière bénie du soleil et la douce clarté de la lune suffiront à nous éclairer ; et nous n'ambitionnerons plus d'autre lumière que celle que tout le monde pourra partager avec nous.

Tous deux puisèrent alors dans le creux de leurs mains l'onde fraîche et pure du lac, et se désaltérèrent à longs traits de ce cristal liquide ; puis, soutenant le pauvre railleur qui semblait muet depuis son fatal accident, ils descendirent la montagne, après avoir jeté un regard d'adieu sur la grande escarboucle, dont l'éclat diminuait à mesure qu'ils s'éloignaient d'elle.

Il nous reste à parler des autres pèlerins. L'honorable Ichabod Pigsnort, après d'inutiles recherches, considérant la spéculation comme désespérée, prit le sage parti de regagner son beau magasin des docks de Boston. Mais il fut en chemin dévalisé par une troupe d'Indiens qui le firent prisonnier et le rendirent à la liberté contre une forte rançon qu'il fut obligé de puiser dans son trésor. En outre, sa longue absence avait mis le désordre dans ses affaires, et il atteignit le terme de sa vie avant d'avoir pu réparer l'échec fait à sa fortune.

Le docteur Cacophodel revint à son laboratoire, chargé d'une prodigieuse quantité d'échantillons minéralogiques qu'il réduisit en poussière, fit dissoudre dans les acides, fondre dans des creusets et soumit à des courants électriques. Après quoi il publia le résultat de ses expériences dans un volume fort lourd dans toutes les acceptions du mot. Il n'eût pas fait mieux s'il se fût agi de la grande escarboucle.

Le poëte — ces gens s'abusent facilement — ayant ramassé un gros morceau de cristal dans une fissure de la montagne, lui trouva toutes les vertus qu'il attribuait à la merveilleuse pierre, et fut heureux, croyant la posséder.

Pour le lord de Vère, il regagna la grande salle de son château et se contenta de l'éclairer, comme par le passé, avec des candélabres. Il alla ensuite, au temps marqué, rejoindre ses honorables ancêtres, et la lueur funèbre des torchères remplaça dans son caveau les feux de la grande escarboucle.

Le railleur, après avoir jeté ses lunettes, désormais inutiles, erra misérablement par le monde, tourmenté du désir insatiable de revoir la lumière, châtiment terrible de l'aveuglement volontaire dans lequel il avait passé la première partie de sa vie. Durant cette longue nuit, il leva bien des fois vers le ciel ses orbites brûlés, tournant instinctivement son visage du côté du soleil, comme un adorateur du feu. Il périt dans le grand incendie de Londres, dans lequel il se jeta, espérant qu'il verrait peut-être un rayon de cette flamme qui montait jusqu'au ciel.

Revenons à nos deux époux : Mathieu et sa femme passèrent ensemble de longues et paisibles années, aimant à raconter à qui voulait l'entendre l'histoire de la grande escarboucle. Mais, sur la fin de leur vie, on n'avait plus grande foi dans cette histoire, car il paraît qu'à peine eurent-ils pris la sage résolution de renoncer à cette pierre merveilleuse autour de laquelle toute chose perdait son éclat, sa splendeur s'évanouit pour toujours. Aussi, lorsque d'autres pèlerins, poussés par la curiosité, parvinrent à l'endroit où les deux époux l'avaient trouvée, ils ne virent plus qu'une pierre opaque dont la surface était recouverte de petites paillettes semblables à du mica.

Suivant une autre tradition, lorsque le jeune couple fut parti, la pierre se détacha d'elle-même du sommet de la colline et tomba dans le lac, au fond duquel on peut encore l'apercevoir à l'heure de midi.

D'autres enfin croient que cet inestimable diamant brille comme par le passé, et que dans les jours d'été on en peut encore contempler l'éclat. J'avoue pour ma part que dans une excursion à travers les montagnes Blanches j'ai vu leurs sommets illuminés d'une merveilleuse lumière, et que légèrement enclin à la poésie, j'ai cru devoir l'attribuer à la grande escarboucle.

LES
PORTRAITS PROPHÉTIQUES

I

— Non-seulement ce peintre excelle dans son art, s'écria Walter Ludlow avec animation, mais il possède encore les connaissances les plus variées et les plus étendues. Il parle hébreu avec le docteur Mather et donne des leçons d'anatomie au docteur Boylston. En un mot, il est en toute espèce de science ce qu'il est sur son propre terrain, le premier entre tous. De plus, c'est un parfait gentleman, un véritable cosmopolite, parlant de chaque contrée du globe comme s'il y avait été élevé, sauf peut-être de la nôtre, qu'il visite pour la première fois en ce moment. On ne sait vraiment ce qu'on doit le plus admirer en lui.

— N'y a-t-il point là de l'exagération? dit Élinor, qui avait écouté ce panégyrique avec une curiosité toute féminine.

— Non, je puis vous l'assurer, répliqua son fiancé; mais

il y a en lui quelque chose de plus extraordinaire encore, c'est le don de s'assimiler à un tel point le caractère des physionomies, que ses modèles croient se trouver devant un miroir lorsqu'ils contemplent leur portrait. Mais ce n'est pas encore là le plus merveilleux.

— Ah! s'il y a des qualités plus étonnantes que celles que vous m'avez énumérées, dit Élinor en riant, Boston risque d'être un séjour périlleux pour le pauvre gentleman. C'est un sorcier et non pas un peintre.

— Ce que vous dites, reprit le jeune homme, est plus sérieux que vous ne pensez, car il rend, à ce que l'on prétend, non-seulement les traits du visage, mais jusqu'aux passions et aux sentiments les plus secrets du cœur. Aussi, ajouta Walter en baissant instinctivement la voix, serais-je presque effrayé de poser devant lui.

— Parlez-vous sérieusement? demanda vivement la jeune fille.

— De grâce, chère Élinor, fit son amant en souriant pour cacher son malaise, ne lui laissez pas peindre ce regard... Ah! c'est passé maintenant; mais il n'y a qu'un instant vous paraissiez mourir de peur. Que pensiez-vous donc?

— Rien, rien, répondit Élinor, vous vous l'êtes figuré. Venez me voir demain, et nous irons rendre visite à votre merveilleux artiste.

Lorsque le jeune homme se fut retiré, on pouvait apercevoir encore sur la belle et candide figure de sa maîtresse l'étrange expression qui l'avait frappé. C'était un regard chargé de tristesse et d'anxiété, et peu en rapport avec les sentiments qui doivent animer le visage d'une jeune fille sur le point de s'unir à l'élu de son cœur.

— Ce regard, se dit Élinor, il n'est pas étonnant qu'il en ait été effrayé, s'il exprimait ce que je pense quelquefois. Je sais par moi-même tout ce que ce regard peut avoir d'effrayant. Mais c'était pure imagination; je ne pense guère à cela en ce moment, et je n'ai rien vu qui pût s'y rapporter. Je l'aurai rêvé. Et elle se mit à broder une collerette qu'elle comptait mettre le jour où l'on ferait son portrait.

Le peintre dont il vient d'être parlé n'était pas un de ces artistes qui dans les temps passés broyaient eux-mêmes les matières premières dont ils composaient leurs couleurs et fabriquaient leurs pinceaux avec le poil des bêtes fauves. Peut-être, s'il eût pu d'avance régler sa destinée, eût-il choisi de naître dans cette école primitive qui ne connut point de maître et dont les adeptes pouvaient au moins être originaux et prime-sautiers, n'ayant ni règles à suivre ni chefs-d'œuvre à imiter; mais il était né sur cette vieille terre d'Europe et il y avait été élevé. Aussi avait-il étudié la touche des maîtres, la grandeur et la beauté de leurs conceptions dans les cabinets les plus riches et les galeries les plus fameuses, et même sur les murs des églises, jusqu'au jour où ces modèles si variés et si parfaits n'eurent plus rien à lui apprendre. Mais si l'art n'avait plus de leçons à lui donner, il en pouvait encore recevoir de la nature. Il avait donc résolu de visiter un monde inconnu jusqu'alors à ses confrères et de jouir du spectacle de sites nouveaux pour lui, et qui, malgré leurs imposantes et pittoresques beautés, n'avaient point encore été transportés sur la toile.

A peine eut-il mis le pied en Amérique, que les principaux habitants de la colonie vinrent tour à tour lui exprimer leur ambitieux désir de transmettre leurs traits à la postérité, par l'intermédiaire de son talent. Chaque fois qu'une telle proposition lui était adressée, il fixait sur le postulant son regard pénétrant. Rencontrait-il un visage satisfait, un teint fleuri, malgré la richesse de l'accoutrement et l'importance du salaire proposé, il s'excusait poliment de ne pouvoir accomplir cette tâche. Si, au contraire, le front qu'il considérait lui révélait une intelligence supérieure, une certaine délicatesse de sensation, ou simplement une profonde expérience des hommes et des choses; s'il rencontrait dans la rue un de ces mendiants à la barbe blanchissante, aux sourcils froncés, au front sillonné de rides caractéristiques, ou si quelque bel enfant levait sur lui ses yeux profonds et doux, les trésors de son art, qu'il venait de refuser à la richesse, il les prodiguait pour eux sans hésiter.

Un talent de cet ordre était chose si rare dans la colonie, que le peintre y devint bientôt l'objet de la curiosité générale. Que l'on appréciât ou non le mérite artistique de ses productions, peu lui importait; il préférait de beaucoup le sentiment irréfléchi de la multitude au jugement plus raffiné des amateurs. Il prenait soigneusement note de l'effet produit par chacune de ses œuvres sur ses admirateurs les plus naïfs, et mettait à profit les remarques qu'ils laissaient échapper sur l'élève de la nature rivalisant avec un maître inimitable. Cette admiration n'était pourtant point exempte des préjugés causés par l'ignorance qui régnait généralement à cette époque. Les uns regardaient comme une atteinte à la loi mosaïque, presque comme une insulte à la majesté de Dieu, ce fait de donner la vie à l'image de sa créature. D'autres, effrayés de la puissance d'un art qui peut à volonté évoquer des apparitions et faire revivre les morts au milieu des vivants, inclinaient à voir dans le peintre un sorcier, ou peut-être le fameux homme noir, complotant sous une forme nouvelle quelques nouveaux méfaits. Ces sottes idées avaient pris dans le peuple une certaine consistance; et même dans des sphères plus élevées on considérait le peintre avec une certaine terreur, due en partie aux superstitions populaires, mais surtout à l'immense talent, aux connaissances aussi approfondies que variées dont il faisait preuve dans l'exercice de son art.

A la veille de s'unir, Walter Ludlow et Élinor étaient très-désireux de posséder leurs portraits, qu'ils espéraient sans doute devoir être le commencement d'une longue série de portraits de famille. Le jour qui suivit la conversation que nous venons de rapporter, ils se rendirent à l'atelier du peintre. Une servante les introduisit dans un vaste appartement où, bien que l'artiste fût absent, ils trouvèrent plusieurs personnes qu'ils saluèrent poliment. Mais ils reconnurent bientôt que cette imposante assemblée n'était composée que de portraits dont la ressemblance avec les modèles devait être si frappante qu'il était impossible d'en séparer les idées de vie et d'intelligence. Quelques-uns d'entre eux leur étaient connus. Ils trouvèrent le gouverneur Burnett, qui semblait avoir reçu à l'instant même quelque inconvenante communication de la chambre des représentants, et se disposait à dicter une réponse piquante. M. Cooke, placé à côté de lui, contrastait singulièrement avec le gouverneur par son regard sévère et son attitude puritaine, tel qu'il convient à un chef populaire. La noble épouse de sir William Philippe, en fraise, en toque, avec ses manches bouffantes et son air impérieux, faisait face à John Winslow, dont l'œil intelligent et fier laissait pressentir qu'il ferait un jour un général distingué. Enfin il suffit d'un coup d'œil aux deux jeunes gens pour reconnaître quelques-uns de leurs amis. Dans tous ces portraits, l'esprit, le caractère de l'individu étaient en quelque sorte concentrés en un seul regard, de telle façon que si je ne craignais d'être accusé d'exagération, je dirais que les copies ne ressemblaient pas moins aux originaux que les originaux ne se ressemblaient à eux-mêmes. Au milieu de ces portraits tous contemporains, on apercevait deux admirables figures de saints se détachant avec vigueur sur un fond très-sombre, puis une pâle tête de madone au regard doux et triste qu'on ne pouvait contempler sans être tenté de l'adorer, comme elle l'avait sans doute été plusieurs siècles auparavant dans la fervente Italie.

— Qu'il est singulier de penser, observa Walter, que cette suave figure était déjà belle il y a deux cents ans. N'envieriez-vous pas, Élinor, ce privilége d'éternelle beauté?

— Oui, si la terre était le ciel, répondit la jeune fille; mais qu'il serait malheureux celui qui, doué d'une éternelle jeunesse, verrait tout passer autour de lui!

— Ce vieux saint Pierre, si sombre et si fier, fronce le sourcil d'une façon assez désagréable, et, tout saint qu'il est, sa vue me trouble, mais la Vierge nous regarde avec tant de bonté...

— Et il me semble, avec tristesse, ajouta Élinor.

Au-dessous de ces trois tableaux on en voyait un autre,

à peine ébauché, et dans lequel ils reconnurent avec un peu d'attention leur propre ministre, le révérend Colman, à moitié tiré du néant, et dont les traits indécis sortaient d'un nuage de bistre.

— Excellent vieillard ! fit Élinor, il me regarde comme s'il allait murmurer à mon oreille un avis paternel.

— Et moi, reprit Walter, comme s'il allait m'adresser une douce réprimande, en secouant la tête ainsi qu'il a coutume de le faire. Je ne me sentirai à mon aise devant son regard austère que le jour où nous nous présenterons à lui pour qu'il nous unisse.

Le bruit d'un pas léger les fit retourner ; c'était le peintre qui était entré depuis quelques minutes dans la chambre et avait écouté silencieusement quelques-unes de leurs remarques.

Ils voient s'avancer un homme entre deux âges et dont la physionomie était digne d'occuper son propre pinceau. Avec son costume pittoresque, et peut-être à cause de l'habitude qu'il avait de vivre avec des tableaux, il semblait un portrait vivant, et ses visiteurs lui trouvèrent une vague parenté avec ses œuvres ; on eût vraiment dit qu'il était descendu de son cadre exprès pour les saluer.

Walter Ludlow, qui le connaissait déjà, lui exposa l'objet de leur visite. Pendant qu'il parlait, sa figure et celle d'Élinor se trouvaient si heureusement disposées dans une zone de lumière qu'ils semblaient être la vivante personnification de la jeunesse et de la beauté.

Le peintre fut vivement frappé de ce groupe charmant.

— Mon chevalet, dit-il, est occupé pour plusieurs jours, et mon séjour à Boston ne sera plus de longue durée ; cependant j'accomplirai votre désir en renonçant aux portraits du juge Madden et de mistress Oliver; je ne veux pas que le plaisir de peindre quelques aunes de brocart et de passementeries me fasse perdre l'occasion que vous venez m'offrir.

L'artiste leur conseilla ensuite de se faire peindre tous deux sur la même toile, et accomplissant en commun une action quelconque. Cette idée souriait aux deux amants, mais ils durent la rejeter, parce qu'un cadre de la dimension nécessaire n'aurait pu tenir dans la pièce qu'ils avaient l'intention de décorer. Il fut donc arrêté que le peintre les représenterait en buste, chacun sur une toile séparée.

Lorsqu'ils eurent pris congé de lui, Walter demanda à sa fiancée quelle influence elle pensait qu'il pût avoir sur leur destinée.

— Les vieilles femmes de Boston, dit-il, affirment qu'après avoir étudié les traits et la physionomie d'une personne, s'il la peint dans un acte ou dans une situation quelconque, le portrait devient prophétique. — Croyez-vous à cela?

— Pas tout à fait, dit Élinor en souriant; mais, s'il est vrai qu'il possède réellement un pouvoir surnaturel, il a l'air si doux que je ne puis croire qu'il en fasse un mauvais usage.

Cependant le peintre voulut commencer simultanément les deux portraits, prétendant dans son langage énigmatique, que les deux figures se faisaient valoir mutuellement. En conséquence, il travaillait tantôt à l'un, tantôt à l'autre, quittant celui de Walter pour revenir à celui d'Élinor et réciproquement. Les traits des deux amants se dessinaient avec netteté déjà sur la toile, et, modelés en clair sur un fond obscur, semblaient une image réfléchie par un miroir. Mais, bien que la ressemblance promît d'être parfaite, ils n'étaient pas satisfaits de l'expression de leur physionomie, qui semblait plus vague que dans les autres portraits dus au pinceau de l'artiste. Ce dernier, cependant, paraissait plein de confiance dans la réussite de ces tableaux; et comme il s'intéressait beaucoup aux jeunes fiancés, il faisait à leur insu, pendant ses moments de loisir, des esquisses de leurs deux figures sous des aspects différents pendant les séances qu'ils lui donnaient, il engageait avec eux quelque discussion qui animât leurs physionomies et les rendît plus caractéristiques; puis il saisissait, pour ainsi dire au vol, l'effet produit par ces impressions passagères. Enfin il leur annonça qu'à leur prochaine visite il serait en mesure de livrer les deux portraits.

— Si l'exécution répond à mes désirs, leur dit-il, je médite quelques retouches qui feront de ces portraits mes deux meilleurs ouvrages. Il est vrai qu'il est rare de trouver de pareils modèles.

Tout en parlant, il détaillait encore leurs traits, et il ne cessa de les regarder que lorsqu'ils eurent atteint le bas de son escalier.

De toutes les petites vanités humaines, celle qui consiste à se faire peindre est peut-être la plus vive. A quoi cela peut-il tenir? Est-ce que les miroirs, les boules polies des chenets, l'eau dormante, ou toute autre surface réfléchissante ne nous renvoie pas à chaque instant notre propre image? Cependant c'est à peine si nous leur accordons un regard. Oui; mais cet oubli vient seulement du peu de durée de ces apparitions; et l'intérêt mystérieux que nous portons à notre portrait a pour cause l'idée que nous y attachons d'une quasi-immortalité. Walter, non plus qu'Élinor, n'était à l'abri d'un sentiment si humain; aussi arrivèrent-ils exactement à l'heure indiquée pour jouir enfin de cette image qu'ils devaient transmettre à la postérité.

A peine entrés, leur premier regard fut pour les deux tableaux, appuyés contre le mur le plus éloigné de la fenêtre, et ils furent frappés de la parfaite ressemblance de leurs portraits.

Pendant qu'ils s'approchaient pour les considérer de plus près, le peintre, qui s'était levé pour saluer ses visiteurs, se remit à travailler à une esquisse placée devant lui, laissant le champ libre à leurs critiques. Par moments il jetait sur eux un regard furtif et reportait ensuite les yeux sur son dessin.

Chacun s'arrêta devant le portrait de l'autre et parut s'absorber dans une profonde et muette contemplation.

Après quelques instants, Walter fit un pas en avant, puis recula quelque peu, comme pour voir le portrait d'Élinor sous divers effets de lumière, et rompant enfin le silence.

— Si je ne me trompe, il y a une modification... Je ne puis préciser en quoi elle consiste, et cependant plus je regarde, plus ma conviction s'affermit. C'est bien là le portrait que je vis hier, mais l'expression en a changé.

— Le trouvez-vous moins ressemblant? demanda le peintre avec intérêt.

— Non, la figure est parfaite, répondit Walter, et au premier abord on reconnaît Élinor; mais il m'a semblé, en la regardant avec plus d'attention, que son aspect changeait et que son regard se fixait sur le mien avec un mélange de tristesse, d'anxiété, et je dirais presque d'effroi. Quel est votre avis, Élinor ?

— Comparez le modèle avec la copie, lui dit tout bas le peintre, voyant que la jeune fille ne l'avait pas entendu.

Walter jeta les yeux sur sa maîtresse et tressaillit. Immobile, absorbée et comme fascinée, elle contemplait le portrait de son fiancé. Sa figure offrait précisément l'expression que le jeune homme venait de remarquer. Elle semblait n'avoir aucune conscience de ce qui se passait autour d'elle.

— Élinor, s'écria Walter, quel changement s'opère en vous ?

Elle tressaillit, comme arrachée à un rêve affreux, et tournant vers son amant un regard plein de terreur :

— N'en voyez-vous aucun dans votre portrait ? demanda-t-elle.

— Non, aucun, dit Walter en l'examinant ; cependant, ajouta-t-il après une pause, j'en aperçois un de peu d'importance, un léger perfectionnement, mais la ressemblance est exactement la même qu'hier. Maintenant que je suis au point de vue, je découvre un peu plus d'animation dans la physionomie, il semble que des yeux jaillisse une pensée que les lèvres vont exprimer.

Pendant qu'il s'oubliait dans sa propre contemplation, Élinor, se tournant vers le peintre, le regarda avec un mélange de douleur et d'anxiété, et il lui sembla que l'artiste, de son côté, la considérait avec une sympathique commisération.

— Comment avez-vous saisi ce regard ? murmura-t-elle.

— Hélas ! lui dit tristement le peintre en l'emmenant à

d'écart, je n'ai peint que ce que j'ai vu; le véritable artiste doit lire sur les traits de son modèle les sentiments qui l'agitent. C'est le plus beau de ses attributs, mais souvent aussi le plus triste, de lire ainsi dans les cœurs, et, mû par une puissance plus forte que sa volonté, d'illuminer le regard ou de l'assombrir, en donnant aux yeux une expression en quelque sorte prophétique... Tenez, ajouta-t-il en feuilletant rapidement un album où sa fécondité déposait à chaque instant les caprices les plus divers, je souhaite pour cette fois que ma perspicacité soit en défaut, regardez ce dessin, et voyez si l'expression de votre figure n'est pas la même que celle de votre portrait. Si vous le désirez, je puis retoucher mon œuvre, mais cela changera-t-il les événements? Regardez.

Elle jeta les yeux sur l'esquisse, un frémissement parcourut tout son être et un cri d'effroi fut sur le point de s'échapper de ses lèvres, mais elle eut assez d'empire sur elle-même pour le réprimer. En se retournant, elle aperçut Walter qui s'avançait vers elle.

— A quoi bon retoucher mon portrait? dit-elle vivement, s'il a l'air triste, je serai gaie, cela fera contraste.

— Qu'il en soit comme vous le désirez, dit en s'inclinant l'artiste; puissent vos chagrins n'être qu'imaginaires et votre portrait en porter seul la triste expression! qu'en revanche votre bonheur soit profond et durable et qu'il se grave sur ces traits charmants, dût mon art être accusé d'imposture, c'est mon souhait le plus cher.

II

Après le mariage de Walter et d'Élinor, les deux portraits devinrent le plus bel ornement de leur demeure. Ils étaient placés en regard l'un de l'autre et séparés seulement par un étroit panneau. Des étrangers de distinction, familiers avec les chefs-d'œuvre de l'art, proclamèrent, après les avoir contemplés, que ces deux toiles étaient peut-être les plus admirables spécimens de la peinture moderne. D'un autre côté, le vulgaire, qui se contentait de comparer les traits des deux modèles avec ceux des copies, jugeait la ressemblance parfaite. Mais il y avait une troisième classe d'observateurs : c'étaient des personnes douées d'une finesse de perception provenant d'une nature facilement impressionnable et que les deux portraits frappaient bien autrement que les amateurs de peinture et le profane vulgaire. Au premier coup d'œil elles ne voyaient dans ces deux toiles que ce que chacun avait pu y remarquer. Mais à mesure qu'elles les considéraient, leurs regards ne s'en pouvaient plus détacher, au point qu'elles fussent restées des jours entiers absorbées dans une muette contemplation.

C'était le portrait de Walter Ludlow qui attirait d'abord l'attention ; en l'absence des nouveaux époux, les visiteurs discutaient quelquefois sur l'expression que le peintre avait eu l'intention de donner à ses traits. Tous étaient d'accord qu'ils trahissaient une violente émotion, mais il n'y en avait pas deux qui tombassent d'accord sur le motif qui, dans l'idée du peintre, avait dû la faire naître. Quant au portrait d'Élinor, les opinions étaient moins partagées et tous s'accordaient à reconnaître la profonde et mélancolique tristesse qui régnait sur sa physionomie. Il y eut un rêveur qui, sans connaître les originaux des deux portraits, avança, non sans de longues réflexions, que les deux figures faisaient partie d'un dessin et que cette tristesse passionnée qui jaillissait pour ainsi dire des yeux d'Élinor avait un rapport direct avec l'émotion violente qui se peignait dans ceux de Walter. Bien que dessinant fort peu, l'imaginatif personnage avait même exécuté une sorte de croquis dans lequel les deux époux étaient chacun dans l'attitude qui correspondait à l'expression de leurs traits.

Bientôt, ce fut une rumeur parmi les amis du jeune ménage que les traits d'Élinor s'assombrissaient chaque jour davantage au point qu'elle ne tarderait pas à devenir la vivante image de son mélancolique portrait. Il n'en était pas de même pour Walter, dont le regard, loin d'acquérir cette ardente expression que lui avait communiquée le pinceau du peintre, semblait devenir de plus en plus atone et morne. Cependant un feu secret pouvait couver en lui, d'autant plus terrible qu'il était comprimé.

Alarmée des réflexions que ses amis n'avaient pas toujours eu le soin de lui cacher, Élinor finit par couvrir les deux portraits d'un voile de soie pourpre, prétextant que la poussière en altérait le vernis encore frais, mais en réalité pour couper court aux commentaires.

Le temps s'écoulait, lorsqu'on apprit un jour à Boston que le peintre était de retour. Il avait été assez loin dans le nord pour contempler les cascades argentées des montagnes de cristal et dominer du sommet des chaînes les plus élevées, les vastes forêts de la Nouvelle-Angleterre et jusqu'aux nuages qui s'amoncelaient à ses pieds comme un vaste tapis de neige, mais il eut le bon esprit de ne point profaner ces majestueuses scènes de la nature en essayant de les retracer sur la toile. Couché dans une pirogue rapide, il avait aussi parcouru le lac George dans tous les sens, s'enivrant des splendeurs de cette pittoresque contrée, dont le souvenir se grave plus profondément en sa mémoire que celui des plus belles fresques du Vatican. Il avait également poussé jusqu'aux chutes du Niagara, en compagnie des chasseurs indiens, et devant cette scène indescriptible il avait jeté ses pinceaux dans l'abîme, désespérant d'en rendre la sublime horreur. Cependant, durant ces aventureuses excursions, il n'avait pas complétement négligé son art; loin de là, il s'était plu à reproduire la froide dignité des chefs sauvages, la grâce des brunes indiennes, la vie domestique des wigwams, les marches furtives dans la prairie, les combats acharnés sous les sombres arceaux des forêts silencieuses, tous les objets, toutes les scènes enfin qui s'étaient présentés à ses yeux sous un aspect original et nouveau. Douleur, frénésie, amour, haine, en un mot toutes les passions du vieux monde s'étaient révélées à lui, sous une forme neuve et primesautière. Son album était rempli de pittoresques croquis destinés à combler les lacunes de sa mémoire et à composer des œuvres dont il tirerait gloire et immortalité.

Cependant, à tous les moments de son voyage, dans les neiges ou dans les forêts ombreuses, au milieu des périls ou dans le calme accablant des plus chaudes journées, deux fantômes étaient restés présents à son imagination. Comme tous les hommes dominés par une passion, le peintre n'avait en dehors de son art aucun but, aucun plaisir, aucune sympathie; c'est à cet art qu'il rapportait toutes choses, et son cœur, qui semblait de glace, ne s'était jamais échauffé au contact d'une créature vivante. Point d'amis, point de maîtresse, aucune affection; l'art lui tenait lieu de tout.

Deux êtres cependant l'avaient intéressé à un plus haut point que tous ses autres modèles. Il avait concentré sur eux toute la puissance d'observation dont il était susceptible et avait déployé toutes les ressources de son art pour rendre l'exécution digne de la pensée qui l'inspirait; en sorte qu'il ne manquait à ces portraits que ce qu'aucun peintre n'atteignit jamais : son idéal; il avait, du moins le croyait-il, arraché à l'avenir un de ses secrets pour le transporter sur la toile, et dépensé dans l'étude des deux figures de Walter et d'Élinor plus d'énergie, de patience, d'imagination et de génie, que dans tous les portraits qu'il avait peints jusque-là. Depuis lors ces deux images ne l'avaient plus quitté, voltigeant dans la sombre verdure des pins, planant sur le brouillard des torrents, se réfléchissant sur le miroir des lacs transparents, ou se mêlant au mirage trompeur des sables échauffés par un soleil torride. Cette préoccupation était devenue tellement forte, que l'artiste résolut de ne point traverser une seconde fois l'Océan sans avoir revu ses deux modèles.

Art glorieux! pensait-il en foulant de nouveau le sol de la vieille cité, tu reproduis l'œuvre de la nature; tu donnes un corps au néant, et contre toi la mort est impuissante. Par toi, le souvenir, cette ombre vague et terne, prend une forme qui, participant aux deux existences de l'homme, est à la fois immortelle et terrestre ; tu retraces les hauts faits de l'histoire, et pour toi le passé n'existe plus, car ta volonté suffit à le rendre éternellement présent. C'est ainsi que par ton aide les grands hommes traversent les siècles dans l'accomplissement continuel du fait mémorable qui leur a valu l'immortalité. Art puissant ! tu ne forces pas seulement le passé qui s'évanouit à revivre éternellement, mais tu peux également évoquer l'avenir ; n'ai-je point accompli cette tâche sublime et ne suis-je pas ton prophète ?

Ainsi se parlait l'artiste, dans un orgueilleux enthousiasme, en suivant la principale rue de Boston, au milieu des badauds et des indifférents.

— C'est donc là, dit-il en arrivant devant la maison, que sont enfermés mes deux portraits, les originaux et, qui sait ? peut-être aussi le sujet de l'esquisse.

Il frappe.

— Où sont les portraits ? se hâta-t-il de demander au domestique qui vint lui ouvrir ; puis, s'apercevant de sa méprise, il reprit :

— Vos maîtres sont-ils chez eux ?

— Ils y sont, monsieur, répondit le domestique, qui, reconnaissant le peintre, ajouta : et les portraits aussi.

L'étranger fut introduit dans un parloir qui donnait sur une chambre intérieure de l'appartement. La première pièce étant vide, le peintre ouvrit la porte de communication et, se trouvant tout à coup en présence de ses deux modèles, il s'arrêta sur le seuil.

Walter et sa femme, qui ne s'étaient pas aperçus de l'arrivée de l'artiste, se tenaient tous deux devant leurs portraits. Le premier venait de tirer d'une main le rideau qui couvrait les deux toiles, serrant de l'autre les mains d'Élinor. La peinture, voilée depuis plusieurs mois, brillait sous la lumière du jour d'une sinistre splendeur. Le portrait d'Élinor avait été prophétique, car une douloureuse mélancolie avait fini par envahir les traits de la jeune femme, qui se contractaient sous l'obsession de quelque affreuse pensée. En ce moment même, une vague frayeur, répandue sur son charmant visage, complétait sa ressemblance avec son portrait. Walter était morne et sombre, et ses yeux semblaient briller d'une flamme étrange : il regardait alternativement son portrait et celui d'Élinor, et parut bientôt absorbé dans cette contemplation.

Le peintre, fasciné par cette scène étrange, croyait entendre derrière lui les pas du destin s'avançant implacable vers les victimes. Il se demandait si tout cela n'était pas son œuvre et s'il n'était pas la cause première de ce qui allait s'accomplir.

Walter restait silencieux devant sa propre image, se livrant dans une sorte de folie à la fatale influence que l'artiste avait répandue sur ses traits; graduellement ses yeux s'enflammèrent pendant qu'Élinor regardait avec une terreur croissante l'expression de sauvage fureur qui se peignait sur son visage. En ce moment les portraits semblaient réfléchir les deux acteurs de ce drame.

— Notre destinée s'accomplit, hurla tout à coup Walter. Meurs !

Et, brandissant un couteau, tandis que d'une main il soutenait la jeune femme à demi morte de frayeur, de l'autre il cherchait à la frapper au cœur. En cet instant suprême l'artiste reconnut la terrible esquisse de son album.

— Arrête, malheureux! s'écria-t-il en se jetant au milieu d'eux, comme s'il eût voulu s'opposer aux coups du sort.

— Quoi! murmura Walter subitement retombé dans un morne abattement, le destin peut donc révoquer ses propres décrets?

— Malheureuse femme, dit alors le peintre, ne vous avais-je pas avertie?

— Oui, répondit Élinor, mais je l'aimais.

FIN

TABLE

	Pages
NOTICE BIOGRAPHIQUE...................................	V
LA MARQUE DE NAISSANCE...........................	1
LA FILLE AUX POISONS..................................	25
LA GRANDE FIGURE DE PIERRE.....................	63
LE TRÉSOR...	87
L'EXPÉRIENCE DU DOCTEUR HEIDEGGER......	115
L'IMAGE DE NEIGE...	139
LA COMBE DES TROIS COLLINES.....................	159
L'AMOUR DU BEAU..	167
LES CAPRICES DU SORT.................................	199
LA PROMENADE DE LA PETITE ANNIE............	209
LA STATUE DE BOIS.......................................	219
LE VOYAGE DE NOCE.....................................	232
M. WAKEFIELD...	243
LA CATASTROPHE DE M. HIGGINBOTHAM......	257
LA GRANDE ESCARBOUCLE............................	275
LES PORTRAITS PROPHÉTIQUES.....................	289

PARIS. — IMPRIMERIE DE É. MARTINET, RUE MIGNON, 2.

www.ingramcontent.com/pod-product-compliance
Lightning Source LLC
Chambersburg PA
CBHW060407170426
43199CB00013B/2036